Frauen

EROBERN DIE LÜFTE

Pionierinnen – Rekorde – Tragödien

À Maman

B.M.

Frauen
EROBERN DIE LÜFTE

Pionierinnen – Rekorde – Tragödien

Bernard Marck

Aus dem Französischen von
Jochen Grube und Franziska Weyer

Flammarion

G-

Vorwort

Die Luftfahrt liebt die Frauen

Zur Missbilligung manch frauenfeindlicher Natur haben Frauen von Beginn an die Eroberung der Lüfte vorangetrieben. Offiziell beginnt die weibliche Luftfahrt Ende des 18. Jahrhunderts mit der Ballonfahrt der waghalsigen, aus Lyon stammenden Elisabeth Thible.

Die Frauen sind streitbar, hart gegen sich selbst, intelligent, enthusiastisch. Sie beweisen, dass sie nichts beweisen müssen, und erweisen sich in dem ihnen von den Männern auferlegten Wettstreit als ebenbürtig, wenn nicht sogar als überlegen. Sie wollen den Zwängen der Gesellschaft entfliehen, die ihnen ihre Träume rauben und sie ins Bett häufig wesentlich älterer Ehemänner zwingen, damit sie zur leichten Beute all jener werden, die aufopferungsvolle Ehefrauen, rücksichtsvolle Mütter und zum Schweigen verdammte, resignierte Frauen fordern.

Für sie kommen jedoch Entsagung oder die Aufgabe der Selbstverwirklichung gar nicht erst in Betracht. Der Kampf um den Himmel und damit um die Überwindung der Schwerkraft bedeutet also vor allem einen vehementen Angriff auf die Vorurteile der schnurrbärtigen Dummköpfe, so dass diese mit manchmal tragischen Konsequenzen die Flugzeuge einiger junger Damen sabotieren, um sie aus ihrem Hoheitsgebiet zu verjagen und an die häuslichen Pflichten zu erinnern. Als Beweis, dass sie dadurch nur angestachelt werden und man sie nicht so leicht aufhalten kann, umklammern die Eroberinnen der Lüfte den Steuerknüppel umso fester. Man hatte vergessen, dass Frauen einen Willen haben …

»Ich will, ich kann!«, hatte Maryse Bastié erklärt, bevor sie in den wilden 1920er-Jahren nahtlos Erfolge und Rekorde aneinanderreihte. Sie war nicht die Erste und würde nicht die Letzte sein.

Ein Blick auf die Geschichte der Fliegerei genügt, um die außergewöhnlichen Leistungen der Frauen zu würdigen. Es handelt sich um eine von langer Hand vorbereitete Revolution, in der die Frau eine wichtige, wenn auch ungerechterweise kaum beachtete und verschwiegene Rolle spielt. Zu viele Frauen, darunter auch hübsche Mädchen mit engelsgleichen Gesichtern, haben beim Abenteuer Luftfahrt so entscheidend mitgewirkt, dass sich ihr Beitrag nicht einfach als Zufall abtun lässt.

Luftfahrerinnen, Fallschirmspringerinnen, Zeppelinpilotinnen wie zum Beispiel die Schauspielerin Gaby Morlay sowie Flugzeug- und Hubschrauberpilotinnen messen ihrer Selbstentfaltung und ihrem Bestreben, sich aus der dienenden Rolle zu befreien, so viel Bedeutung bei, dass sie keinen Unbill des Himmels fürchten, dem die Älteren von ihnen noch in Maschinen entgegenfliegen, die genauso zerbrechlich wirken wie sie selbst. Jede dieser Frauen ist auf ihre Weise ein Exempel der Zähigkeit.

Dieses Buch vereint starke, mutige, schlichte und entschlossene Persönlichkeiten, Mädchen, die nach dem Prinzip Descartes leben und handeln: »Niemals glauben, es sei verloren, und niemals glauben, es sei gewonnen.«

So einzigartig jede von ihnen auch ist – gemeinsam ist ihnen allen, dass sie der Rolle der Frau einen modernen, emanzipierten und vor allem verantwortungsvollen Anstrich geben

Die Männerwelt musste sich schließlich eingestehen, dass Fliegen keine Frage der Männlichkeit ist. Was spielt es auch für eine Rolle, ob Mann oder Frau: Ist das Fliegen nicht schlicht ein Menschheitstraum? Daher Schluss mit der Frage nach der Überlegenheit des einen Geschlechts über das andere. Allein die Kompetenz zählt. Dieses Buch kann hoffentlich den Beweis dafür antreten. Vorurteilsfrei, liebevoll, munter und manchmal witzig erzählt es vom Leben, von den Gefühlen und Hoffnungen der Pionierinnen der Luftfahrt und ihrer Erben. Von Glücksmomenten und Dramen. Von Menschlichkeit. Gesichter ziehen vorüber, Gefühle kehren wieder. Diese Frauen sind enthusiastisch und sinnlich, sie sind da, um zu leben. Zu leben, fliegen und vor allem um frei zu sein.

Inhalt

Die Amazonen der Lüfte in der Belle Époque

Die wilden Zwanzigerjahre

Der Zweite Weltkrieg

Frauen in Düsenmaschinen

Die Goldene Zeit der Propellermaschinen

Frauen im Weltall

Die Vorkämpferinnen

Kaum wagt sich am Vorabend der Französischen Revolution der Mann im Ballon in den Himmel, steigt die Frau ebenfalls in die Gondel. Auf keinen Fall will sie sich vom Abenteuer des Fliegens ausschließen lassen. Nichts kann sie aufhalten, weder die Behauptungen der Gelehrten, dass die weiblichen Organe niemals die Belastung einer Flugreise aushalten könnten, noch die frauenfeindliche Stimmung, die noch lange die Gesellschaft bestimmen wird.
Die Frauen haben sich entschieden: Sie werden fliegen. Und ohne sie würde der Geschichte der Eroberung der Lüfte das gewisse Etwas fehlen!

Am 4. Juni 1784 schürzt Elisabeth Thible in Lyon ihren Reifrock und begibt sich zur Gondel des großen und schönen Ballons *Le Gustave*, an dessen Takelage sich gerade der Ballonfahrer Fleurant zu schaffen macht. Weniger als ein Jahr nach der ersten Ballonfahrt mit menschlicher Besatzung ist dies eine fantastische Erfahrung für die erste Passagierin eines frei fliegenden Ballons. Die »Kugel« – so nannte man diese Ballons – hält sich 45 Minuten in der Luft, steigt bis auf 1 500 Meter auf und legt eine Strecke von drei Kilometern zurück.
Auf Elisabeth folgen mehrere Generationen kühner junger Damen, angefangen mit Jeanne-Geneviève Labrosse. Sie bildete mit Ernestine Henry das erste weibliche Team in der Geschichte der Ballonfahrerei und war danach die erste Frau, die einen Fallschirmsprung wagte.
Ihr folgte Sophie Blanchard, die von Kaiser Napoleon zur »Aeronautin bei öffentlichen Feiern« ernannt wurde. Leider war sie das erste weibliche Opfer der Luftfahrt, als ihr Ballon am 6. Juli 1819 während eines Festes im Pariser Vergnügungspark Tivoli in Flammen aufgeht und auf ein Hausdach stürzt. Beim Aufprall wird sie auf das Pflaster geschleudert und stirbt.
Das Publikum begeistert sich nun an der Nichte von André-Jacques Garnerin: Elisa Garnerin ist der aufsteigende Stern, die »Venus im Ballon« und die berühmte Fallschirmspringerin. Die schöne, furchtlose junge Frau vollführt tollkühne Kunststücke, darunter zahlreiche gewagte Fallschirmsprünge, die sie am 21. September 1815 auch dem preußischen König vorführt. Das Glück verlässt sie nicht, was die gut 40 Sprünge in knapp 20 Jahren beweisen, zum Teil unter Bedingungen, bei denen sich heutigen Fallschirmspringern die Haare sträuben würden.
Und eine weitere Frau sorgt bei den Zuschauern für Gänsehaut. Die berühmte Kunstreiterin Louise Poitevin begeistert mit spektakulären Demonstrationen, vor allem als sich ihre riesige »Kugel« mit ungewöhnlicher Besatzung – darunter Pferde und Knechte – in die Lüfte erhebt. Ihre letzten beiden Luftfahrten führen sie 1874 nach Kopenhagen und nach Bordeaux, wo ihre Karriere auf dem Dach eines Klosters endet. Auf einem Pferd natürlich! Mit 55 Jahren hat Louise eine unglaubliche Erfolgsliste: 571 Ballonfahrten und 32 Fallschirmsprünge. 1908 stirbt sie in ihrem Bett.
Trotz aller Gefahren finden sich auch im Frankreich der Belle Époque zahlreiche Ballonfahrerinnen, die häufig nach der besten Darbietung trachten, aber auch danach, neuen Gefahren zu trotzen. Die Schauspielerin Sarah Bernhardt beweist, dass sie die richtige Einstellung dazu hat, als sie sich 1878 während der Pariser Weltausstellung vom Anblick des aufsteigenden Fesselballons des Ingenieurs Henri Giffard von diesem Fieber anstecken lässt. Am 22. August desselben Jahres fährt sie in der Gondel eines frei schwebenden Ballons mit und hält diese Fahrt anschließend in der pittoresken Reisebeschreibung *In den Wolken* fest. Emile Perrin, der Generaldirektor der Comédie-Française, ist von dieser Eskapade wenig begeistert und bezeichnet die Ballonfahrt wütend als neue Extravaganz der von ihm engagierten Schauspielerin. Er rügt sie öffentlich für »diese verwegene Spinnerei« und verhängt eine Strafe. Die Schauspielerin kündigt daraufhin umgehend und lässt sich erst durch die Vermittlung des Kulturministers von der Entscheidung wieder abbringen.
Mit jeder Etappe der Fliegerei erobern mehr Frauen die Lüfte, solange bis mit den ersten Flugzeugen auch die ersten Pilotinnen auftauchen. Auch wenn der Ballon immer noch sehr in Mode ist, erlangt nur eine einzige Frau die Fluglizenz für lenkbare Flugschiffe. Am 21. November 1919 erhält die Schauspielerin Gaby Morlay die Lizenz mit der Nummer 40.
Die Frauen verbünden und organisieren sich. Am 10. Februar 1909 versammeln sich die Liebhaberinnen des Himmels im Fliegerclub Stella, der allein den Frauen vorbehalten ist, und stimmen dem Beitritt zum Aéro-Club de France zu, der am 15. April 1909 vollzogen wird.
Am 9. Dezember 1909 ist in der Zeitschrift *L'Aéro* daraufhin zu lesen: »Der Triumph der Fortschritte der Luftfahrt wird den Frauen gebühren.« Das bestätigt ein Journalist, der genau zu jener Zeit schreibt: »Ohne Frauen geht nichts. […] Die Luftfahrt ist für die Frauen gemacht.«
Und sie beweisen es!

Gegenüberliegende Seite:
Diese junge Ballonfahrerin im Matrosenkostüm verkörpert perfekt die leidenschaftlichen Fliegerinnen, die nach dem Vorbild von Elisa Garnerin, Sophie Blanchard, Fanny Godard oder Louise Poitevin im 19. Jahrhundert und zu Beginn des 20. Jahrhunderts am Himmel glänzen.

Jane Herveu
Marie Marvingt
Jeanne Pallier
Hélène Dutrieu
Marthe Niel
Thérèse Peltier
Marthe Richard
Suzanne Bernard
Élise Deroche

Die Amazonen der Lüfte in der Belle Époque

Katherine Stinson

Ruth Law

Marjorie Stinson

Harriet Quimby

Matilde Moisant

Bessica Raiche

Marie Marvingt

Mit der Gefahr verheiratet

Die Erste fliegt wahlweise Ballons, Segelflugzeuge, Motorflugzeuge, Wasserflugzeuge und Hubschrauber. Die Zweite sammelt Medaillen und Trophäen in sämtlichen sportlichen Disziplinen: Schwimmen, Gymnastik, Skifahren, Wandern, Fechten, Polo, Rennschlitten, Boxen, Jiu-Jitsu, Schießen, Reiten, Schlittschuhlaufen, Bergsteigen usw. Die Dritte erfindet unter anderem einen Metallski für die Sanddünen der Sahara und einen Hosenrock für Fliegerinnen ... Und alle drei zusammen ergeben eine einzige Frau: Marie Marvingt.

»Ich bin anders als andere Frauen!« Nach der schwindelerregenden Lektüre ihrer Erfolge glaubt man das Marie Marvingt gern, wenn sie das mit entwaffnendem Charme sagt. Ihre Besucher, vor allem aber die Journalisten zweifeln nicht einen Moment daran, hier ein einzigartiges Phänomen vor sich zu haben. Die Amerikaner bezeichnen sie als »außergewöhnlichste Frau seit Jeanne d'Arc« und sind von ihrem Glück in der Gefahr und von der Mühelosigkeit, mit der sie sportliche Disziplinen meistert, beeindruckt.

Siebzehn Weltrekorde sind ja auch sehr außergewöhnlich, vor allem, wenn man 1911 auch noch als erste Fliegerin den Femina Cup gewinnt, einem einzig den Frauen der Lüfte vorbehaltenen, sehr rauen Wettbewerb, und als erste Frau ihrer Zeit einen halsbrecherischen Salto auf einem galoppierenden Pferd wagt. Daneben stellt Marie Marvingt 1906 einen neuen Rekord für das Durchschwimmen von Paris auf, beherrscht 1908, 1909 und 1910 den Wintersport und gilt jahrelang als die fünftbeste Alpinistin weltweit ...

Man glaubt sich in der Person zu irren, wenn man liest, dass sie 1905 nicht nur eine Lokomotive, sondern auch Dampfschiffe steuerte und die Strecke Paris – Koblenz im Kanu zurücklegte. Immer handelt es sich einzig und allein um Marie Marvingt, die sich zudem auch als exzellente Köchin erweist und für ein Cordon bleu einen ersten Preis gewinnt.

Das Modell der modernen Frau

Marie Félicie Élisabeth Marvingt gehört zu jenen sehr besonderen Menschen, die keine Konfrontation scheuen. Sie wurde am 20. Februar 1875 in Aurillac im Departement Cantal geboren. Sie ist unablässig in Bewegung, interessiert sich für jede Art der geistigen Anregung und geht allem nach, was sie versäumen könnte. Sie findet Zeit, diverse Sportarten professionell zu praktizieren, sich einem Studium zu widmen und sich nach dem Tod ihrer Mutter liebevoll um ihre vier Geschwister zu kümmern. Deren Betreuung hatte sie übernommen, als sie selbst gerade mal 14 Jahre alt war. Sie ist diplomierte Geisteswissenschaftlerin, spricht sechs Sprachen einschließlich Esperanto, schreibt Gedichte und Novellen, zeichnet und malt, betätigt sich in der Bildhauerei und tanzt. Stets sucht sie nach neuen Herausforderungen, Eindrücken – und Gefahren.

Am 26. Oktober 1909 hebt Marie gegen 11 Uhr an Bord eines von der Firma Astra aus gummiertem Stoffgewebe konstruierten und auf den Namen *L'Étoile filante* getauften Gasballons vom Ausstellungsgelände in Nancy ab. Mit an Bord ein einziger Passagier, Oberst Émile Garnier.

Zusammen überfliegen sie den Nordosten Frankreichs, Belgien, Holland und schließlich bei Nacht und unter halsbrecherischen Bedingungen die Nordsee. Zweiundfünfzig Mal berührt die Gondel das Wasser, da der Ballon in einen Schneesturm geraten und aufgrund der Feuchtigkeit schwerer geworden war. Dann werden sie von einem heftigen Sturm bei Southwold in der Grafschaft Suffolk an die englische Küste getrieben. Selbst als das Land in Sicht gerät, ist »das dramatischste Ereignis ihres Fliegerlebens« noch nicht zu Ende, denn das Luftgefährt ist aufgrund seiner hohen Geschwindigkeit unkontrollierbar. Marie und der Oberst stellen entsetzt fest, dass der Ballon für das nahende Ufer zu tief fliegt und eine Kollision mit den Klippen unvermeidbar scheint.

In diesem Moment streift die Gondel einen Baum, Marie macht einen der schönsten Kopfsprünge ihrer bewegten Karriere und landet unversehrt auf dem aufgeweichten Boden. Durchnässt und unterkühlt bittet Marie einen Engländer um Hilfe, der beim Anblick der vom Himmel gefallenen Französin dermaßen perplex ist, dass er der Geschichte ihrer Reise durch die Lüfte keinen Glauben schenkt. Noch weniger glaubt er ihr, dass sie für die 200 Kilometer über das Meer weniger als fünf Stunden gebraucht hat. »Denn«, so erwidert er skeptisch, »schließlich brauchen Überseedampfer elf Stunden für eine Überfahrt von Holland.«

Der Oberst wird noch drei Kilometer landeinwärts in die Nähe eines kleinen Dörfchens geweht. Dort verwickelt sich der Ballon in einer Eiche, und Garnier kann unversehrt der Gondel entsteigen. »Eine sehr salzige Taufe für einen Jungfernflug« ist das Resümee der begeisterten Fliegerin nach der Rückkehr nach Frankreich, ein hartes Abenteuer, bei dem sie 720 Kilometer in 14 Stunden und 30 Minuten zurückgelegt hat.

Tausendsassa

Mit diesem Flug bestätigt Marie ihren Ruf, kein Risiko zu scheuen und »mit der Gefahr verheiratet zu sein«. Das eisige Bad in der Nordsee hat ihren Elan und ihren Entdeckergeist nicht erkalten lassen. Sie ist und bleibt ein Tausendsassa, vor allem, was ihre nicht zu stillende Neugier im Bereich der Luftfahrt betrifft. So setzt sie in den darauf folgenden Jahren ihre »Spaziergänge« in den Himmelssphären fort und kommt allein im Jahr 1912 auf ins-

Gegenüberliegende Seite, unten:
Am 8. Juli 1908 fliegt in Turin Thérèse Peltier als Passagierin von Léon Delagrange in seiner *Voisin* mit und ist damit weltweit die erste Frau in einem Flugzeug.

Links:
Marie Marvingt in Begleitung von Hubert Latham, dem unglücklichen Rivalen Louis Blériots, beim Flug über den Ärmelkanal im Juli 1909.

Am 6. August 1911 kommt Marie in eine jener brenzligen Situationen, bei denen einem der kalte Schweiß ausbricht. Bei einer Flugschau in Saint-Étienne geht ihr 200 Meter über der Menschenmenge das Benzin aus. Ohne die Nerven zu verlieren, lenkt sie ihr Flugzeug, das immer mehr an Höhe und Geschwindigkeit verliert, zum Bouleplatz des Café des Sports, der nicht weit vom Bahnhof entfernt liegt. Sie vollführt eine Bruchlandung, köpft eine kleine Akazie und »versaut sich dabei ihre Kiste«, wie sie anschließend ruhig erklärt, wobei sie genauso frisch wie beim Abflug wirkt und nicht den kleinsten Kratzer abgekriegt hat.

gesamt 14 Ballonfahrten, darunter die Strecke Paris – Brüssel und Paris – Irland. Doch dann widmet sie ihre Aufmerksamkeit immer mehr den Flugzeugen und profitiert dabei von einer Reihe außergewöhnlicher Mentoren: Von 1909 an ist es Hubert Latham, der unglückliche Rivale Blériots beim Flug über den Ärmelkanal, dann Charles Wachter, der am 3. Juli 1910 im Fliegerlager von Bétheny ums Leben kam, und schließlich René Labouchère, der 1910 Weltmeister im Langstrecken- und Dauerflug wird. Sie alle interessieren sich für diese junge Frau, die ihnen so sehr ähnelt.
Am 10. September 1909 erhält sie in Nancy ihre Lufttaufe an Bord eines von Roger Sommer konstruierten Flugzeugs. Es gefällt ihr. Im November bietet ihr Hubert Latham in Mourmelon an, in seiner *Antoinette* etwas Himmelsluft zu schnuppern. Sie lässt sich davon berauschen und fliegt im Dezember an Bord des Eindeckers *Hanriot* mit. Sie kommt immer mehr auf den Geschmack.
Zu jener Zeit lernt sie die Baroness de Laroche kennen. Die beiden Himmelsbräute sind sich sofort sympathisch. Die gleiche Leidenschaft, die gleiche Sucht nach Nervenkitzel bringen sie einander näher, und ihre Rivalität ist nur Fassade. Die wahren Werte, die nur sie allein kennen, haben eine Dimension, in der sie Gefühle verspüren, die »stärker sind als die Liebe«.
Im Lauf der folgenden Monate macht Marie gute Fortschritte, fliegt am 4. September zehn Minuten solo und erhält am 8. November 1910 mit einer *Antoinette* die Pilotenlizenz Nummer 281. Voll Eifer widmet sie sich von nun an ihrer neuen Leidenschaft und ist bei allen Wettkämpfen und Treffen zugegen.
Am 27. November 1910 gewinnt Hélène Dutrieu den Femina Cup und kommt ihr damit zuvor, doch schon im folgenden Jahr zieht sie am 23. Juni in Turin mit ihr gleich und gewinnt den Cup sogar mit noch besseren Ergebnissen.

Was für eine Frau!

Inzwischen trainiert sie auf einer *Deperdussin* mit einem Anzani-Motor, mit der sie die Lizenz der französischen Luftwaffe anstrebt. Das ganze Jahr 1912 über übt sie gewissenhaft, hört aber 1913 aus unbekannten Gründen damit auf. Zu jener Zeit kämpft sie zusammen mit anderen Pilotinnen hartnäckig für die Gründung einer Luftambulanz – eine lobenswerte Idee, die jedoch von der Armeeleitung kategorisch abgelehnt wird. Marie lässt nicht locker. Sie weiß den rechten Moment abzupassen.
1914 ist die Bilanz der fliegenden Frauen widersprüchlich: einerseits brillant hinsichtlich der Erfolge, andererseits vernichtend, gemessen an der Zahl weiblicher Piloten. Zwar wird der Fliegerinnenclub Stella von zahlreichen Anhängern unterstützt, die sich häufig überhaupt nicht sportlich in der Luft betätigen, doch gibt es nur je sieben Ballonfahrerinnen und Pilotinnen, die alle nach dem Vorbild Marie Marvingts oder dem der fliegenden Baroness ihre zahlenmäßige Unterlegenheit durch ihren ausgezeichneten Ruf wettmachen.

Nachfolgende Doppelseite:
Obwohl Marie Marvingt am 6. August 1911 der Treibstoff ausgeht, behält sie die Nerven, bekommt ihr Flugzeug wieder unter Kontrolle und landet auf dem Bouleplatz des Café des Sports nahe des Bahnhofs von Saint-Étienne.

Der Krieg kündigt sich drohend an. Von Beginn der Mobilisierung an bittet Marie darum, in der Fliegerstaffel dienen zu dürfen, doch wird ihr Wunsch kategorisch abgelehnt. »Das Töten ist nichts für Frauen!«, protestiert die Heeresleitung. Die junge Frau hört sich das an, ohne zu murren, jedoch auch ohne aufzugeben.
1915 düpiert sie die ganze Welt. Als Mann verkleidet lässt sie sich vom 3. Bataillon der Gebirgsjäger anwerben, ohne dass ihre Verkleidung auffliegt. Ihre recht herben Gesichtszüge und ihr etwas männliches Auftreten erleichtern ihr die Verwandlung. Sie schafft es bis in den Schmutz des Schützengrabens. Unglücklicherweise wird sie durch eine Verletzung entlarvt und kehrt zum Fliegen zurück, ohne das Projekt, eine Flugambulanz zu gründen, aus den Augen zu verlieren.
Was zunächst als utopische Idee abgestempelt worden war, nimmt dann doch noch Gestalt an, und die Armee beschließt kurz vor dem Waffenstillstand, sechs Flugzeuge für den Krankentransport einzusetzen.

Sieg der Flugambulanz

Für Marie Marvingt, die Gründerin des Flugrettungsdienstes, ist der erste Kongress der Luftsanität, der am 10. Mai 1929 in Paris stattfindet, ein Sieg der Hartnäckigkeit. Sie freut sich, dass der Fliegerei nun die humanitäre Dimension zukommt, die schon Alberto Santos-Dumont so wichtig war, nämlich nicht nur Zerstörung und Tod zu verbreiten.
Zehn Jahre später gründet sie ein Erholungsheim für verwundete Piloten. Zudem wird sie Vizepräsidentin der Freunde der Luftsanität, Gründungspräsidentin eines zivilen Flugrettungsdienstes in Marokko und spezialisiert sich auf Vorträge zu dem ihr wichtigen Thema »Erziehung zur Willensstärke durch Sport unter besonderer Berücksichtigung des Fliegens«.
Auch die folgenden Jahre sind von vielerlei Aktivitäten geprägt, dabei meidet sie gesellschaftliche Verpflichtungen und langweilige Kongresse. Sie hat keinerlei Bedürfnis, sich selbst zu präsentieren.

Oben:
Marie imponiert den Männern als talentierte Fliegerin und als Frau mit Herz. Später wird sie sich für den Flugrettungsdienst einsetzen und eine Flugambulanz gründen.

Marthe Richard, zwischen Himmel und Bordell

Dem Lockruf des Himmels folgt Marthe Richard, die als Marthe Betenfeld am 15. April 1899 in Blâmont im Departement Meurthe-et-Moselle geboren wurde, schon sehr früh. Sie war in erster Ehe mit Henri Richer, dem reichen Prokuristen der Pariser Markthallen, verheiratet und begeisterte sich bei Wilbur Wrights Flugschau in Avours spontan für die Fliegerei. Von da an besucht sie mit ihrem Mann etliche Pilotentreffen und Flugschauen. Bald darauf nimmt das Paar Flugstunden an der Astra-Flugschule in Villacoublay. Ab Januar 1913 fliegen Henri und Marthe, doch nur Marthe beweist wirklich Ausdauer. Sie macht am 7. Juni den Pilotenschein, der ihr am 23. Juni von der Fédération aéronautique internationale unter der Nummer 1369 ausgestellt wird. Ihre Flugkünste perfektioniert sie bei den Brüdern Caudron in Crotoy und nimmt am 14. Juli 1913 bei der Einweihung des Wasserflugplatzes Boulogne-sur-Mer am Steuer einer zweimotorigen *Caudron-Anzani* teil. Mit einer ihr von Henri geschenkten zweisitzigen *Caudron G* besucht sie sämtliche Fliegertreffen mit der festen Absicht, die Fliegerei zu ihrem Beruf zu machen.
Im Juli und August 1913 nimmt sie an mehreren Fliegertreffen teil. Die Veranstaltung am 31. August in La Roche-Bernard endet für sie jedoch dramatisch. Ihr Flugzeug zerschellt auf dem kleinen Gelände. Nach drei Wochen im Koma und einer langen Rekonvaleszenz beschließt sie jedoch, erneut dem Ruf des Himmels zu folgen. Am 5. Februar 1914 kauft

sie eine zweisitzige *Caudron G3*, mit der sie Ende Februar bei einer Flugschau in Zürich startet.
Während des Ersten Weltkriegs schlägt das temperamentvolle »Mannweib« General Hirschauer vergeblich die Gründung einer weiblichen Fliegerstaffel vor. Doch Marthe lässt sich nicht so leicht abweisen. Und die seit 1916 verwitwete Pilotin bekommt ihren Kriegseinsatz: Sie wird Geheimagentin.
Unter dem Codenamen S.R.32 Alouette und mit neuer Identität beweist Marthe Richard schnell, dass ihr Charme und ihre Verführungskünste, mit denen sie deutschen Militärbefehlshabern den Kopf verdreht, ihrem Talent als Pilotin in nichts nachstehen. Die Spionin fängt einige große Fische. Vor allem gelingt es ihr während einer Mission in Spanien, Baron von Krohn, dem deutschen Marineattaché und Neffen des Generals Erich Ludendorff, geheime Informationen zu deutschen U-Booten und Details des Tirpitz-Plans zu entlocken.

Als sie sich nach dem Zweiten Weltkrieg im Hotel Lotti am Place Vendôme in Paris einmietet, das Armand Lotti, dem Helden der Nordatlantiküberquerung gehört, fügt sie ihren zahlreichen Aktivitäten noch das Schreiben hinzu. Mit einfachen Worten schildert sie unter dem Titel *Mit der Gefahr verheiratet* teils humorvoll, teils sehr bewegend ihre eigene Biografie. Später beschreibt sie unter dem Titel *Meine Überquerung der Nordsee im Ballon* ihr erstes großes Luftfahrtabenteuer – ein Buch, das vor allem in den Vereinigten Staaten große Erfolge feiert.
Sie ist blendend in Form und verordnet sich 1961 sogar einen kleinen Gesundheitstest, indem sie die Strecke Nancy – Paris mit dem Fahrrad zurücklegt. Nachdem sie viele Jahrzehnte lang das Leben in allen Richtungen voll ausgeschöpft hat, stirbt sie – beinahe vergessen – am 14. Dezember 1963 in Laxou im Departement Meurthe-et-Moselle friedlich in ihrem Bett – eine große Dame nimmt ganz diskret Abschied von der Welt.

»Lächelnd wissen, was man will, und nützlich handeln.« *Marie Marvingt*

Nach Kriegsende bereist Marthe mit einer *Potez 43*, die ihr das Luftfahrtministerium zur Verfügung stellt, ganz Frankreich und hält Vorträge für die Luftfahrt-Versicherungskasse. 1926 heiratete sie, deren Leben 1937 mit Edwige Feuillère in der Hauptrolle verfilmt wurde, den Engländer Thomas Crampton, den Leiter der Rockefeller-Stiftung. Sehr schnell wird sie jedoch erneut Witwe und stürzt sich während des Zweiten Weltkriegs in neue Spionagemissionen, die sie im Auftrag des Widerstands bravourös und intelligent erledigt.
Nach der Befreiung Frankreichs setzt sie sich als Stadtverordnete in Paris für die Schließung der Freudenhäuser ein. Das von dem Abgeordneten Pierre Dominjon ins Parlament eingebrachte Gesetz wird sogar nach ihr benannt. Marthe Richard stellt jedoch fest, dass das Gesetz, das eigentlich der Prostitution ein Ende setzen sollte, die Zuhälterei noch begünstigt. Bis zu ihrem Tod am 9. Februar 1982 in Paris kämpft sie vergeblich darum, das Gesetz wieder außer Kraft zu setzen.

Élise Deroche
Pilotin im Spitzenkleid

Bis zum 8. März 1910 nimmt der Pantheon der Fliegerei ausschließlich Götter auf. Keine Göttin weit und breit. Die Helden der Lüfte heißen Louis Blériot, Glenn Curtiss, Henry Farman, Alberto Santos-Dumont, Orville und Wilbur Wright. Sie bilden die Elite der ersten Flieger mit offizieller Pilotenlizenz. Doch an jenem Tag bringt eine Frau, Élise Deroche, die schon bald unter dem Namen Baroness Raymonde de Laroche Berühmtheit erlangen wird, die etablierte Ordnung durcheinander, indem sie die wertvolle Lizenz, den Schlüssel zum Himmel beziehungsweise zum Olymp, mit der Nummer 36 erhält.

Der 8. Juli 1911 verspricht ein strahlender Tag in Reims-Bétheny zu werden. Die Luft flirrt wie der dort produzierte Champagner. Ein unendlich blauer Himmel und nicht eine Wolke, die die Vorstellung trüben könnte. Ein idealer Zeitpunkt, um dem Tanz der fliegenden Maschinen beizuwohnen, von denen bereits einige brummen wie große Insekten.

Eine junge Frau durchschreitet die Umzäunung. Élise Deroche, genannt die fliegende Baroness, fällt sofort durch ihre elegante Erscheinung und ihr selbstsicheres Auftreten auf. Sie schreitet zwischen den Hüten und Sonnenschirmen hindurch, ohne sich um die anerkennenden Blicke der Herren oder die neidischen Blicke der Damen zu kümmern.

Einige Herren lüften eilig den Hut. Sie erwidert lächelnd ihren Gruß. Die Damen drücken ihr die Hand. Die Menschen dort kennen sie, bewundern die weltweit erste Pilotin mit Fluglizenz und erweisen ihr eine Ehrerbietung, die ihr ein wenig peinlich ist.

Etwas abseits steht eine Gruppe Männer beisammen – zwei Offiziere der Infanterie in Uniform, ein Bankier und ein Beamter des Aéro-Clubs de France. Sie haben die junge Frau bemerkt und verfolgen sie mit aufmerksamem Blick.

»Also, da ist sie, die Baroness«, verkündet der Herr vom Aéro-Club.

»Eine Baroness?«, hakt einer seiner mit Tressen dekorierten Begleiter nach, der seine Unwissenheit damit entschuldigen kann, erst kürzlich aus den Kolonien heimgekehrt zu sein.

»Ja«, bestätigt der andere lachend, »allerdings nicht mehr Baroness als ich russischer Großherzog bin. Aber eine verdammt tolle Frau, Sie werden sehen.«

Seine Begleiter brechen in schallendes Gelächter aus, ohne die hübsche Erscheinung aus den Augen zu lassen, die zielsicher auf eine der zerbrechlichen Flugmaschinen zuschreitet, die an diesem prachtvollen Tag eine große Menschenmenge angelockt haben.

Damen der feinen Gesellschaft haben sich dort in Begleitung von Herren eingefunden, die es mit Ausnahme von Opernabenden oder Wochenendausflügen ins mondäne Deauville oder anderen außergewöhnlichen Anlässen eigentlich nicht gewohnt sind, ihre gediege-

Unten:
Lächelnd und entspannt posiert Élise Deroche, die fliegende Baroness, vor einer demontierten *Voisin*. Nach einer großartigen Flugdarbietung in Sankt Petersburg, die von Zar Nikolaus II. mit einem Adelstitel belohnt wurde, avanciert Raymonde de Laroche, wie sich jetzt nennt, zu einer wahren Königin der Lüfte.

Gegenüberliegende Seite:
Noch vor den Flugzeugen stellt der Ballon die beste gesellschaftliche »Aufstiegsmöglichkeit« für Damen da, die dem häuslichen Joch entfliehen wollen. Allerdings sind die Herren noch bemüht, sie aufzuhalten. Hier bereitet sich Madame Airault auf einem Fest des Fliegerinnenclubs Stella in Saint-Cloud gerade auf den Abflug vor.

»Der Himmel ist meine Bühne.«

Baronin de Laroche

nen Büros zu verlassen. Doch dies ist ein außergewöhnlicher Anlass. Seit einiger Zeit lockt sie die allgemeine Begeisterung für die noch junge Fliegerei ins Freie, aber auch die Möglichkeit, hier die Mitglieder des Aéro-Club de France kennen lernen zu können, des weltweit ersten Fliegerclubs überhaupt. Ein ideales Umfeld, um Neues zu sehen und natürlich um gesehen zu werden.

Die vier Kameraden beobachten, wie die Baroness zu den Flugzeugen schreitet und bei einem Doppeldecker stehen bleibt. Die Konstruktion aus Holz und Leinen wirkt fragil. Wie ein Viehhändler, der einen ihm zum Kauf angebotenen Stier betrachtet, geht sie begutachtend um die Maschine herum.

Was wird sie wohl tun? »Sagen Sie, aber Ihre Baroness wird doch wohl nicht allen Ernstes in diesen Hühnerkäfig steigen?« Er besteht auf seiner Ausdrucksweise. Gelächter.

Statt einer Antwort wohnen sie einer merkwürdigen Darbietung bei. Die Frau bindet hastig eine Kordel unten um ihren Rock und knotet sie vorne wie einen Schnürsenkel zu.

»Ich weiß, warum«, erklärt der Herr vom Aéro-Club de France seelenruhig, um den Fragen seiner Kameraden zuvorzukommen. »So verhindert sie, dass ihr Rock beim Abheben hochfliegt. Léon Delagrange hat mir erklärt, dass er auf diese Weise den Rock seiner Begleiterin Thérèse Peltier für einen Rundflug über Turin zusammengebunden habe.«

Aber hier ist gar kein Pilot zu sehen. Als wolle sie ihre Zuschauer noch mehr in Erstaunen versetzen, klettert die junge Frau behände in das Flugzeug und setzt sich hinter das Steuer. Die vier Männer merken, dass es noch andere Zuschauer für dieses in jener Zeit außergewöhnliche Schauspiel gibt – eine Frau am Steuer eines Flugzeugs.

Niemand sagt mehr einen Ton. Der Mechaniker dreht den Propeller, der Motor stottert, bevor er rund läuft. Nur einen Moment später rumpelt der fragile Doppeldecker über das Gras davon. Er wird immer schneller und hebt unter lautem Applaus vom Boden ab.

»Sakrament noch mal«, ruft einer der Männer aus und schiebt seinen Zylinder zurück. »Ich hätte nie gedacht, Zeuge eines solchen Wunders zu werden. Hat ihr weiblicher Pilot auch einen Namen?«

»Élise Deroche, aber seit Zar Nikolaus II. sie nach ihrem Flug in Sankt Petersburg geadelt hat, nennt sie sich Baroness de Laroche.«

»Aha, also eine falsche Baroness?«

»Ganz und gar nicht, mein Lieber, oder beinahe nicht. Sie wird schon bald die Königin ihrer Disziplin sein und die Luftfahrt beherrschen! Sie ist sogar die weltweit erste Frau mit einer Pilotenlizenz. Auf den Tag vor vier Monaten…«

»Unglaublich«, fährt der Erste begeistert fort. »Ich hätte nie gedacht, eine fliegende Baroness kennen zu lernen, schon gar nicht heute. Können Sie mir mehr von ihr erzählen?«

Der Herr vom Aéro-Club holt tief Luft und erzählt folgende Geschichte …

Der Nervenkitzel der Fliegerei

»Meine Herren, der Aéro-Club de France scherzt nicht mit dem Reglement. Dass Élise Deroche beziehungsweise die Baroness die Pilotenlizenz erhalten hat, verdankt sie weder dem Zufall noch ihren hübschen Beinen, weder ihrer guten Figur und am wenigsten ihrem offenen und selbstbewussten Blick. Nichts dergleichen. Sie hat lediglich den harten Anforderungen genügt, die an alle Bewerber gestellt werden. Die junge Frau beherrscht den Umgang mit den noch immer lebensgefährlichen Maschinen ausgezeichnet, sogar besser als jene unglückseligen Piloten, die sich bei Pannen oder durch zu langsame Reaktion endgültig in den Himmel befördert haben.«

Die Luftfahrt jener Zeit ist ein mühevolles Vorantasten voller Improvisation. Sie verzeiht weder Ungeschicklichkeit, noch gewährt sie vom Pech verfolgten Piloten eine zweite Chance. Mit anderen Worten, man brauchte Talent und Glück.

Die am 22. August 1886 in Paris geborene Élise Léontine Deroche besitzt beide Eigenschaften. Sie ist eigensinnig, dynamisch und neugierig, genießt das Leben und begeistert sich für den Fortschritt. Sie fährt zunächst Motorrad, dann Auto und später Ballon, geht mit der Mode, gelegentlich auch der Mode voran und erliegt natürlich sehr schnell den Verlockungen der beginnenden Fliegerei, nachdem sie als Zuschauerin am 12. November 1906 in Bagatelle dem historischen Flug Santos-Dumonts beigewohnt hat. Ihr Enthusiasmus wird zur Leidenschaft, als sie sieht, wie Henry Farman in Issy-les-Moulineaux einen ein Kilometer langen Rundflug meistert.

Die Kunst genügt der talentierten Porträtzeichnerin, Bildhauerin und Schauspielerin nicht mehr, um ihre Gefühle in Wallung zu bringen. Sie träumt von Höhenflügen, jedoch von solchen, bei denen sie allein ein Flugzeug steuert.

Sie möchte das Fliegen erlernen und begibt sich daher zum Flugzeugbauer Charles Voisin, der schon beim ersten gemeinsamen Abendessen ihrem Charme erliegt – der Beginn einer zarten Romanze.

Dank dieser Patenschaft beginnt die junge Frau 1909 ihre Ausbildung in dem Doppeldecker *Voisin* auf dem Gelände von Charles und Gabriel Voisin in Châlons. Ihr Umgang mit dem Flugzeug und die Leichtigkeit, mit der sie das Fliegen erlernt, bringen ihr schnell die Bewunderung des Personals ein.

Am 22. Oktober 1909 wirft sie lässig den Motor für ihren ersten Soloflug an (sie ist die erste Frau, die alleine fliegt) und lenkt das Flugzeug resolut über die Piste, hebt etwa fünf Meter hoch ab, fliegt einige Hundert Meter und landet sanft. Die Zuschauer, darunter der englische Journalist Harry Harper und der strahlende Charles Voisin, sind sprachlos. Schon am nächsten Tag bestätigt Élise ihre hervorragende Leistung, indem sie zwei Mal über das Gelände von Mourmelon fliegt.

Diese Himmelsweihe stellt für sie einen Wendepunkt dar. Die Tochter eines Spenglers vergisst die Kunst, das Automobil und die Welt der Mode, um sich ganz ihrer Rolle als Pilotin zu widmen.
Élise macht dank ihrer Ausdauer rasch Fortschritte, aber vor allem dank Latham, der sie in einer *Antoinette* mitnimmt. Durch diese gewissenhafte Vorbereitung kann sie sich der Pilotenprüfung des Aéro-Club de France stellen.
Am 1. Januar 1910 startet sie ihren ersten Versuch, muss aber wegen Dunkelheit ihren Flug schon bereits nach sieben Minuten abbrechen. Drei Tage später startet sie einen neuen Versuch. Dieses Mal ist ihrem Flug eine Reihe von Pappeln im Weg. Die Maschine stürzt ab, und Élise fällt in Ohnmacht, aber glücklicherweise geht der Unfall im Gegensatz zu vielen tödlichen Abstürzen harmlos aus.
Ihre Tatkraft und ihre Begeisterung, vor allem aber ihre Qualitäten als Fliegerin bezirzen die Verantwortlichen des Aéro-Clubs, die daraufhin ihren Status anerkennen, indem sie ihr am 8. März 1910 die Pilotenlizenz mit der Nummer 36 ausstellen. Damit wird Élise in den Kreis des Clubs aufgenommen, in dem sie auf Louis Blériot (Lizenz Nummer 1) und die anderen Größen der Fliegerei trifft. Ein außergewöhnlicher Auftritt: Eine Frau stürmt eine der wichtigsten männlichen Bastionen.
Die Presse nimmt davon Notiz. Élise hat das Fliegen gemeistert, daher gelingt es ihr auch, die Journalisten um den kleinen Finger zu wickeln. Sie erklärt ihnen, dass »es für Frauen nichts Besseres als das Fliegen« gibt, was sie ja bewiesen habe und dass die Fliegerei geradezu ideal für Frauen sei, »da es dabei nicht so sehr auf körperliche Kraft wie auf geistige Stärke« ankomme.

Marthe Niel, die erste weibliche Testpilotin

Ähnlich sportlich wie Marie Marvingt begeistert sich die am 29. Dezember 1880 in Paimpont im Departement Ille-et-Vilaine geborene Marthe Niel zunächst für Fahrräder und Automobile, bevor sie 1910 den Verlockungen des Fliegens erliegt. Nachdem sie 1910 in die von Koechlin geleitete Flugschule in Mourmelon aufgenommen wird, beginnt ein intensives Training, dessen Erfolg sich am 12. September bei zwei Überlandflügen zeigt. Am 25. September sammelt Marthe bei einer Flugschau in Dijon weitere Erfahrungen und erhält schließlich am 8. Oktober 1910 die begehrte Fliegerlizenz mit der Nummer 226, was sie zur weltweit ersten Frau mit einer Lizenz für Eindecker macht. Natürlich sieht man sie danach bei Wettkämpfen und Flugschauen, bevor sie am 9. Februar 1911 mit dem Jungfernflug mit dem *Koechlin*-Eindecker Fluggeschichte schreibt. In der Tat ist sie die erste Testpilotin weltweit. Sie scheint eine brillante Zukunft vor sich zu haben, doch ihre Karriere endet urplötzlich, und ihre Spur verliert sich.

Der Jungfernflug mit dem Eindecker *Koechlin* am 9. Februar 1911 in Mourmelon macht Marthe Niel zur weltweit ersten Testpilotin. In den Anfängen der Fliegerei, als Kenntnisse durch Ausprobieren erworben werden mussten, bedarf es guter Nerven, Improvisationstalents und natürlich einer hohen Reaktionsfähigkeit. Dies alles besitzt Marthe.

Auszeichnung durch den Zaren

Am 20. Januar 1910 reist Élise Deroche von Marseille nach Kairo, um in Heliopolis an einem Pilotenwettbewerb teilzunehmen, in dessen Verlauf sie einen für die Epoche beachtlichen Langstreckenflug von 20 Kilometern zurücklegt, der für die Pilotenlizenz des Aéro-Club de France zählt.
Am 1. Mai begeistert sie das Publikum in Tours und hebt auch vier Tage später ab, als die Wetterbedingungen so ungünstig waren, dass die anderen Piloten am Boden blieben. Ihre Leistung ruft allgemeine Bewunderung hervor. Bereits am 9. Mai trifft sie in Sankt Petersburg zu einer Flugdarbietung ein. Die hübsche Frau aus Paris zieht vor allem die Großfürsten an, die sich daraufhin tagtäglich auf dem Fluggelände einfinden. Sie avanciert auf diese Weise zum Star und übertrifft sich am 16. Mai vor den Augen des Zaren Nikolaus II. selbst. Sie fliegt 23 Minuten lang und gewinnt dabei fast 200 Meter an Höhe, bevor sie im Gleitflug vor den Füßen des Monarchen landet. Auch wenn sie insgesamt nur Vierte wird, belohnt sie der Zar nichtsdestotrotz: Er schenkt ihr ein Schmuckstück, dekoriert sie mit dem Sankt-Anna-Orden und dem Adelstitel Baroness.
Auch wenn es sich nur um einen Ehrentitel handelt, so wurde er doch bei einem schwierigen Wettbewerb errungen und zeichnet daher den Wert der Darbietung aus, was böse Zungen dennoch nicht davon abhält, über die »Baroness«, die sich von da an ganz offiziell mit diesem Titel schmückt, herzuziehen. Auf jeden Fall hat sich Élise Deroche einen Namen gemacht: Raymonde de Laroche.

Der Fall

Anschließend erntet »Madame la Baronne« am 12. Juni 1910 in Budapest die nächsten Lorbeeren, da sie dort auf 160 Meter Höhe 20 Minuten in der Luft bleibt. Zwei Tage später verbessert sie diese Leistung mit einem Flug, der 30 Minuten und 20 Sekunden dauert. Von Budapest geht es nach Rouen, wo sie unter großem Beifall am 19. Juni, vor allem aber mit einem 21 Kilometer langen Flug am 21. Juni ihre außergewöhnlichen Leistungen bestätigt.

Oben:
Jeanne Pallier an Bord des Doppeldeckers *Astra CM* im Jahr 1913 in Villacoublay. Hinter ihr sitzt in diesem mit Doppelsteuerung ausgerüsteten Schulflugzeug ihr Lehrer Labouret, der die Nachfolge Gauberts angetreten hat.

Gegenüberliegende Seite:
Jeanne Pallier sitzt bei dieser Zusammenkunft in Bouganeuf (Creuse) nicht nur in der ersten Reihe, sondern genießt sicherlich auch die unmittelbare Nähe zu zwei großen Piloten ihrer Zeit: Georges Legagneux und der lächelnde Jules Védrines sind beide an ihren hellen Mützen zu erkennen.

Jeanne Pallier, eine wahre Pionierin

Die am 19. Juli 1864 in Dijon geborene Jeanne Bordet, verheiratete Pallier, gerät im Oktober 1909 während der Flugwochen in Juvisy wortwörtlich in Schwingung und erhält am 22. Oktober 1910 an Bord einer *Blériot* die Lufttaufe. Danach nimmt sie in Chartres an der Flugschule Houry Unterricht. Ab dem 10. März 1912 gibt ihr Gaubert Flugstunden in einer *Astra CM*. Jeanne beherrscht ihr Flugzeug bald so gut, dass sie am 3. August erfolgreich die Prüfungen für die Pilotenlizenz absolviert und das Dokument mit der Nummer 1012 des Aéro-Clubs de France am 6. September in Händen hält.
Sie plant daraufhin ein für jene Zeit äußerst anstrengendes Unternehmen, eine Reise von Stadt zu Stadt. Am 10. September 1912 fliegt sie um 7 Uhr morgens an Bord einer *Astra CM* in Villacoublay los, legt einen Zwischenstopp in Étampes ein und landet um 10 Uhr in Chartres. Zwei Tage später verlässt sie Chartres in Richtung Mainvilliers und kehrt von dort direkt nach Chartres zurück, wo sie bei Einbruch der Dunkelheit landet. Am darauf folgenden Tag fliegt sie nonstop nach Villacoublay zurück, wobei ihre Flughöhe zwischen 500 und 900 Meter schwankt.
Vor allem wegen des Kriegs hängt sie die Fliegerei an den Nagel, lässt sich in Villeneuve-sur-Yonne in der Nähe ihrer Schwiegertochter bei Augustinerschwestern nieder und wohnt dort bis zu ihrem Tod am 6. März 1938.

Besonders stellt sie ihre Leistungen während der zweiten großen Flugwochen der Champagne in Reims unter Beweis. Sie behauptet ihren Platz auch neben Größen wie Felix Camerman, Julien Mamet, Géo Chavez oder Charles Wachter, der am 4. Juli tödlich verunglückt und damit auf traurige Weise zeigt, dass dieser Wettkampf beileibe kein Spiel für Amateure ist.
Und so nimmt die junge Frau am 8. Juli 1910 während der Flugwochen an dem Wettkampf um den Großen Preis teil. Der Herr vom Aéro-Club, der Bankier und die beiden Offiziere beobachten aufmerksam die Darbietung der fliegenden Baroness, die sich tatsächlich in nichts von den anderen Fliegern im Wettbewerb unterscheidet.
»Und Sie sagen, dass sie Glück hat«, ruft einer der Infanterieoffiziere aus. »Ich finde allerdings, dass sie ein ganz schönes Risiko eingeht. Schauen Sie doch, wie eng sie da oben die Kurve nimmt.«
Kaum hat er diese Worte ausgesprochen, gerät die *Voisin* der Baroness in eine Wirbelschleppe der vor ihr fliegenden Maschine und gerät 50 Meter über dem Boden außer Kontrolle, legt sich im Sinkflug auf die Seite und zerschellt am Fuße einer Säule. Die Menge stößt einen entsetzten Schrei aus.
Von der Wucht des Aufpralls ihrer Maschine wortwörtlich zerbrochen, erleidet die Baroness 18 Frakturen – darunter acht in der Hand und die anderen am Handgelenk, am linken Arm, am rechten Bein, am linken Oberschenkel und am Becken. Sie verliert das Bewusstsein und hat tiefe Schnittwunden im Gesicht sowie innere Verletzungen.
Als sich ihr Körper nach mehreren Monaten Rekonvaleszenz langsam erholt, schwört sie, nach ihrer Genesung mit der Fliegerei fortzufahren. Diese Hoffnung, wieder zu fliegen, ist wohl das Geheimnis ihrer Wiederauferstehung.
Am 7. Oktober 1910 kehrt Élise nach Paris zurück und möchte bald beweisen, dass sie nach wie vor eine begnadete Pilotin ist. Kaum wieder auf den Beinen und immer noch an Krücken laufend, zieht sie am 17. Januar 1911 ihren weißen Pilotenoverall über und sorgt in Issy-les-Moulineaux für einen großen Auftritt.
Das Leben geht wieder seinen gewohnten Gang. Sie zieht mit Charles Voisin, ihrem guten Geist, zusammen. Dieser verlässt gegen den Willen seines Bruders Gabriel das Familienunternehmen, um sich um eine aus den besten Piloten jener Zeit bestehende Vereinigung zu kümmern, zu der auch Roland Garros gehörte. Das Paar bricht zu einer Tournee durch Frankreich und das Ausland auf und trennt sich zwischendurch von Dezember 1911 bis April 1912, da Charles einen Abstecher nach Südamerika macht.
Nach einem ersten Flug, den ihr Henry Farman am 27. September 1911 in Mourmelon anbietet, fliegt Élise wieder und besiegt

auf diese Weise ihre Ängste. Im Januar 1912 nimmt sie als Kopilotin eines Eindeckers an einem Rundflug über Paris teil. Am 11. Februar 1912 fliegt sie schließlich in Juvisy einen Doppeldecker Henry Farmans wieder alleine und ist glückselig.
Doch ihr Glück endet, als Charles Voisin am 26. September 1912 bei einem Autounfall stirbt. Die Baroness wird aus dem Auto geschleudert und kommt bis auf einen verstauchten Daumen, einigen Kratzern und einem gebrochenem Herzen heil davon. Für ihren Kummer gibt es ein einziges Gegenmittel – die Fliegerei.
Am 5. Dezember 1912 gelingt ihr am Steuer eines *Sommer*-Doppeldeckers, den sie seit dem 14. November fliegt, in 3 Stunden und 20 Minuten ein Langstreckenflug über 290 Kilometer.
Zwar hat sie nichts von ihrem Mut verloren, dennoch kann sie 1912 nicht am Prix Femina teilnehmen. Im April 1913 schreibt sie sich in der Fliegerschule Farmans ein, wo sie ihren zukünftigen Ehemann Jacques Vial kennen lernt. Die Ausbildung tut ihr gut, denn schon bald fliegt sie als Königin der Lüfte wieder auf höchstem Niveau und trägt den Titel »fliegende Baroness« wieder zurecht. Am 25. November 1913 gewinnt sie zum ersten Mal den renommierten Femina Cup.

Einsamkeit

Der Krieg markiert einen blutigen Einschnitt in diesem schicksalhaften Leben. Élises Flugzeug *Henry Farman* wird zu Kriegszwecken eingezogen, ihr Ehemann Jacques stirbt im Feld und ihr 1903 geborener Sohn an den Folgen der spanischen Grippe. Das Kriegsende kann ihren Kummer nicht lindern. Sie will den Femina Cup verteidigen. Die Rivalität stimuliert sie, auch wenn die Fédération aéronautique internationale zu jener Zeit die weiblichen Flugleistungen noch nicht anerkennt.
Kaum befindet sich die fliegende Baroness in einer *Caudron G3* wieder in ihrem natürlichen Element, greift sie nach Höhenrekorden. In Issy-les-Moulineaux stellt sie am 7. Juni 1919 mit 3 900 Metern einen neuen Rekord auf, der ihr jedoch drei Tage später von Ruth Law wieder genommen wird, die während eines Flugs über Frankreich eine Höhe von 4 270 Meter erreicht. Die schöne Amerikanerin kann sich jedoch nicht lange an ihrem Sieg erfreuen, denn ihre Rivalin kontert am 12. Juni mit einer Flughöhe von 4 800 Meter und genießt nun ihrerseits den Triumph.
Élise nimmt ihr wahres Leben wieder auf. Statt sich auf ihren Lorbeeren auszuruhen, reist sie nach Crotoy, um sich ernsthaft auf den nächsten Femina Cup vorzubereiten. Sie nimmt sich vor, etwa acht Stunden in der Luft zu bleiben und trainiert dafür mit dem Piloten Barrault, der sie in der Handhabung der *Caudron G3* unterweist.
Die 33-jährige Baroness, deren Schönheit von Trauer verschleiert ist, muss sich längst nichts mehr beweisen, als sie am 18. Juli als Kopilotin mit Barrault mitfliegt. Aus ungeklärten Gründen stürzt das Flugzeug kurz nach dem Start ab. Der Aufprall lässt den Insassen nicht die geringste Überlebenschance.
Dieses Mal hat das Glück die charmante und doch so leiderfahrene Frau im Stich gelassen, die nun unweit des ebenfalls getöteten Barrault im Sand ruht.
»Vielleicht werde ich das Schicksal einmal zu oft herausfordern«, hatte sie ihren Freunden in einem Moment der Erschöpfung einst gestanden.

Suzanne Bernard, das erste Opfer

Suzanne Louise Bernards Leben währt nur knapp 19 Jahre. Am 31. Oktober 1893 in Troyes im Departement Aube geboren, stirbt sie am 10. März 1912. Die begeisterte Sportlerin erhält im Juli 1911 ihre Lufttaufe an Bord eines von Léon Darsonval gesteuerten Ballons, bevor sie im darauf folgenden September während einer Flugschau in Saint-Lyé an Bord einer *Deperdussin* mitfliegt. Kaum hat die Erde sie wieder, beschließt sie, Pilotin zu werden.
Ab Oktober beginnt sie in Mourmelon ihre Pilotenausbildung in einer *Farman* und fliegt am 31. Dezember in 50 Meter Höhe über gut zehn Kilometer zum ersten Mal allein. Im Februar 1912 ist sie bereit für die Prüfungen zur Pilotenlizenz. Mit Bravour besteht sie am 10. März 1912 die ersten beiden Teilprüfungen. Für die letzte Prüfung, den Höhenflug, fliegt sie in Richtung Flugschule davon, um die Schüler aus der Luft zu grüßen. Es wird nie geklärt werden, warum sie plötzlich über der Straße nach Orléans die Kontrolle über ihr Flugzeug verliert. Bewusstlos zieht man sie aus dem Wrack, und kurz darauf erliegt sie ihren Verletzungen. So erlangt sie die traurige Berühmtheit, als erste Französin Opfer eines Flugzeugabsturzes geworden zu sein.

Gegenüberliegende Seite:
Der hohe Kragen dieses weiten Rollkragenpullovers nimmt Raymonde de Laroche nichts von ihrem düsteren Charme. Die Baroness, die am 8. März 1910 als weltweit erste Frau die Pilotenlizenz erhält, hatte schon früh ihre Karriere als Schauspielerin an den Nagel gehängt, um eine weit größere Bühne zu erobern, den Himmel. Die Rolle der Eroberin der Lüfte ist ihr wie auf den Leib geschnitten, bis sie eine simple Probe mit dem Leben bezahlen muss.

Harriet Quimby
Aufregende Amerikanerinnen

Harriet Quimby träumte davon, Künstlerin zu werden, Filmschauspielerin. Ihre Schönheit war unübersehbar. Ihr Lachen, ihr Blick, allein ihre Gegenwart erregte Verwirrung. Ihre Anmut hätte vollkommen ausgereicht, sie in der großen Epoche der Stummfilme auf die große Bühne zu katapultieren. Doch die Journalistin, die Theaterkritikerin mit dem Ruf, äußerst präzise Kritiken zu verfassen, die erfolgreiche Drehbuchautorin, die vom berühmten Griffith persönlich auf die Leinwand gebracht wird, bricht diese Karriere ab, um sich ganz ihrer alles verzehrenden Leidenschaft widmen zu können, der Fliegerei. Wobei sie im Land von Uncle Sam nicht die Einzige ist.

Der Apfel fällt nicht weit vom Stamm. Harriet Quimby entstammt einer jener rauen Pionierfamilien des Westens, die das Unbekannte nicht schreckt. Von den Quimbys weiß man so gut wie nichts. Denn auch als Harriet als erste Frau in Amerika ihre Pilotenlizenz erhielt und nun, plötzlich berühmt, den Fragen der Journalisten Rede und Antwort stehen musste, blieb sie sehr diskret, was ihr Privatleben betraf. Daher weiß man so gut wie nichts über ihre Eltern William und Ursula oder über Kitty, ihre ältere Schwester. Diverse Quellen verraten lediglich, dass vor der Geburt der beiden Mädchen bereits mehrere Kinder Opfer von Krankheiten geworden waren. Zudem weiß man, dass William seinen Dienst bei den Unionisten aus Krankheitsgründen quittieren musste und dass er und seine Frau von einem aus Irland kommenden Schiff in New York von Bord gegangen waren.

Harriet, die Katze

Die hübsche Harriet, geboren am 11. Mai 1875, mit den betörenden grünen Augen gilt als geheimnisvoll und hält sich über ihr Privatleben bedeckt. Sie lässt sich weder über ihre Wurzeln noch über ihre Übersiedelung um 1900 (vermutlich 1897) nach Oakland aus, wo sie Journalistin wird, nachdem sie zunächst eine Schauspielerinnenkarriere angestrebt hat. Diese schöne, große, brünette junge Frau scheint offiziell erst ab 1902 zu existieren, als sie eine Reihe von Texten in den Zeitungen San Franciscos veröffentlicht, vor allem im *San Francisco Bulletin*. Im darauf folgenden Jahr arbeitet sie als Theaterkritikerin für die *Leslie's Illustrated Weekly* in New York und redigiert zudem Tipps und Anregungen für Frauen. Unter männlichen und weiblichen Pseudonymen schreibt Harriet auch für andere Zeitschriften, doch vor allem macht sie sich mit Reportagen über Kuba, Europa, Ägypten, Island und Mexiko einen Namen. Ihre literarische Bekanntheit verdankt sie vor allem ihren Veröffentlichungen über Künstler und Theateraufführungen, für die sie Schauspieler und Filmdiven interviewt. In ihrer neunjährigen Tätigkeit für *Leslie's* veröffentlicht sie mehr als 250 Artikel, die bei den New Yorkern sehr beliebt sind.

Gegenüberliegende Seite:
An Bord ihres Eindeckers *Blériot XI* mit einem 50-PS-Gnome-Motor bereitet sich Harriet Quimby auf ihren Flug von Dover über den Ärmelkanal vor. Erst drei Jahre zuvor hatte Louis Blériot diese gefährliche Passage geschafft. Da die junge Amerikanerin am Ende ihrer schwierigen Reise Calais verfehlt, landet sie auf einem Strand bei Hardelot, wo ihr französische Fischer einen triumphalen Empfang bereiten.

Auch wenn außer von ihrem Faible für das Theater und für schnelle Autos wenig über sie bekannt ist, so weiß doch jeder, dass ihr Herz seit dem Tag im Oktober 1910 für die Fliegerei höher schlägt, dem Tag, an dem sie bei einer internationalen Flugschau im Belmont Park auf Long Island den Wettstreit der berühmtesten Piloten der Welt gesehen hat. Harriet ist berauscht von den Flugdarbietungen, besonders von John Moisants Flug um die Freiheitsstatue.
Die Leichtigkeit, mit der der junge Pilot fliegt, begeistert sie und weckt in ihr den Wunsch, fliegen zu lernen, was sie ihm direkt nach der Landung auch sagt. Unglücklicherweise kommt John am 31. Dezember 1910 in New Orleans ums Leben, daher nimmt sie sein Bruder Alfred in seiner Flugschule Moisant auf Long Island unter seine Fittiche.
Im Mai 1911 bekommt auch Mathilde, die Schwester von Alfred und John, Lust, die Kunst des Fliegens zu erlernen, und freundet sich im Verlauf der Ausbildung mit Harriet an. Von Beginn an zeigt sich Harriets angeborenes Talent für das Fliegen, und so erstaunt es niemanden, dass sie am 1. August 1911 als erste Frau Amerikas eine Fluglizenz erhält.

Die Fliegerin aus Meißner Porzellan

Das Fliegen hält Harriet in diesem sehr ausgefüllten Jahr 1911 nicht davon ab, sieben Drehbücher für Stummfilme zu schreiben und sie den Biograph Studios anzubieten. Die romantischen Filme werden von David W. Griffith, dem Pionier der Stummfilmära, produziert, der 1915 mit seinem Meisterwerk *Geburt einer Nation* berühmt wird.
Harriet Quimby verliert trotz aller Arbeit nicht ihren Sinn für Koketterie, den sie ihrer neuen Rolle als fliegende Frau anpasst. Sie entwirft ein violettes Kostüm aus Seide und Leinen mit einer Mönchskapuze, das sie zu Beginn ihrer Profikarriere am 4. September 1911 auf der Richmond County Fair zeigt. Zum ersten Mal macht bei dieser Veranstaltung eine Frau einen Nachtflug. Ihr hübsches Gesicht hinter einer großen Fliegerbrille verborgen, fliegt sie vor über 20 000 Zuschauern über die vom Mond beschienene Insel Staten Island. Ihrem Talent verdankt sie es, dass sie im November 1911 in das Moisant International Aviators Exhibition Team aufgenommen wird, eine Vereinigung, die sich der Wissenschaft der Fliegerei widmet und daher mit renommierten Piloten besetzte Flugschauen ersten Rangs präsentiert.
Schon bald wird Harriet aufgrund ihrer zarten Gesichtszüge von den Fliegerzeitschriften als »die Fliegerin aus Meißner Porzellan« bezeichnet. Sie entwickelt sich sehr schnell zur Vorreiterin und Sprecherin der Frauen in der männlichen Fliegerwelt. Aktiv kämpft sie für eine amerikanische Fluglinie und erwähnt in ihren Artikeln immer wieder, wie weit Amerika diesbezüglich hinter anderen Nationen wie Frankreich, England, Deutschland und Italien zurückliegt. Zugleich setzt sie sich für den Aufschwung der kommerziellen Fliegerei ein.
Die Rechte der Frauen beschäftigen sie sehr, daher veröffentlicht sie in der *Leslie's Illustrated Weekly* drei aufeinanderfolgende Artikel, die sie mit *Wie eine Frau das Fliegen erlernt*, *Wie ich meine Fluglizenz erwarb* und *Die Gefahren des Fliegens und wie man sie vermeidet* überschreibt.
Viel interessanter und aufregender als ihre Artikel zu lesen aber ist, sie fliegen zu sehen. So nimmt sie beispielsweise an der Spitze des Moisant-Teams im Dezember 1911 an einer Flugschau in Mexiko teil, die zu Ehren der Präsidentschaftswahl Francisco Maderos stattfindet.
Während ihres Aufenthalts in Mexiko denkt sie zum ersten Mal ernsthaft darüber nach, den Ärmelkanal zu überqueren, nachdem zunächst Louis Blériot im Juli 1909 und dann Jacques de Lesseps am 22. Mai 1910 diese historische Leistung gelungen war. Harriet nimmt sich vor, der Öffentlichkeit Ähnliches zu bieten, allerdings als Frau. Mit anderen Worten, Harriet will als erste Frau von England nach Frankreich fliegen.

Bessica Raiche, die »erste amerikanische Fliegerin«

Noch ein Wirbelwind! In einer Zeit, da das Tragen von Hosen als Provokation galt, ignoriert diese sehr entschlossene junge Person, die als Bessica Medlar im April 1875 in Beloit in Wisconsin geboren wurde, Röcke und Kleider und zieht stattdessen Pluderhosen vor. Die sportliche Frau fährt mit durchgetretenem Gaspedal, interessiert sich für Kunst, lernt mehrere Sprachen und wird Zahnärztin.
Ihre Eltern Elizabeth und James B. Medlar, bemühen sich, ihren Wissensdurst zu stillen, und erlauben dem Mädchen, nach Frankreich zu gehen, um Musik zu studieren. Dort lernt sie vor allem ihren Ehemann François »Frank« C. Raiche kennen und lässt sich von Élise Deroche inspirieren, der unvergesslichen fliegenden Baroness und der weltweit ersten Frau mit einer offiziellen Pilotenlizenz. Das Ehepaar lässt sich in Mineola im Staat New York nieder und konstruiert nach dem Vorbild Wrights einen Doppeldecker, der am

Den Ärmelkanal in der Tasche

Im März 1912 bricht Harriet nach England auf, geht zum *Daily Mirror* und vertraut ihre Pläne dem Chefredakteur an, der ihr mit der Aussicht auf eine gute Titelstory die Finanzierung für das Vorhaben anbietet. Zuversichtlich macht sich Harriet nach Paris auf und überzeugt Louis Blériot, ihr eines seiner Eindecker-Flugzeuge zu leihen, das sie anschließend heimlich über das Meer nach Dover transportieren lässt.
Doch zu Beginn scheint sich alles gegen die junge Pilotin verschworen zu haben. Der Wind bläst zu stark und vermischt sich mit Regen. Es ist daher unmöglich, die *Blériot* zu testen. Außerdem fällt Harriet trotz der Erklärungen ihres englischen Fliegerfreundes Gustav Hamel vor ihrem Abflug die Bedienung des Kompasses schwer, und der Pilot betont wieder und wieder den heiklen Punkt: »Falls Sie sich auch nur um wenige Kilometer vertun, endet Ihr Flug im kalten Wasser der Nordsee.« Diese Aussicht kann Harriet nicht schrecken. Ein Bad in den eisigen Fluten ist nichts im Vergleich zu der kalten Dusche, die ihr Gustav Hamel durch die Erzählung von seinem Flug über den Ärmelkanal in Begleitung einer Frau verpasst hat. Doch sie findet sich damit ab, nicht die erste Frau, sondern die erste Pilotin zu sein, die den Ärmelkanal überquert.

16. September 1910 zum Jungfernflug abhebt – mit Bessica am Steuer, die nicht eine Flugstunde hatte oder je an einem Probeflug teilgenommen hatte. Der aus Bambus und Seide gebaute Flugapparat hält, was er verspricht, und fliegt einige Meter über der Erde, bevor er weich landet.
Natürlich bleibt es nicht bei diesem Flug, und so wird die Aeronautical Society of America schließlich auf Bessica aufmerksam und ernennt sie am 13. Oktober 1910 zur »ersten amerikanischen Fliegerin«. Dank dieser viel versprechenden Anfänge entwerfen und verkaufen die Raiches zwei Flugapparate und gründen dann die French American Aeroplane Company.
Die Zukunft scheint vorgezeichnet, doch Bessica wird krank und kehrt in der Folge der Fliegerei, die ihr sicherlich eine große Karriere beschert hätte, den Rücken zu. Nach ihrer Genesung studiert sie Medizin und profiliert sich als eine der ersten weiblichen Spezialistinnen für Geburtshilfe und Gynäkologie. Am 11. April 1932 stirbt sie in ihrem Haus in Balboa in Kalifornien an Herzversagen.

»Für mich gibt es keinen Grund,
fruchtbare Karrieren eröffnen sollte.
Summen verdienen, indem sie Waren
Luftaufnahmen machen oder Flugschulen leiten?«

Harriet Quimby

warum das Flugzeug nicht auch Frauen
Warum sollten sie nicht auch hübsche
auf dem Luftweg transportieren,

Da sie im offenen Eindecker völlig ungeschützt ist, muss sie sich vor den Elementen und der Kälte schützen. Sie zieht daher zwei Seidenanzüge unter das Kostüm und rollt sich wortwörtlich in einen langen Wollmantel, einen amerikanischen Regenmantel und ein Cape aus Robbenfell ein. Kurz vor dem Abflug aus Dover am 16. April reicht ihr Hamel noch eine dicke Wärmeflasche, die sie an der Taille befestigt.
Schließlich hebt Harriet trotz des Nebels, in dem Dover Castle beinahe gänzlich verschwindet, um 5 Uhr 35 in der Früh ab und erreicht in weniger als 30 Sekunden eine Flughöhe von 500 Metern. Um sie durch Nebellöcher wenigstens flüchtig zu erblicken, bemüht sich der *Daily Mirror* mit einem gecharterten Schlepper um ihre Verfolgung, doch sie fliegt zu schnell und hängt ihn im dichten Nebel ab, in dem sich der Kompass als wertvoller Führer erweist.
Sie beschließt, tiefer zu gehen, um unter der Nebeldecke zu fliegen, und findet zu ihrem Glück auf 300 Meter Höhe besseres Wetter vor. Allerdings gelingt es ihr nicht, Calais anzuvisieren, daher beschließt sie, auf einem Strand zu landen. Auf jeden Fall ist ihr der Flug über den Kanal gelungen. Als der Eindecker nach 59 Minuten zum Stehen kommt, wird sie von einer Gruppe von Fischern umringt und begrüßt. So erfährt die erste Pilotin, der die Kanalüberquerung gelungen ist, dass sie Frankreichs Küste etwa 30 Kilometer südlich von Calais erreicht hat.
Natürlich wird Harriet von den Franzosen geradezu triumphal empfangen, doch unglücklicherweise löst ihre Heldentat in England wegen der Erschütterung über den Untergang der *Titanic* kein großes Echo aus.

Gegenüberliegende Seite:
Der Pilotin mit dem Porzellangesicht bleibt keine Zeit, ihren Erfolg zu genießen. Da der Untergang der *Titanic* die Titelseiten der Zeitungen dominiert, findet ihre Leistung in der Öffentlichkeit kaum Beachtung. Nur drei Monate später stürzt Harriet Quimby in Boston zusammen mit einem Passagier aus dem trudelnden Flugzeug in den Tod. Damals gab es noch keine Sicherheitsgurte.

Der Absturz

Drei Monate später kommt sie Ende Juni 1912 an Bord ihres weißen Eindeckers in Boston an, um an dem dritten Fliegertreffen in Squantum in Massachusetts teilzunehmen. Dem Programm zufolge soll sie die Dorchester Bay überfliegen und den Leuchtturm von Boston umrunden. Da dieser Flug keine besonderen Risiken birgt, erklärt sie sich bereit, William A. P. Willard, den Organisator des Treffens und Vater des Kunstfliegers Charles Willard, als Passagier mitzunehmen.
Bei Einbruch der Nacht startet sie am 1. Juli den Motor, während es sich ihr Passagier mehr schlecht als recht im Flugzeug bequem macht. Als sich einer ihrer Freunde wegen des zusätzlichen Gewichts an Bord sorgt, beruhigt sie ihn lachend: »Ich bin eine Katze und hasse kaltes Wasser.«
Mühelos hebt Harriet ab und 5 000 Zuschauer verfolgen anschließend ihren Flug über den Hafen, beobachten, wie sie in Richtung Leuchtturm fliegt, ihn umrundet und sich auf den Rückflug zum Fluggelände von Squantum macht. Tausend Meter über dem Meer zieht sie einer Möwe gleich große Schleifen und nähert sich dann im steten Sinkflug der Piste.
Auf 500 Meter Höhe neigt sich die Maschine plötzlich sehr schnell zur Seite. Die entsetzten Zuschauer werden Zeugen eines grauenhaften Spektakels. Der Passagier wird herausgeschleudert und beschreibt in der Luft einen Bogen, als sei er herausgesprungen. In jener Zeit gab es weder Sicherheitsgurte noch andere Anschnallvorrichtungen.
Harriet bemüht sich, die *Blériot* wieder unter Kontrolle zu bekommen, wird jedoch von einem heftigen Luftwirbel aus dem Cockpit geschleudert. Im Abstand von wenigen Sekunden schlagen beide Körper im Schlamm der Bucht auf.
Die *Boston Post* ehrt sie auf ihre Weise: »Sie hat sich entschieden, den Weg zu weisen«, schrieb der Journalist. »Sie hat die gleichen Risiken wie die Männer auf sich genommen und ist wie ein Mann gestorben.«
Amerika trauert aufrichtig um seine talentierte Fliegerin, um diese hübsche Frau, die allein den Himmel erklimmen konnte und dort jene Gefühle für sich entdeckte, von denen Faulkner schrieb: »Das Fliegen schenkt einem erotisches Glück.«
Harriet hätte über diesen Ausspruch sicherlich gelacht oder charmant das Gesicht verzogen, bevor sie zu ihrem Flugzeug geeilt wäre wie zu einem Rendezvous.

Hélène Dutrieu
Ein umwerfendes Mädchen

In einem imaginären Synonymenwörterbuch wäre der Name Hélène Dutrieu gleichbedeutend mit Schwindelgefühl, großen Gefühlen, garantierten Emotionen, selbstmörderischem Wagemut und weiteren Ausdrücken, die der Anblick ihrer halsbrecherischen Darbietungen zunächst auf einem banalen Fahrrad, dann auf einem Motorrad und später im Flugzeug hervorgerufen hat. Das junge Mädchen, das als erste belgische Fliegerin 1910 die Pilotenlizenz erhielt und aus Liebe französische Staatsbürgerin wurde, sorgte immer wieder für Gänsehaut und sammelte zahlreiche Rekorde, bevor sie mit dem Alter etwas ruhiger wurde und eine erfolgreiche Karriere als Pressechefin startete. Mit anderen Worten: Diese Frau war stets für Überraschungen gut.

Diese junge Frau macht einen nicht nur schwindelig, sondern verdreht einem den Kopf. Beim Anblick verwirrter Mienen und wirklich fassungsloser Blicke lacht sie sogar, während sie in einem Zirkuszelt oder einem Varietétheater nach einem halsbrecherischen Kunststück, das einem die Haare zu Berge stehen lässt, wie durch ein Wunder wieder festen Boden unter den Füßen gewinnt. Die Damen erbleichen, die Herren schwitzen, und die Kinder kreischen vor Vergnügen.

Doch die schöne Hélène ruft noch mehr Aufregung hervor, denn Mademoiselle Dutrieu trägt keine Korsage. Zur damaligen Zeit eine echte Provokation. Natürlich spucken die Damen der besseren Gesellschaft angesichts dieser »Kreatur« Galle. »Eine Frau ohne Korsage – wie kann sie sich so gehen lassen!«, empören sie sich und berufen sich auf ihre Angestellten-Ehemänner als Zeugen. Die gut erzogenen oder auch nur vorsichtigen Herren wagen nicht, ihnen zu widersprechen, auch wenn sie ihren Gedanken freien Lauf lassen.

Hélène Dutrieu lässt diese herbe Kritik kalt. Um ihre Andersartigkeit zu unterstreichen, aber auch aus praktischen Gründen, trägt sie ein Barett aus Angorawolle, einen grauen Hosenrock, den ihre Freundin Marie Marvingt erfunden hat, weiße Gamaschen und lange Lederhandschuhe.

Die junge Frau ist überhaupt nicht frivol. Sie genießt nur das Leben in vollen Zügen. Hélène wurde am 10. Juli 1877 als Tochter eines Offiziers geboren und ist von der Wiege an ein Energiebündel. Ihre Heimatstadt Tournai in Belgien kann dieser überschäumenden Energie nichts bieten. In einer Zeit, da auf dem platten Land das Fahrrad regiert, tritt das Mädchen wie ein echter Straßenfeger in die Pedale und fährt so schnell, dass ihre

Waden und ihr Tempo mehr dem der Jungen gleichen, die beleidigt sind, von dieser modernen Amazone abgehängt zu werden. Mit gehöriger Wut im Bauch radelt sie wie eine Weltmeisterin und gewinnt 1898 in Ostende tatsächlich den Frauencup im Radrennen. Mit einigen Weltrekorden in der Tasche hat die hübsche Radfahrerin schon früh aus Vergnügungstouren eine gepfefferte Strapaze gemacht.

Ein menschlicher Pfeil

Genau wie Marie Marvingt fährt sie Auto – und zwar schnell. Aber sie möchte das Fahrrad nicht aufgeben, sondern es auf andere Weise nutzen. Und sie hat auch schon eine Idee: eine wagemutige Akrobatikdarbietung, die einem zitternden Publikum »Ah!« und »Oh!« entlockt.
Dafür braucht sie eine Bühne. Warum nicht Paris, die Metropole des Nachtlebens und der Vergnügungen? In Windeseile entwirft sie eine atemberaubende Show, ihren berühmten »Todessprung« auf dem Fahrrad, den sie 1903 im Olympia das erste Mal zeigt. Dann tauscht sie das Fahrrad gegen ein leichtes Motorrad und zeigt noch riskantere Nummern. Als sei sie mit ihrer Maschine verwachsen, rast sie auf Höhe des Bodens in einer ganz engen Schiene, die sich plötzlich steil nach oben biegt. Durch ein schlagartiges Abbremsen wird sie von dieser Schanze emporgeschleudert. Während das Publikum die Luft anhält, fliegt Hélène mit ihrem Motorrad durch die Luft, um dann in 15 Meter Höhe auf einer Plattform zu landen.
Mehrere Abende in Folge zeigt die junge Frau diese halsbrecherische Nummer, bis sie von der Polizeipräfektur als zu gefährlich verboten wird. Das hält sie jedoch nicht davon ab, weiterhin Loopings auf einem Motorrad oder Fahrrad zu drehen, vor allem in Berlin, wo sie ein Absturz für sechs Monate ans Krankenbett fesselt. Kaum kann sie sich wieder auf den Beinen halten, nimmt sie als menschlicher Pfeil die Fahrten auf ihrem »infernalischen Motorrad« wieder auf, doch ihr fehlt inzwischen der Nervenkitzel.

Endlich in der Luft

Woher diese Trunkenheit schöpfen, die dem Leben Farbe verleiht? Aus der Luft natürlich! Aus der Fliegerei! 1908 besucht Hélène Dutrieu aus reiner Neugier Issy-les-Moulineaux, das vielleicht bekannteste Flugfeld der Luftfahrtpioniere, und ihre Entschlossenheit gefällt den Fliegern. Sie bieten ihr eine Lufttaufe an und danach ein paar Flüge zur Gewöhnung, die sie sehr begeistern. Sie möchte damit weitermachen und zwar allein am Steuer. Santos-Dumont leiht ihr seine grazile *Demoiselle*. Geschäftsleute wittern angesichts der Werbung ein Geschäft und bieten Hélène einen Vertrag über 2 000 Francs monatlich an, um ihr Produkt zu fördern. Es gibt doch nichts Besseres als eine »*Demoiselle* für eine Demoiselle« lautet der entsprechende Werbeslogan.
Die ungestüme kleine Belgierin beweist schon bald ein Naturtalent für die Fliegerei, was den Zeugen ihrer viel versprechenden Anfänge als Fliegerin nicht entgeht, vor allem, als sie die *Demoiselle* am 20. Januar 1910 ganz allein fliegt.
Vom 9. April 1910 an perfektioniert sie ihre Künste in Mouzon in einem Doppeldecker von Roger Sommer, absolviert am 18. April einen sechs Kilometer langen Rundflug und fliegt am darauf folgenden Tag als erste Frau mit einer Passagierin über die Ebene von Douzies.
Hélène beweist, dass sie nun alles gelernt hat, was es zu lernen gibt. Zudem hält Sommer sie für ausreichend geschult, seine Flugzeuge auch außerhalb von Frankreich zu präsentieren. So reist sie im Mai mit Bouvier, ihrem Fluglehrer bei Sommer, nach Odessa. Nachdem sie zunächst das Pech hat, als Passagierin eine Bruchlandung mitzuerleben, gelingt ihr am 17. Mai der perfekte Flug. Allerdings endet ihre Zusammenarbeit mit Sommer im Juli. Mademoiselle Dutrieu ist nicht lange arbeitslos. Im August 1910 übernimmt sie das Kommando eines *Farman*-Flugzeugs in Mourmelon.

»Sehen Sie, ich habe es getan und von vorne angefangen und bin wiedergekommen …

Das Falkenmädchen

Sie macht so gute Fortschritte, dass ihr Lehrer Louis Dufour erklärt, sie sei bereit für die Prüfungen der Pilotenlizenz, die der Aéro-Club de France gerade entwickelt hat. Auch wenn sie am 25. August 1910 die entsprechenden Prüfungen erfolgreich besteht, sorgen administrative Unstimmigkeiten dafür, dass die offizielle Anerkennung für ein Können ausbleibt, das sie bereits seit Monaten unter Beweis gestellt hat.
Glücklicherweise fehlt es nicht an anderen Anerkennungen. Vom 30. August 1910 an zeigt sie sich in Belgien und erfreut am 2. September ihre Landsleute mit einer Heldentat. Für die erste Flugverbindung zwischen den 45 Kilometer auseinander liegenden Städten Ostende und Brügge braucht sie 20 Minuten. Am Ziel gibt sie noch eine Zugabe und umrundet den Glockenturm von Brügge in 400 Meter Höhe und stellt so auch noch einen neuen Höhenrekord der Frauen auf.

Schließlich erhält sie am 25. November 1910 doch noch die erste Pilotenlizenz, die der belgische Aéro-Club einer Frau ausstellt. Die Lizenz trägt die Nummer 27.
So verwandelt sich der menschliche Pfeil in ein Falkenmädchen und demonstriert schon bald, dass sie ihre wachsende Bekanntheit zu Recht verdient. Am 5. Dezember 1910 fliegt sie in Étampes 60,8 Kilometer in 1 Stunde und 9 Minuten und ist damit die erste Frau, die nonstop länger als eine Stunde fliegt. Am 21. Dezember legt sie an Bord ihrer *Farman* mit einem 50-PS-Gnome-Umlaufmotor wieder in Étampes eine Strecke von 167,2 Kilometer in 2 Stunden und 35 Minuten zurück und gewinnt damit den ersten Cup Femina.
Von da an nimmt sie an diversen Fliegertreffen teil: im Januar 1911 in Hyères, im Februar mit großem Erfolg in Barcelona, wo sie zwei Passagiere mitnimmt. Am 28. August wiederholt sie diesen Flug mit Léon Bollé, einem Freund der Wrights an Bord, wobei sie 45 und ihr Passagier 105 Kilogramm auf die Waage bringen.

Wer hätte gedacht, dass diese lächelnde junge Frau mit ihrer zerbrechlichen Maschine selbst erfahrenen Kunstfliegern Gänsehaut einjagen könnte? Wie soll man glauben, dass diese zarte Person den »Todessprung« wagte und mit ihrem Motorrad solch atemberaubende und gefährliche Kunststücke zeigte, dass sie ihr von Amts wegen verboten wurden? Hélène Dutrieu trägt die Beinamen »menschlicher Pfeil« und »Falkenmädchen« sicherlich zu Recht.

Melle Hélène Dutrieu vole au-dessus de Bruges-la-Morte

Mlle DUTRIEU EN TENUE D'AVIATRICE

C'est un costume de la composition de l'aviatrice elle-même et qui ne manque pas d'une certaine élégance pittoresque.

Cette charmante et frêle jeune femme vient d'accomplir un prodige d'audace et de faire preuve d'une intrépidité certes peu commune en volant de Blankenberghe à Bruges et retour, voyage qui dura une demi-heure et dont, aux pages de chronique, Mlle Dutrieu conte les péripéties avec autant de simplicité que de bonne humeur. — Il convient d'ajouter que très peu de jours auparavant, Mlle Dutrieu avait reçu son brevet de pilote, et que cet exploit était son premier vol important. La photographie d'en haut montre le biplan de Mlle Dutrieu, contournant le célèbre et splendide beffroi de Bruges. Au-dessous : on voit Mlle Dutrieu à bord de son biplan au moment où il s'élève dans les airs pour accomplir cet exploit, qui comptera dans les annales de l'aviation et du courage féminin. Au-desssous encore : portrait de Mlle Dutrieu en costume de ville.

Die Königin des Femina Cups

Die kleine Belgierin ist ganz offensichtlich auf Erfolgskurs. Am 14. Mai 1911 ist sie in einer Gruppe von 15 Piloten die einzige Frau bei einem internationalen Geschwindigkeitsfliegen in Florenz und gewinnt den Coppa del Rei.
Am 24 September 1911 begeistert sie in Amerika die Zuschauer beim Fliegertreffen von Nassau Boulevard und gewinnt dort den Dauerflugwettbewerb der Frauen. Am 12. September misst sie sich im Rahmen des Femina Cups mit Marie Marvingt und Jane Herveu. Am 1. Januar 1912 imponiert das Falkenmädchen mit einem 254 Kilometer langen Flug in 2 Stunden und 58 Minuten.

»… und hier stehe ich heute vor Ihnen, bereit, wieder loszufliegen!« *Hélène Dutrieu*

Eines Tages gesteht die zierliche Frau mit dem Barett aus Angorawolle einem etwas peinlich berührten Journalisten, dass sie wieder eine Korsage trage, jedoch lediglich beim Fliegen, da ihr der Halt mehr Bewegungsfreiheit gebe. Dem Redakteur verrät sie auch, dass die Korsage aus reißfestem Stoff im Falle eines Absturzes einen zusätzlichen Schutz darstelle. Diesen Schutz lernt sie am 20. Juni 1912 schätzen, als sie in Aix-les-Bains mit ihrer *Farman* bei einer zu schnellen Landung gegen zwei andere Flugzeuge prallt, bevor sie den Hangar nur um Haaresbreite verfehlt. Wieder einmal bleibt sie unversehrt.
Frei, verdammt verführerisch, feminin, ohne feministisch zu sein, lebt Hélène weiterhin nach eigenem Gusto. Auf jeden Fall spielt sie mittlerweile eine gewichtige Rolle in der Welt der Fliegerei, vor allem als sie das Flugzeug gegen ein Wasserflugzeug tauscht. Am 1. Juli 1912 ist sie die erste Frau, die mit dem Vorläufer des Wasserflugzeugs in Form eines mit Schwimmern ausgestatteten *Farman*-Doppeldeckers aus dem Lac d'Enghien nördlich von Paris abhebt.
Am 4. September 1912 erhält sie eine erste Warnung, als sich ihr Wasserflugzeug während einer Flugschau in Lausanne auf dem Wasser überschlägt. Wie durch ein Wunder bleibt sie unverletzt. Acht Tage später beendet ein schrecklicher Verkehrsunfall nahe Roanne zunächst ihre Erfolgsgeschichte als Pilotin. Der menschliche Pfeil ist zerbrochen, und dieses Mal steigt das schwer verletzte Falkenmädchen nicht mehr so schnell ins Cockpit eines Flugzeugs, sondern erst, als ungewöhnliche Umstände sie wieder in den Himmel locken.
Zu Beginn des Ersten Weltkriegs erlaubt man ihr zunächst, Aufklärungsflüge zu absolvieren, bevor sie aufgrund der Gefahren zurückgepfiffen wird. Um dennoch helfen zu können, leitet Hélène zunächst eine Außenstation für Krankenwagen in Messimi und später in Val-de-Grâce und arbeitet zudem aktiv für mehrere Organisationen des Roten Kreuzes. 1915 und 1916 wird sie vom Kriegsminister General Gallieni mit Propagandamissionen in den USA betraut, die sie erfolgreich erledigt.

Eine große Dame

Unmittelbar nach Kriegsende und nach erfolgreichen Missionen findet Hélène keine idealen Bedingungen mehr vor, um zur Fliegerei zurückzukehren. Sie wendet sich dem Journalismus zu. Mit ihrem Adlerblick, vor allem aber mit ihrer neugierigen Weitsicht zieht sie die Aufmerksamkeit von Oberst Pierre Mortier auf sich, des Abgeordneten von Seine-et-Marne und Chefs einer großen Verlagsgruppe. Durch die Hochzeit erhalten Hélène 1922 die französische Staatsbürgerschaft und Frankreich eine hübsche Pilotin. Nach dem Tod ihres Mannes im Jahr 1946 nimmt sie die Zügel des Pressehauses in die Hand und erweist sich als würdige Erbin. Am 26. Juni 1961 nimmt Hélène Dutrieu-Mortier in Paris leise Abschied von der Welt.

Gegenüberliegende Seite:
Es dauert nicht lange, bis Hèlène Dutrieu bei internationalen Flugwettbewerben glänzt und sogar so talentierten Rivalinnen wie Marie Marvingt und Jane Herveu die wichtigste Trophäe der Frauen, den Femina Cup, wegschnappt. Nicht nur in der Luft, sondern auch am Boden hat sie die Nase vorn und beweist nach dem Tod ihres Mannes Pierre Mortier im Jahr 1946 ihren außerordentlich guten Geschäftssinn, in dem sie die von ihm geerbte Pressegruppe erfolgreich weiterführt.

Katherine Stinson

In der Schule der Stinsons

In den Jahren vor 1918 lassen die Namen Katherine und Majorie Stinson in Amerika die Augen junger Mädchen glänzen und sorgen bei den Männern für Bewunderung. Die beiden Schwestern, die zu den zehn ersten amerikanischen Pilotinnen gehören, symbolisieren die Erfüllung des für Frauen bis dahin unerfüllbaren Traums vom Fliegen. Und sie geben sich nicht damit zufrieden, die ersten Loopings und Nachtflüge zu absolvieren, die erste Himmelsschreiberin zu sein und Luftpost zu transportieren, vielmehr gründen sie eine Schule, die während des Ersten Weltkriegs sogar Kampfpiloten ausbildet. Unglücklicherweise endet ihr Abenteuer aufgrund von Katherines Krankheit, aber vor allem aufgrund des Drucks der Machos um sie herum. Dennoch bleibt sie Vorbild und wichtig für den Kampfgeist der Frauen der Lüfte.

»Ich werde Stuntpilotin auf Flugschauen, um mir mein Musikstudium in Europa zu finanzieren. Doch um das Fliegen zu erlernen, werde ich mein Klavier verkaufen müssen.« Mit dieser überraschenden Ankündigung löst Katherine in der Familie natürlich Erstaunen aus. Dass ein Mädchen im Jahr 1910 selbst seine Zukunft plant, grenzt an Unverschämtheit. Dass sie entschlossen ist zu fliegen, ist eine Provokation. Allerdings nicht bei den Stinsons.

Trotz der Scheidung der Eltern leben die Stinsons einträchtig als Familie weiter. Die Mutter Emma weiß die kleine Truppe zu lenken, kann aber auch mal die Zügel locker lassen. Sie hört zu und beugt sich, als ihre älteste, kaum 20-jährige Tochter selbstbewusst und mit großer Überzeugungskraft ihren Willen kundtut und verkündet: zuerst das Flugzeug, dann das Klavier. Die Kunst, ein Flugzeug zu fliegen, erscheint ihr leichter erlernbar als die Musik, für die es Jahre harten Lernens bedarf. Mit anderen Worten, das Fliegen wird der Musik dienen. Ihre Schwester Marjorie und ihre beiden kleinen Brüder Edward und Jack hängen ihr bei diesen Worten an den Lippen. Angesichts dieser Einmütigkeit gibt die Mutter ihre Zustimmung.

Die fliegende Schülerin

Katherine Stinson wird am 14. Februar 1891 in Fort Payne in Alabama geboren und wächst als ältestes von vier Kindern in Mississippi auf. Sie hat den Ehrgeiz, eines Tages Klavierunterricht zu erteilen, versteht aber sehr schnell, dass sie in Europa in die Lehre gehen beziehungsweise dort die Wiege der klassischen Musik aufsuchen muss, um eine Musiklehrerin zu werden, die diesen Namen verdient. Doch die Reise ist teuer. Der Aufenthalt auch. Vom Unterricht ganz zu schweigen.

Katy verkauft ihr Klavier und wendet sich dem nächsten Schritt zu. Ihr Plan erweist sich bald als dornenreicher Weg, denn die Flugschulen lehnen sie aufgrund ihres Geschlechts oder ihrer geringen Körpergröße ab. In einigen Fällen bittet man »die Kleine« sogar, zu ihren Eltern zurückzukehren.
Ohne sich entmutigen zu lassen, sucht Katy daraufhin den großen Piloten Max Lilgenstrand (Max Lillie) in Chicago auf und bittet ihn, sie auszubilden. Max lehnt auf der Stelle ab. Katherine gibt nicht auf. Sie ist so hartnäckig, dass er sie schließlich doch in der Lillie Aviation Company unter seine Fittiche nimmt.
1911 beginnt sie die Flugausbildung und kann schon nach vier Stunden allein fliegen. Max ist sprachlos. Und so schließt diese erstaunliche kleine Person bei ihm die Einweisung in das Fliegen eines Doppeldeckers *Wright B* ab, bevor sie dann am 24. Juli 1912 die Pilotenlizenz Nummer 148 erhält und damit die vierte Frau Amerikas mit Flugerlaubnis ist. Da sie zugleich die jüngste ist, erhält sie den Spitznamen »fliegende Schülerin«. Anschließend führt sie ihr Lehrer in die Kunstfliegerei ein, die sie mit Leichtigkeit erlernt.
Jetzt kann sie auf Flugschauen und Jahrmärkten endlich genug Geld verdienen, um erneut ein Klavier zu erstehen und die Musikhochschule zu besuchen. In der Zwischenzeit zieht die Familie Stinson nach San Antonio in Texas um.
Als brünette Version des Hollywoodstars Mary Pickford nimmt Kathy in Cincinnati mit ihrer *Wright B* zum ersten Mal an einem Wettbewerb teil. Die Fliegerei erweckt schon bald eine solche Leidenschaft in der jungen Frau, dass sie das Klavier endgültig zugunsten des Steuerknüppels aufgibt. Schnell hat sie den Ruf einer talentierten und auf Sicherheit bedachten Pilotin. Dafür bedient sie sich des bekannten Mechanikers Rudolph »Shorty« Schroeder, den sie in Chicago kennen gelernt hat und der später einer der größten Flieger Amerikas wird.
1913 gründet sie mit ihrer Mutter die Stinson Aviation Company in Hot Springs in Arkansas und wird zugleich die erste Frau, die Luftpost transportiert. So eröffnet sie zwischen dem 24. und 27. September 1913 die erste Luftpoststrecke Montanas und transportiert weit über 1000 Briefe zwischen den Vorstädten und der Stadtmitte der Hauptstadt Helena hin und her. Sie weitet ihr Angebot aus und transportiert zwischen dem 3. und 8. November 1914 Luftpost nach Troy in Alabama und ist schließlich zwischen dem 4. und 6. November 1915 mit der ersten Luftpost nach Tucson in Arizona unterwegs.
Natürlich gewinnt sie dabei gleichermaßen an Virtuosität wie an Selbstsicherheit. Daher vollführt sie am 18. Juli 1915 auf dem Cicero-Gelände in Chicago am Steuer einer *Partridge & Keller* den ersten je von einer Frau geflogenen Looping und erhöht den Schwierigkeitsgrad sogar noch, indem sie ihre Schleife auch noch um einen Überschlag zum »Dippy Twist Loop« erweitert. Im Lauf ihrer Karriere dreht sie mühelos über 500 Loopings.

Am 15. Dezember 1915 schafft sie sogar eine zweifache Premiere. Nachdem ihr der erste nächtliche Looping gelungen ist, führt sie mit Hilfe von Feuerwerkskörpern auch gleich die nächtliche Himmelsschreiberei ein und malt die Buchstaben CAL (für Kalifornien) in den nächtlichen Himmel, womit sie auch noch die erste Frau ist, die bei Nacht fliegt. Damit reicht sie den besten männlichen Piloten das Wasser.

Eine Familienunternehmen

Katherine hat mit ihrer Begeisterung für das Fliegen längst ihre Schwester angesteckt. Fasziniert von der großen Schwester stellt sich Marjorie 1914 als 18-Jährige an der Wright School Of Aviation in Dayton vor. Für diesen Anlass hat sie sich besonders hübsch gemacht. Dennoch behandelt sie der Verantwortliche wie ein kleines Mädchen, das in die Kleider ihrer Mutter geschlüpft ist, und erklärt entschieden: »Ich bedaure, aber wir können Sie nicht aufnehmen, bevor Ihre Eltern nicht ihre Zustimmung gekabelt haben.«
Sie muss also zunächst ihre Ungeduld zügeln, bevor sie in das Vorzimmer des Himmels aufgenommen wird. Nachdem sie am 4. Au-

Katherine Stinson lächelt recht locker bei diesem formellen Bankett, das ein begeistertes Frauenkomitee ihr zu Ehren veranstaltet. Die Frauen sehen in ihr eine Vorreiterin der weiblichen Befreiung, doch die Pilotin widmet sich vor allem ihren eigenen Zielen, was ihr allgemeine Bewunderung einbringt, die weit über die feministischen Kreise hinausreicht. Sie demonstriert, dass die Fliegerei weder männlich noch weiblich ist, sondern menschlich.

gust ihren ersten Soloflug absolviert hat, erhält sie acht Tage später als neunte amerikanische Frau eine Pilotenlizenz (Nummer 303).

Natürlich träumt sie davon, es Katherine gleichzutun, und versucht, leider vergeblich, eine Luftpostverbindung in Texas aufzubauen, während ihre Schwester weitere Rekorde im Langstreckenflug und Zeitfliegen sammelt.

1915 tritt Marjorie endlich aus diesem Schatten heraus und wird die einzige Frau im Reservecorps der amerikanischen Fliegerstaffel. Im Folgejahr gründet sie mit ihrer Familie in San Antonio die Stinson Flying School, eine Flugschule, in der ihr Bruder Edward als Chefmechaniker und ihre Mutter als Chefbuchhalterin arbeiten. Sie macht sich daran, 100 Kadetten des Royal Canadian Air Corps auszubilden und in die Königlich-englische Fliegerstaffel zu integrieren, was ihr alsbald den Spitznamen »Lehrmeisterin der Flugschule« einträgt, und das, obwohl sie jünger ist als ihre einst als »fliegende Schülerin« bezeichnete Schwester und als ihre Schüler, die die Fliegerstaffel von Texas bilden.

Katherine arbeitet nicht regelmäßig in der Schule mit, trägt jedoch mit kühnen Flugdarbietungen bei regionalen Veranstaltungen einen großen Teil zu deren Finanzierung bei.

1916 folgt eine Flugschau auf die andere und auf einer Reise nach Calgary in Kanada beeindruckt Katy das Publikum mit ihrer sehr männlichen Art, sich zu kleiden. Trotz ihrer zierlichen, schmalen

Figur ist sie die erste Fliegerin, die eine Lederjacke, einen Helm, Handschuhe und Hosen trägt. Während sie dadurch würdige und bigotte alte Damen schockiert, die sie für lasterhaft halten, träumen junge Mädchen davon, es ihr gleich zu tun.
Die Männer beneiden sie heimlich um ihre Art zu fliegen und sind froh über das Glück, mit dem sie bereits diverse Male Unfälle unbeschadet überstanden hat, vor allem in Edmonton in Kanada. Als sie dort 1917 erneut auftritt, führt sie mit Bravour die gleichen Flugmanöver aus wie die Piloten an der Front in Europa. Als krönenden Abschluss wirft sie eine Bombenattrappe auf einen feindlichen Schützengraben ab.

Air Queen

1916 und 1917 stellt Katherine eine beachtliche Tournee durch den Fernen Osten auf die Beine. An Bord des Doppeldeckers *Laird Looper* fliegt sie als erste Frau in Japan und China und zeigt entzückten Zuschauerscharen ihre Luftakrobatik. Ihre erste Darbietung begeistert mehr als 25.000 Zuschauer auf dem Militärgelände Aoyama in Tokio. Das imponierende und zugleich so zerbrechlich wirkende Mädchen wird von den Honoratioren feierlich empfangen. Über ihre Figur macht sie sogar Witze: »Ich wiege zwar nur 45 Kilo und 500 Gramm, aber an den 500 Gramm hänge ich ganz besonders.« Die Japaner sind sprachlos, wie meisterhaft die große Pilotin das Fliegen beherrscht, vor allem da ihre Tradition sämtliche Aktivitäten von Frauen auf ein Minimum einschränkt. Die Japanerinnen, die ihr die Spitznamen »Air Queen« oder »Königin der Lüfte« geben, sehen in der Amerikanerin ein Symbol der Freiheit.
Als sie nach dieser fernöstlichen Tournee im Mai 1917 in die USA zurückkehrt, schiebt sie sofort Vorfälle beiseite, die in der Zeit der Anfänge der Fliegerei an der Tagesordnung waren. Bei zwei Gelegenheiten war sie in China in der Tat nur knapp einem Unheil entgangen. Anfang 1917 war sie in Schanghai gegen die Umfriedung eines Fluggeländes geprallt, kurz darauf zerbrach über Peking ein Seitenruder, was sie dazu zwang, sich zu ducken und das Flugzeug mit dem zweiten, intakten Seitenruder zu manövrieren.

Oben:
Angestachelt vom Erfolg der Schwester, steht ihr Marjorie Stinson in nichts nach. Während Katherine über alle Grenzen hinweg bis nach Asien fliegt, leitet Marjorie eine Flugschule, die schon bald Kampfflieger ausbildet.

Gegenüberliegende Seite:
Katherine Stinsons Flugreise durch China löst wahre Begeisterungsstürme aus, vor allem da der Pilot mit den »runden Augen« eine Frau ist. Natürlich regt diese Reise auch künstlerische Interpretationen an, wie dieser Druck zeigt, der Tradition und Moderne auf liebenswürdige Art verbindet.

泰西飛艇家出現競尚
製造日新月異華人
亦肯步武後塵以為
先聲之兆
墨飛作

»Wenn andere fliegen

Gegenüberliegende Seite:
Katherine Stinson sitzt auf dem Rumpf ihres Doppeldeckers und genießt es sichtlich, Rekorde einzuheimsen und an regionalen Flugschauen teilzunehmen, wo sie das Publikum mit tollkühnen Kunststücken begeistert. Obwohl die »fliegende Schülerin« vor den hingerissenen Zuschauern virtuos Flugmanöver der besten Kampfflieger des Ersten Weltkriegs nachahmt, hat sie sich dennoch ihre Natürlichkeit und ihr berühmtes Lächeln bewahrt.

können, warum dann nicht ich?« *Katherine Stinson*

Das Aus für Militärpilotinnen

Der Flug am 11. Dezember 1917 von San Diego nach San Francisco ist zweifellos eine ihrer berühmtesten und schwierigsten Unternehmungen. »Ich flog über Los Angeles und bin dann nach und nach höher gegangen, um den Tehachapi-Pass in 3 000 Meter Höhe zu überwinden. Ich wusste, dass andere Piloten vergeblich versucht hatten, ihn zu überfliegen. Ich wusste aber auch, dass von dem Moment, da ich den Pass überflogen hatte, alles gut gehen würde.« Sie sollte Recht behalten. Mit 976 Kilometern brach sie den Langstreckenrekord, den bis dahin Ruth Law, eine weitere bravouröse »Liebhaberin der Lüfte«, innehatte. Die beiden Frauen verstanden sich gut.

Nicht nur die Leidenschaft für das Fliegen vereinte sie, beide machten auch die Fliegerei zum Familienunternehmen. Marjorie, Jack und Eddie Stinson flogen und arbeiteten zusammen und ergänzten sich dabei. Was Ruth betraf, so wurde sie von ihren Nächsten unterstützt, vor allem von ihrem Bruder Rodam und ihrem Ehemann Charles Oliver, der zugleich ihr Agent war. Schon lange lauerte das Trio auf eine der Pilotin abgemessene Herausforderung, die sich dann am 2. November 1916 ergibt, als Victor Carlstrom bei dem Versuch scheitert, ohne Zwischenlandung von Chicago nach New York zu fliegen, wobei er trotzdem mit 727 Kilometern einen neuen amerikanischen Langstreckenrekord aufstellt. Ruth beschließt, sofort zu kontern, und hebt am 19. November von Chicago ab, wobei sie sich die Koordinaten auf die Stulpen ihrer Handschuhe schreibt.

Nach sechs Stunden endet ihr Flug 860 Kilometer weiter, allerdings nicht wie vorgesehen in New York. Eine Motorpanne zwingt Ruth auf einem Feld bei Hornell im Staat New York zu landen. Nichtsdestotrotz hat sie den amerikanischen Langstreckenrekord (männlich wie weiblich) gebrochen und hält nun zusätzlich den Weltrekord im Nonstop-Langstreckenflug der Frauen.

Dennoch muss Ruth sich geschlagen geben. Zunächst verbessert Katherine Stinson den Rekord am 23. Mai 1918 mit einem zehnstündigen Langstreckenflug ohne Zwischenlandung zwischen Chicago und New York. Und kurz darauf muss Ruth einen rüden Affront der amerikanischen Fliegerstaffel einstecken. Nachdem die USA 1917 in den Krieg eingetreten sind, schlägt ihr die Armee, der die junge Frau – genau wie Katherine – ihre Dienste angeboten hatte, die Tür vor der Nase zu.

Als Katherine bei einem Zwischenstopp in Calgary ihre Absicht, nach Edmonton zurückzukehren, bekannt gibt, erfährt sie, dass sie eine offizielle Bewilligung zur Beförderung von Luftpost erhalten hat. Wieder eine Premiere für die junge Frau. Die Post trägt übrigens den Vermerk »Luftpostservice, 9. Juli, Calgary, Alberta«. Doch 15 Kilometer nördlich von Calgary zwingen sie technische Probleme zur Landung. Sie kann wieder starten, kehrt nach Calgary zurück und fliegt erneut los. Dieses Mal folgt sie den Eisenbahnschienen. Acht Stunden später überfliegt sie Edmonton und landet genau gegenüber der Tribüne des Flughafengeländes. Es handelt sich um den ersten offiziellen Luftpostverkehr Kanadas und um den zweiten erfolgreichen Langstreckenflug in Kanada, nachdem zwei Wochen zuvor Brian Peck von Montreal nach Toronto geflogen war.

Nachdem Katherine ihre Flugkünste mit der *Curtiss JN-4D Jenny* und ihrer *Curtiss Stinson-Special*, einer nach ihren Vorgaben gebauten Eindecker-Version der *Jenny*, in den Dienst des Roten Kreuzes gestellt hat, bricht sie gegen Ende des Kriegs nach Europa auf. Die Armee lässt sie zwei Mal abblitzen und weigert sich, sie als Kampfpilotin an vorderster Front fliegen zu lassen. Daraufhin beschließt sie, auf ihre Weise Kriegsdienst zu leisten, und setzt sich inmitten des blutigen Chaos des Weltkriegs hinter das Steuer eines Krankenwagens des Roten Kreuzes. Dabei erkrankt sie an Tuberkulose, und die Krankheit raubt ihr alle Kräfte. Auch wenn sie sich im milden Klima Santa Fes in New Mexico etwas erholt, muss sie 1920 die Fliegerei an den Nagel hängen. Sie wendet sich der Architektur zu und heiratet 1928 Miguel Antonio Otero, einen ehemaligen Piloten, der nun als Richter arbeitet.

Als Katherine Stinson-Otero am 8. Juli 1977 in Santa Fe stirbt, ist Marjorie bereits seit zwei Jahren tot. Nachdem diese 1917 ihre Schule hatte schließen müssen, hatte sie sich bis 1928 als Stuntfliegerin auf Flugschauen präsentiert. 1930 wird Marjorie im Kriegsministerium in Washington Berichterstatterin der Fliegerstaffel der amerikanischen Marine und bleibt bis 1945 auf diesem Posten. Danach widmet sie sich der Erforschung der Geschichte der Luftfahrt. Nach einer Karriere, die nicht weniger aufregend war als die ihrer Schwester, stirbt Marjorie am 15. April 1975.

Während seine Schwestern umherfliegen, profiliert sich Eddie, der inzwischen Test- und Rekordpilot geworden ist, als ausgezeichneter Entwickler und Gründer der Stinson Aircraft Company. 1927 entwickelt er den *Stinson Detroiter*, einen Eindecker mit hoch angesetzten Tragflächen und einem 300-PS-Wright-Whirlwind-Motor, der mehrere Langstrecken- und Dauerflugrekorde bricht.

Diese hübsche Familiengeschichte regt die Fantasie an. Was wäre aus der amerikanischen Luftfahrt wohl geworden, wenn sich nicht ein eigensinniges kleines Mädchen eines Tages dazu entschlossen hätte, ihr Klavier gegen ein Flugzeug einzutauschen?

Vera von Bissing

Yvonne Jourjon

Hélène Boucher

Bessie Coleman

May Haizlip

Lady Sophie Mary Heath

Amy Johnson

Pauline Gower

Nancy Harkness Love

Ann Baumgartner

Jackie Cochran

Katherine Landry

Jacqueline Auriol

Elisabeth Boselli

Maryse Hilsz

Amy Mollison

Maryse Bastié

Harriet Quimby

Madeleine Charnaux

Adrienne Bolland

Laura Bromwell

Liesel Bach

Léna Bernstein

Gladys O'Donnell

Marga von Etzdorf

Florence Barnes

Die wilden Zwanzigerjahre

Vera Dawn Walker

Ruth Elder

Ellen Church

Louise Thaden

Jean Batten

Blanche Noyes

Thea Rasche

Anne Morrow Lindbergh

Bobbi Trout

Amelia Earhart

Phoebe Fairgrave Omlie

Neta Snook

Jessie Miller

Patty Willis

Beryl Markham

Marvel Crosson

Marjorie Crawford

Frances Marsalis

FD

Adrienne Bolland

Madame Ungeniert

»Sch…!« Das Wort schlägt ein. Der Minister springt auf. Sein Kabinettschef zuckt zusammen. Die anwesenden Journalisten feixen. Sie trauen ihren Ohren nicht. Die an ihrem Flugzeug beschäftigte Adrienne Bolland lässt wiederholt dieses Schimpfwort fallen. Wehe dem, der ihr ungelegen kommt, egal ob Mechaniker, Reporter oder einer der hohen Staatsvertreter, die extra ihr zu Ehren angereist sind. Schließlich stört man Madame Bolland ja auch nicht, wenn sie sich gerade auf den Start vorbereitet.

Adrienne ist eben so. Geradeheraus, direkt, natürlich und vor allem respektlos. Ein gutes, meist großherziges Mädchen, aber eine wahre Giftspritze, wenn ihr jemand ungelegen kommt oder sie nervt. Halb Lausbub, halb Spottdrossel. Die am 25. November 1895 in Arcueil im Departement Val-de-Marne geborene Adrienne Pauline Bolland gilt schon sehr früh als pfiffig, aber gleichzeitig als unerträglich. Sie verdreht ihrer Umgebung den Kopf, reizt und provoziert, wo sie nur kann, weiß sich aber gleichzeitig auch Respekt zu verschaffen. Dieses gradlinige Mädchen, das aussieht, als sei es zu schnell ins Kraut geschossen, besitzt neben ihrer störenden Direktheit auch eine seltene positive Charaktereigenschaft: Was sie anfängt, zieht sie bis zum Ende durch.

Für sie steht fest, dass sie sich nicht in die alltägliche Tretmühle eingliedert, zu der sie ihre Rolle als Frau verdammt. Der Gedanke, eine Familie zu gründen, widerstrebt ihr zwar nicht, doch die Vorstellung, sich einem Mann zu unterwerfen, der für sie denkt, ist ihr zutiefst zuwider. Sie will mehr, denn »das Leben amüsiert sie ganz und gar nicht«. Sie verlangt nach Abwechslung, Unvorhergesehenem und großen Gefühlen. Und so scheint die Fliegerei das ideale Mittel zur Flucht. Also wird sich diese eckige und kantige Frau mit der Fliegerei vertraut machen.

Im Herbst 1919 meldet sie sich in der Flugschule Caudron in Crotoy an und erfährt, dass sie sogar einen Preisnachlass erhält, da die ersten zehn Schüler, die eine Fluglizenz erwerben wollen, mit einem Bonus belohnt werden. Adrienne bleibt längere Zeit vor einer *Caudron G3* stehen, dem Flugzeug, in dem sie zum ersten Mal das Gänsehautgefühl des Fliegens spüren soll. Der zerbrechlich wirkende Flugapparat aus Rohren und Tuch erscheint ihr riesig, wenn nicht gar monströs. Der Fluglehrer lächelt, als seine zukünftige Schülerin ihn mit längst nicht mehr so sicherer Stimme fragt, ob es nicht vielleicht auch ein kleineres Flugzeug gebe. Doch bei Caudron kann man diesem Wunsch nicht nachkommen; die *Caudron G3* ist bereits das kleinste Flugzeug.

Die junge Frau fängt sich wieder und betrachtet das Flugzeug eingehend. Ihr klopft das Herz bis zum Hals, als sie ungeschickt in die Wanne klettert, die das Cockpit darstellt. Als sich der Propeller in Bewegung setzt, drehen sich in ihrem Kopf bereits die wildesten Gedanken. Mit wachsender Begeisterung lauscht sie den Geräuschen, die ihrer neuen Existenz den Rhythmus geben werden, dem Brummen des gedrosselten Motors und den gleichmäßigen Vibrationen, die sich in ihrem Körper fortsetzen. Das Brummen schwillt zu einem Fauchen und schließlich zu einem Brausen an. Das Flugzeug rollt, rumpelt, beschleunigt und wird plötzlich leicht, um gen Himmel zu steigen. Adrienne sieht den Boden unter sich schwinden und gibt sich einer ihr noch unbekannten Trunkenheit hin.

So entdeckt sie ihre Welt und schaudert gleichzeitig angesichts der Gefahren, die dort auf sie lauern, vor allem als ein heftiger Luftwirbel die *Caudron* kräftig durchschüttelt und sich der vor Angst erstarrten Schülerin der Magen umdreht. Doch auch wenn sie während dieser Lufttaufe widersprüchliche Gefühle empfindet, siegt doch am Ende die Lust und sie folgt einer Berufung, die ganz ihrem Naturell entspricht.

Verdammt temperamentvoll

Die erstaunliche Sicherheit, die Adrienne in kürzester Zeit gewinnt, wird nur von ihrer Frechheit übertroffen, die jeder auf dem Gelände fürchtet. Sie neckt die einen, diskutiert mit den anderen und nervt alle so lange, bis der Chef ihr ein achtundvierzigstündiges Flugverbot androht. In solchen Fällen verzieht sich Adrienne schmollend in die angrenzenden Dünen, bevor sie etwas gelassener wieder zurückkehrt. Man verzeiht ihr immer wieder, denn sie besitzt das richtige Händchen für die Fliegerei und meistert selbst die schwierigsten Übungen. Als ihr der von ihren Künsten beeindruckte René Caudron verkündet, dass er sie nach erfolgreich bestandener Pilotenlizenz in seiner Flugschule anstellen wolle, gelingt es Adrienne sogar, ihr hitziges Temperament zu zügeln. Schließlich ist dem Chef klar, welch hervorragende Werbung eine Pilotin in seinem Team für sein Unternehmen wäre.
Keine zwei Monate nach ihrem ersten Flugversuch, am 23. November 1919, erhält Adrienne Bolland im Januar 1920 die erste seit Kriegsende ausgestellten Fluglizenz für eine Frau. Der Konstrukteur hält Wort und stellt die Pilotin ein, die vor Freude jubelt: »Ich kann nicht nur fliegen, sondern erhalte dafür sogar ein Gehalt.« Allerdings ist sie es schnell überdrüssig, Flugzeuge nur zu überführen, und träumt daher von einer eigenen Maschine.
Als sie gerade mit Caudron in Deauville weilt, fordert sie daher mit der ihr angeborenen Spontaneität von ihm ein Flugzeug. Ihr Chef zuckt nicht mit der Wimper. Dafür kennt er sie zu gut. »Einverstanden«, erwidert er. »Sie sollen Ihr Flugzeug haben unter der Bedingung, dass sie einen Looping fliegen. Aber«, fügt er spöttisch hinzu, »Frauen können gar keine Loopings fliegen.«
»Ich wette mit Ihnen um ein Flugzeug, dass Frauen das können«, erwidert die Pilotin bockig.
»Die Wette gilt!«, erklärt der Herr mit dem weißen Hut. Er war erleichtert, dieses Wortgefecht so schnell beendet zu haben, und überzeugt, aus dieser Wette als Sieger hervorzugehen.
Auf dem Fluggelände vergeudet Adrienne nicht eine Minute und bombardiert die Piloten mit Fragen zur technischen Ausführung eines Loopings. Als sie sicher ist, den Ablauf verinnerlicht zu haben, steigt sie in ihre Maschine, bindet sich mit einer Kordel die Füße um die Pedale, schnallt sich so gut wie möglich fest und hebt ab. Auf sicherer Flughöhe angekommen, schluckt sie, zieht am Steuerknüppel und drückt ihn durch, um mit einem Achterbahn-Flug die Reaktion des Flugzeugs zu testen. Mutig steigert sie die gegensätzlichen Bewegungen, und jedes Mal reagiert die *Caudron* brav.
Sie holt tief Luft, zieht den Steuerknüppel zu sich heran und hält ihn fest, während sich die Welt um sie dreht. Sie lässt Himmel und Erde um die *Caudron* schwingen, bis sie wieder ihre alte Position erreicht hat. Dann dreht sie noch einen Looping, dieses Mal jedoch

Die waghalsige und manchmal respektlose Adrienne Bolland (gegenüberliegende Seite) genießt ihren Ruhm, nachdem sie mit ihrer *Caudron G.3* (unten) am 1. April 1921 als erste Frau die Anden überquert hat.

unfreiwillig. Die Pilotin war von ihrem Triumph so überwältigt, dass sie vergessen hatte, den Steuerknüppel wieder in die Ausgangsposition zu drücken. Als guter Verlierer und aus Bewunderung für dieses »verdammt tolle Mädchen« schenkt Caudron Adrienne ein Flugzeug und seiner Firma damit eine fliegende Botschafterin, die sehr schnell sehr erfolgreich wird, denn natürlich spricht man überall und vor allem auch in der Presse von ihr.
Ihre Bekanntheit steigt weiter, als sie am 25. August 1920 in Blériots Fußstapfen als erste Frau den Ärmelkanal von Frankreich nach England überfliegt. Vor ihr war dieser Flug lediglich, jedoch in umgekehrter Richtung, am 16. April 1912 der Amerikanerin Harriet Quimby geglückt.
Adrienne genießt es, in ihrem Element zu sein, doch der Flug von Frankreich nach England regt nur weiter ihren Appetit an. Das war lediglich eine Art Vorspeise und sättigt »das Gerippe«, wie sie von einigen Piloten genannt wird, in punkto Risiko und Herausforderung keineswegs. Sie will ein ehrgeizigeres Projekt angehen, eine aufsehenerregende Herausforderung, um als Heldin zu gelten.
Sie wendet sich erneut an Caudron, der sich – verlegen – fragt, wie er sie wohl dieses Mal los wird. »Also gut, reisen Sie nach Südamerika und überqueren Sie die Anden!«, antwortet er ihr. Der Konstrukteur ist der Meinung, dass diese Aufgabe Adrienne so lange beschäftigt, bis sie sich wieder beruhigt hat.

Kein Aprilscherz

Der gewaltige Felswall der Anden erstreckt sich wie eine endlose Wirbelsäule über mehr als 8 000 Kilometer Länge und eine Breite von 400 bis 500 Kilometern mit Gipfeln, die Höhen zwischen 4 000 und 6 500 Meter erreichen.
Freunde versuchen, Adrienne von der Idee abzuhalten, die Anden zu überfliegen, warnen sie angesichts ihrer Unerfahrenheit – sie ist insgesamt gerade einmal 40 Stunden geflogen – vor den Gefahren dieses Flugs und erinnern sie an das tragische Schicksal weit erfahrener und mit den Anden vertrauter Piloten. Sie hält stur an ihrem Vorhaben fest und bricht zusammen mit dem Mechaniker Duperrier im Januar 1921 nach Buenos Aires auf.
Caudron hat ihr ein leistungsstärkeres Flugzeug als ihren üblichen Hühnerkäfig versprochen, doch Tage und Wochen vergehen und nichts kommt an. Caudron ist sich zweifellos bewusst, dass er es riskieren würde, seine Botschafterin in den Tod zu schicken, und hofft darauf, dass sie irgendwann aufgeben und nach Hause zurückkehren würde.
Doch da kennt er sie schlecht. Im März ist ihre Geduld zu Ende und sie entschließt sich, den Flug mit ihrer bescheidenen *Caudron G3* zu wagen. Nichts kann sie von ihren Plänen abhalten. Da der Himmel Ende März bewölkt ist, verlegt sie den Abflug auf den 1. April 1921.

Noch einmal versuchen treue Freunde, sie von ihrem Vorhaben abzuhalten. Genervt schlägt ihnen Adrienne die Tür ihres Hotelzimmers im Majestic in Buenos Aires vor der Nase zu. Sie will nicht gestört werden und sich in Ruhe auf den Flug am nächsten Tag vorbereiten.
Einer jungen Unbekannten gelingt es jedoch, sich an der Hotelrezeption vorbeizuschleichen und in das Zimmer von Adrienne zu huschen. Die Pilotin glaubt zunächst, dass die Frau von ihren Freunden geschickt worden sei und ihr das Projekt ausreden will. Daher fährt sie sie wütend an: »Falls Sie eine von diesen Spielverderberinnen sind, die mir verkünden wollen, dass ich mir den Hals brechen werde … Dessen bin ich mir bewusst, also machen Sie sich davon!« Die Fremde schweigt. Adrienne beruhigt sich angesichts der Gelassenheit dieser Frau, bevor sie energisch erklärt: »Hören Sie mir gut zu. Ich zünde mir jetzt eine Zigarette an. Während ich rauche, erzählen Sie mir Ihre Geschichte und danach machen Sie sich aus dem Staub. Verstanden?«
Daraufhin verkündet die Unbekannte in gebrochenem Französisch ihre unglaubliche Botschaft. »Wenn Sie über die Ausläufer des Gebirges fliegen, finden Sie sich in einem langen Taleinschnitt wieder. Nach einer gewissen Zeit entdecken Sie unter sich einen See in der Form und von der Farbe einer Auster. Seien Sie auf der Hut, denn wenn Sie dem Tal weiter folgen, das sich nach rechts hinzieht, kommen Sie nie wieder. Der Schein trügt, denn die Berge dort sind zu hoch, um sie überqueren zu können. Wenn Sie sich aber stattdessen nach links halten, stoßen sie auf eine Reihe von Gipfeln, die unüberwindbar erscheinen, aber zögern Sie nicht: Fliegen Sie auf den Gipfel zu, der wie die Rückenlehne eines umgedrehten Stuhls aussieht. Wenn Sie nahe genug sind, werden Sie einen Einschnitt entdecken, durch den Sie hindurch fliegen müssen. Sie werden sehen, alles geht gut.«
Überzeugt, eine Verrückte vor sich zu haben, aber dennoch neugierig geworden, fragt Adrienne nach dem Hintergrund dieser Geschichte. »Kennen Sie selbst das Gebirge?«, hakt sie nach. »Sind Sie schon einmal auf dieser Höhe geflogen?« »Nein«, flüstert das Mädchen. »Aber ich habe gestern an einer spirituellen Sitzung teilgenommen. Dem weiblichen Medium dort habe ich von Ihrer Reise erzählt. Sie hat lange Zeit die Augen geschlossen, bevor sie mir aufgetragen hat: Falls Sie diese Frau finden können, dann warnen Sie sie. Das ist wichtig für sie.«
Bevor das Mädchen verschwindet, schenkt sie der Pilotin eine kleine mit Bändern und roten Glasperlen geschmückte Parfumschachtel von Roger & Gallet. Immer noch sprachlos und von der Schlichtheit und Freundlichkeit dieser Geste überrascht, nimmt Adrienne das Geschenk an, während ihre merkwürdige Botin still und heimlich verschwindet.
Am nächsten Morgen ist dieser Zwischenfall vergessen und wichtigere Dinge stehen an. Als Adrienne früh am Morgen des 1. April das Fluggelände Las Tamarindos in Mendoza erreicht, warten schon ihre *G3* und ein innerlich sehr bewegter Duperrier auf sie. Adrienne cremt sich sorgfältig den ganzen Körper ein und wickelt sich anschließend als Schutz vor der Kälte in Binden ein, über die sie mehrere, den Umständen angepasste Lagen zieht: einen Schlafanzug, einen Baumwollanzug und eine Schicht alter Zeitungen. Für einen solchen, eigentlich kurzen Flug braucht sie kein Gepäck außer einem Dolch, einem Revolver und ein paar Zwiebeln zum Kampf gegen den Sauerstoffmangel.
Schließlich hebt sie sehr angespannt, aber entschlossener denn je ab und kehrt auch nicht um, als die grandiose Felswand einige Kilometer vor ihr unendlich hoch in den Himmel ragt. Die *Caudron* mit ihrem 80-PS-Motor klettert keuchend langsam in die Höhe. Adrienne sucht einen Einschnitt, sieht vor sich eine Schneise, der sie folgt, wird von heftigen Luftströmungen ordentlich durchgeschüttelt und entdeckt unter sich einen See in Form einer Auster.

Oben:
Obwohl an Adrienne Bolland ein Junge verlorenen gegangen zu sein scheint, kann sie sich vor allem bei den mondänen Fliegertreffen sehr feminin geben. Hier sitzt sie neben der Journalistin Louise Faure-Favier.

Gegenüberliegende Seite:
Schon vor ihrer ersten Flugstunde war Adrienne von der *Caudron G3*, mit der sie später die Anden überquert hat, beeindruckt. Die Maschine wirkte auf sie so gewaltig, dass sie ihren verblüfften Fluglehrer fragte, ob es nicht eine kleinere gäbe. Dieses Foto zeigt eine Rekonstruktion und wurde 1974 bei den Dreharbeiten zu einem historischen Dokumentarfilm in Orly aufgenommen.

Das erinnert sie an ihre Besucherin und deren Botschaft. Adrienne sucht die Landschaft um sich herum ab und überfliegt das zwischen den Gipfeln eingeschlossene Tal mit dem merkwürdigen Gefühl eines Déjà-vu. Was sie sieht, entspricht genau dem, was die junge Frau geschildert hat. Die Pilotin ist sprachlos über diese Bestätigung eines völlig unglaubwürdigen Berichtes, da niemand vor ihr diesen Teil der Anden überflogen hat und einige der ihr präzise beschriebenen Details vom Boden aus nicht zu sehen sind.
Adrienne gibt den ursprünglichen Plan auf, ihrem Instinkt zu gehorchen, und folgt den von dem Medium gegebenen Anweisungen. Zwischen Schluchten, Felsvorsprüngen und Gipfeln steigt sie mühsam zu einer bislang unentdeckten Schneise auf, zum 4 200 Meter hohen Sattel des Col de las Cuevas, neben dem zwei bedrohliche Gipfel emporragen, der Aconcagua und der Tupungato. Ohne Sauerstoff, mit steif gefrorenen Fingern und sehr angespannt beißt sie die Zähne zusammen. Mehrere Male fällt sie die Angst an, vor allem als ihr das Gehör Streiche spielt und sie meint, die Leistung des Motors lasse immer mehr nach. Doch das ist noch nichts im Vergleich zu den Gefühlen, als sie und ihr Flugzeug von einem furchterregenden Engpass verschluckt werden. Es ist unmöglich, diesem Weg zu entkommen, der nach Worten ihrer übernatürlichen Führerin der richtige sei. Das Einzige, was der Pilotin hilft weiterzufliegen, obwohl ihr das Blut in den Adern gefriert, ist die Tatsache, dass diese Passage Wort für Wort mit dem übereinstimmt, was sie am Tage zuvor gehört hat, und zwar so präzise, dass sie sogar Hindernisse umfliegen kann.
»Es war fantastisch«, wird sie später sagen. »Ich hatte die ganze Zeit über das Gefühl, dass mich das Flugzeug, das von den in dieser zum Himmel offenen Höhle herrschenden starken Winden getragen wurde, vor diesen steil abfallenden Felswänden schützen würde. [...] Dann wurde die Schlucht breiter, der Wind flaute ab, und das Flugzeug stabilisierte sich. Die Anden waren überquert. Das Meer erschien mir wie ein Traum. Links sah ich am Fuß der Berge eine riesige Stadt, Santiago. Ich habe sofort Kurs darauf genommen und langsam meine Flughöhe verlassen. Meine Ohren dröhnten. Ich kam immer näher. Dann konnte ich die Flugzeuge erkennen, die mich willkommen hießen. Es war eine chilenische Fliegerstaffel.«
Sie fühlt sich nach dem dreistündigen, bis an ihre Grenzen gehenden Flug steif und leer, als sie schließlich das Militärgelände Los Espajos ausmacht und, wenn auch zufällig, wie sie später gesteht, genau in einem aus chilenischen, argentinischen und französischen Fahnen flankierten Dreieck landet.
Die Soldaten nähern sich dem stehenden Flugzeug und entdecken darin zu ihrer Überraschung eine beinahe ohnmächtige Frau am Ende ihrer Kräfte, das Gesicht von Eiswinden gepeitscht, der arme Körper von der Höhe blutleer und geschunden. Eine schwa-

che, aber feste Stimme bittet um einen Kaffee – und einen Spiegel. Danach kann Adrienne endlich der Erschöpfung nachgeben und aufhören zu kämpfen. Die Beifallsrufe sind weit weg, als sie von starken Armen zu ihrer Unterkunft getragen wird, wo sie sofort in tiefen Schlaf fällt. Als sie sich etwas später in einer Badewanne erholt, reißt sie ein Klopfen an ihrer Tür aus ihrer Benommenheit und eine verlegene Stimme kündigt ihr den Besuch einer französischen Amtsperson an. Adrienne verzieht das Gesicht, denn in der Tat war kein einziger französischer Repräsentant auf dem Militärflughafen anwesend gewesen, um sie zu empfangen, was sie sehr übel genommen hatte. Als der Botschafter sie immer noch kleinlaut bittet, ihn zu empfangen, damit er sie beglückwünschen könne, lehnt sie dies ab, obwohl ihr der Diplomat versichert, dass er geglaubt habe, einem Aprilscherz aufgesessen zu sein. Aber egal: Adrienne hat es geschafft.

Eifersucht und Rivalität

In Chile und Argentinien wird sie als Göttin der Anden gefeiert, ganz im Gegensatz zu Frankreich, wo die Überquerung der Anden höchstens am Rande erwähnt wird.
Von Caudron hört sie nichts. Dieses Schweigen schmerzt die junge Frau. Sie tobt, als man ihr mitteilt, dass ihre Briefe an den Chef abgefangen wurden und niemals ihr Ziel erreichten. Sie weiß nicht, dass Caudron geheiratet hat, während sie in Südamerika ihren Flug vorbereitet hat, und dass die frisch gebackene Madame

Caudron unverzüglich einen ihrer Angehörigen auf den Chefsessel der Flugzeugfabrik gehoben hat. Sie ist es auch, die die Briefe unterschlug. Die überaus eifersüchtige Dame möchte ein für allemal die unternehmungslustige Adrienne vertreiben, die sie für eine Bedrohung hält. 1923 erreicht die intrigante Madame Caudron die Entlassung ihrer Rivalin.

Es braucht jedoch mehr, um die Kämpferin aus der Fassung zu bringen, die sich auf Flugschauen stürzt und die Anerkennung des Publikums gewinnt. Die Journalisten heben mittlerweile ihre »Selbstbeherrschung, ihren ruhigen Mut, ihre Weitsicht und ihre Kaltblütigkeit« hervor.

Mit ihrem neuen Flugzeug, einer 1922 erworbenen *Caudron C127*, die sie bis 1933 behält, arbeitet sie für die Gesellschaft für Flugpropaganda. Sie fliegt bei jedem Wetter und nimmt stets gefährliches Gelände in Kauf. Kreuz und quer durchstreift sie ganz Frankreich mit einem atemberaubenden Spektakel, das die Zuschauer begeistert.

Begeistert von dem Können dieser jungen Frau, die den Looping und das Überkopffliegen beherrscht, schlägt ihr der große Flieger Maurice Finat vor, am 15. Mai 1921 in New York den Weltrekord der Frauen im Dauerlooping zu brechen, den die Amerikanerin Laura Bromwell mit 180 Loopings in anderthalb Stunden innehat. Nichts reizt die Französin so sehr wie eine Herausforderung, daher vollführt sie am 18. Oktober 1923 in 58 Minuten 98 Loopings hintereinander. Auch wenn die Pilotin damit weit von der Vorgabe entfernt ist, kann das ihre Laune nicht trüben. Sie trainiert weiter und bringt am 27. Mai 1924 böse Zungen zum Schweigen, die behaupten, es brauche nicht viel, um Frauen den Kopf zu verdrehen. Mit ihrer *Caudron* gelingen ihr 212 Loopings in 72 Minuten.

Auch wenn die Internationale Luftfahrtkommission, die Commission internationale de navigation aérienne (CINA), am 31. Mai 1926 den Frauen erlaubt, Linienflugzeuge zu fliegen, rät sie doch gleichzeitig den aus dem Boden sprießenden Fluglinien ab, die Passagiere weiblichen Piloten anzuvertrauen. So wird Adrienne genau wie anderen Pilotinnen ein geregeltes Gehalt vorenthalten, was sie dazu verdammt, sämtliche Flugschauen und Fliegertreffen abzuklappern.

Schon bei ihrem ersten Zusammentreffen in Nizza waren sie unterschiedlicher Meinung, dennoch heiratet sie 1930 Ernest Vinchon, einen ehemaligen virtuosen Piloten der berühmten Fliegerstaffel von Étampes, und widmet sich gemeinsam mit ihm fortan leidenschaftlich der Förderung der Fliegerei.

Sie wird zum Vorbild für Hélène Boucher und begleitet 1931 deren erste Flüge in Mont-de-Marsan, denn ihre Intuition sagt ihr, dass diese »Kleine« Format und Schneid hat. Natürlich begegnet Adrienne anderen Pilotinnen ihrer Zeit, die alle außergewöhnlich sind und allesamt mit verschiedensten, vor allem aber finanziellen Schwierigkeiten konfrontiert sind: Maryse Hilsz, Amelia Earhart, Amy Mollison, Liesel Bach, Jean Batten, Edith Clarck und Léna Bernstein. Letzterer nahm dieser finanzielle Druck am Ende sogar die Luft zum Atmen.

Nur wenigen von ihnen gelingt es, die für einen spektakulären Wettkampf unabdingbaren finanziellen Mittel zusammenzukratzen und sich dadurch die Aufmerksamkeit eines Flugzeugbauers oder eines Mäzens zu verschaffen. Zudem sterben die von Stadt zu Stadt ziehenden Flugschauen langsam aus, und Adrienne sieht ihre Einnahmen aus den Flugdarbietungen wie Schnee an der Sonne schmelzen.

So führt sie im Schoß der Mamet-Fliegertruppe, der sie sich 1926 anschließt, ein unstetes und unsicheres Leben. Sie macht gute Miene zu den fortwährenden Widrigkeiten, muntert ihre Kollegen auf und haut schon mal auf den Tisch, um sich Respekt zu verschaffen. Wenn sie ihrer schlechten Laune freien Lauf lässt, sind ihr gesellschaftlicher Stand und Bekanntheitsgrad ihres Gegenübers egal. Um Adriennes Weg durch Frankreich und ihrem Wechselbad der Gefühle zu folgen, reicht es völlig aus, ihren Briefwechsel mit dem Luftfahrtminister zu lesen. Auch beim geringsten Streit schreibt sie sich ihren Unmut von der Seele, selbst oder gerade, wenn es sich um einen Minister handelt. Auch wenn ihn die Pilotin häufig keineswegs schont, nimmt Laurent-Eynac, der sie schätzt und sogar vor dem finanziellen Debakel bewahrt, keinen Anstoß daran. Wie bei der Gelegenheit, bei der Laurent-Eynac die Pilotin begrüßt, als sich diese gerade bemüht, einen widerspenstigen Motor in Gang zu bringen, und seinen Gruß lediglich mit einem nachlässigen »Bonjour, Bonjour« erwidert. Der Minister nimmt daran keinerlei Anstoß im Gegensatz zu seinem Kabinettchef General Louis de Goys, der sie öffentlich in die Schranken verweist: »Sie vergessen, dass Ihnen hier ein Minister der Republik offiziell eine gute Reise wünschen möchte!« Die bereits wegen des bockenden Motors genervte Adrienne richtet sich auf und bekommt dabei von der Kurbel des Magnetzünders einen elektrischen Schlag, der ihre Wut noch steigert. Sie ignoriert de Goys, wendet sich an den Minister und erklärt mit ruhiger Stimme: »Entschuldigen Sie, Herr Minister, ich hatte Sie nicht gesehen. Aber jetzt, da ich Sie sehe, sage ich nur Sch…!«

Am nächsten Tag zerreißt die Presse die »respektlose Mademoiselle Bolland« mit Freuden in der Luft. Natürlich steigt die Popularität Adriennes dank ihrer Flugdarbietungen, ihres schwierigen Charakters, ihres losen Mundwerks, ihrer Schlagfertigkeit und ihrer Spottlust rapide. Diese Madame Ungeniert ist beliebt, doch eine solche Persönlichkeit ruft auch Eifersucht und Anfeindungen hervor, die ihr Leben gefährlich machen.

Gegenüberliegende Seite:
Nicht nur Fliegergrößen wie Maryse Bastié, Maryse Hilsz, Amelia Earhart, Amy Mollison, Jean Batten oder Hélène Boucher schätzen ihren kleinen Schützling Adrienne Bolland (hier auf einem Foto von 1921), sondern auch Männer sind von ihr angetan, allen voran Ernest Vinchon, der virtuose Pilot der berühmten Fliegerstaffel von Étampes, den sie am 15. März 1930 heiratet und mit dem sie mehr als 40 Jahre glücklich zusammenlebt.

Im April 1933 kann die Virtuosität der Pilotin gerade noch verhindern, dass ein Sabotageakt zur Katastrophe wird. An jenem Tag macht sich Adrienne im Rahmen einer Lufttaufe gerade bereit, in Le Bourget zu landen, als das Querruder plötzlich den Dienst versagt. Die *Caudron* fliegt noch gut 20 Meter hoch. Aufgrund eines zerschnittenen Kabels ist die Maschine nicht mehr zu dirigieren, beginnt zu trudeln, streift eine Hochspannungsleitung und stürzt in Schieflage immer schneller auf den Hangar zu.
Adrienne stellt fest, dass das Kabel vorsätzlich durchtrennt worden ist. Da nur noch der Gashebel funktioniert, versucht sie wieder etwas an Höhe zu gewinnen und verfehlt so um Haaresbreite die Wand des Hangar. Dieses verzweifelte Manöver verhindert jedoch nicht den unausweichlichen Absturz. Adrienne bemüht sich, den Bruch abzufedern, zieht die vor ihr sitzende Passagierin zu sich heran, drückt sie an die Brust, hält ihr eine Hand vor die Augen und schaltet genau in dem Moment den Motor aus, als die Maschine senkrecht auf das Dach des Hangars stürzt.

»Den Rekord, der mich am meisten mit Stolz erfüllt, habe ich mit meinem Mann aufgestellt: zweiundvierzig Jahre ununterbrochenes Glück.«

Adrienne Bolland

Die Zeugen eilen stumm vor Entsetzen herbei und atmen erleichtert auf, als beide Frauen unverletzt aus dem Wrack steigen. Ein wahres Wunder, denn der Teil der Maschine, in dem vorher die Passagierin gesessen hat, ist völlig zertrümmert. Ohne Adriennes schnelle Reaktion wäre die junge Frau tot.

Oben:
Adrienne Bolland und ihr Mann (rechts von ihr) bei einem Empfang des Aéro-Club de France, umringt von Flugpionieren.

Gegenüberliegende Seite:
Die Jahre haben der tatkräftigen, kleinen Frau scheinbar nichts anhaben können. Ein wahres Energiebündel. Im Vordergrund steht auf dem Schreibtisch ein Modell ihres Lieblingsflugzeugs, der berühmten *Caudron G3.*

An einer kriminellen Handlung besteht kein Zweifel, denn die Kabel waren gerade ausgetauscht worden. Eine Untersuchung bestätigt, dass drei von fünf Kabellitzen vorsätzlich durchtrennt worden waren. Was das Motiv betrifft, so gibt es mindestens zwei Gründe: berufliche Rivalität und weibliche Eifersucht. Einige mögen Adrienne auch aufgrund ihrer politischen Verbindungen den Tod gewünscht haben, da sie eng mit der Linken, vor allem mit Jean Moulin, dem Kabinettschef des Flugsicherheitsministers Pierre Cot verbunden ist. Der Schuldige wird nie gefasst.
Größeren Gefahren ist Adrienne Bolland-Vinchon noch öfter ausgesetzt, vor allem während des Zweiten Weltkriegs. Die Freundin Jean Moulins schließt sich ganz selbstverständlich dem Widerstand an und kann dort ihren Mut bei unzähligen Gelegenheiten unter Beweis stellen.
Trotz fortschreitenden Alters behält Adrienne ihr umtriebiges Wesen und ignoriert die Beschwerden, die das Alter mit sich bringt. Die letzten Jahre ihres Lebens genießt sie in einem kleinen Landhaus nahe der Seine. Am 18. März 1975 stirbt sie in Paris nach einem Leben voller Abwechslungen und Schicksalsschlägen, in dessen Verlauf sie sieben Unfälle überlebt hat.

Bessie Coleman

Eine Frau mit vielen Schicksalen

Sie wollte dem Leben einen rosa Anstrich und der Luftfahrt die fröhlichsten Farben geben. Sie wollte den Frauen, gleich welcher Hautfarbe, nicht nur Freude am Fliegen schenken, sondern es ihnen auch ermöglichen, die graue Enge des Alltags durch einen wunderbaren Regenbogen zu ersetzen. Für diese enthusiastische Entschlossenheit und ihr intelligentes Feingefühl angesichts der Rassentrennung ist Bessie Coleman die »wunderbare kleine Frau« genannt worden. Sie hat es verdient.

Dunkel sah es am Horizont der Frauen aus, die während der wilden Zwanzigerjahre davon träumten, die Küche zu verlassen. Ganz zu schweigen von der Gleichstellung mit den Männern. Düster sah daher auch die berufliche Perspektive der Mädchen aus, die es mit großem Einsatz geschafft hatten, die gesellschaftlichen und finanziellen Hürden zu überwinden, um in ein Cockpit zu steigen und endlich zu fliegen.

Die am 26. Januar 1892 in Atlanta geborene Texanerin Bessie Coleman war dunkelhäutig. In den schlimmsten Jahren der Rassentrennung beschloss das eigensinnige Mädchen, fliegen zu lernen, wollte das großmütige Mädchen ihre unterdrückten Schwestern an ihrem Aufstieg teilhaben lassen, und schaffte es die mutige Frau, die Rassentrennung zu überwinden.

Bessie war das zehnte von dreizehn Kindern in einer der Diskriminierung ausgesetzten Familie mit ärmlichem Hintergrund. Zwei Jahre nach der Geburt der künftigen Pilotin lässt sich die Familie Coleman in Waxahachie in Texas nieder, um dort mit Baumwollpflücken und Haushaltsarbeiten etwas Geld zu verdienen.

Um diesen armseligen Verhältnissen und vor allem den gewalttätigen Rassenunruhen zu entfliehen, beschließt ihr Vater George, der von den Cherokee abstammt, 1901 nach Oklahoma in ein Indianerreservat zu emigrieren. Ein Umzug, der Bessies Mutter Susan nicht gefällt; sie bleibt mit Bessie und einigen ihrer Schwestern in Waxahachie.

Der beschwerliche alltägliche Überlebenskampf kann Bessies Wunsch, erfolgreich zu werden, nicht schmälern. Als das junge Mädchen aus finanziellen Gründen schweren Herzens ihre viel versprechende Schulausbildung an der Missionary Baptist Church unterbrechen muss, stürzt sie sich auf die Bücher, die sie aus einer fahrenden Bibliothek ausleiht. Dank dieser Beharrlichkeit schafft sie den Schulabschluss und kann sich 1910 an der Colored Agricultural and Normal University in Langston in Oklahoma einschreiben, die sie aber – wieder aufgrund von Geldnot – Ende des ersten Semesters verlassen muss. Also kehrt sie nach Waxahachie zurück.

Lady Sophie Mary Heath, die Himmelskönigin

Der ersten Britin, die 1926 eine kommerzielle Flugerlaubnis erhielt, mangelt es nicht an Temperament. Sophie Peirce-Evans, die 1897 im irischen Knockaderry geboren wurde, studiert nicht nur Naturwissenschaften an der Universität Dublin, sondern ist auch eine äußerst erfolgreiche Hochleistungssportlerin. Sie ist die erste britische Meisterin im Speerwerfen und nimmt 1920 an den Olympischen Spielen in Antwerpen teil.

Sie ist ein zielstrebiges Mädchen, eine, die den Fortschritt begrüßt und sich natürlich für die Fliegerei begeistert. Nachdem sie 1924 zunächst ihre Amateurpilotenlizenz erhält, möchte sie Berufspilotin werden und bemüht sich daher um eine kommerzielle Pilotenlizenz, was die in Bezug auf Frauen wenig tolerante Internationale Luftfahrtkommission CINA vergeblich zu verhindern versucht. 1926 erhält Sophie als weltweit erste Frau dieses wertvolle Dokument und schafft es, als Kopilotin für die niederländische Fluglinie KLM auf europäischen Strecken zu fliegen.

Ihre Karriere als Pilotin hält sie nicht davon ab, im Hafen der Ehe zu landen, ein erstes Mal mit William Davies Elliott-Lynn und – früh verwitwet – kurz darauf mit dem vierzig Jahre älteren Sir James Heath, der ihr zur Hochzeit eine türkisfarbene *Avro 594 Avian Mark III* schenkt. Mit diesem in Teile zerlegten Geschenk macht sie sich kurz darauf nach Südafrika auf, um von dort nach England zurückzufliegen.

Am 17. Februar 1928 hebt sie in Pretoria ab. Mit an Bord sind Ersatzteile, Medikamente und Gepäck, zu dem außer einer Bibel auch sechs Cocktailkleider und ein Pelzmantel zählen.

Vive la France!

Um 1915 macht sich das aufgeweckte Mädchen mit ihrem Bruder Walter nach Chicago auf, besucht dort eine Schule für Kosmetikerinnen und eröffnet ein Nagelstudio. Auch wenn ihr kleines Geschäft rasch blüht, scheint Bessie zu ersticken: Sie strebt danach, den Himmel zu erobern.

Der Himmel! Fliegen! Diese wunderbaren Worte verfolgen und quälen sie, zumal die Abenteuerberichte der Flugveteranen des Ersten Weltkriegs ihre Fantasie nähren und ihre Lust weiter anfachen. In einer Zeit, in der Flugschulen nur auf Druck junge Frauen aufnehmen, ist Bessie zusätzlich ein Opfer des Rassismus. Sie lässt sich jedoch nicht abschrecken, denn die Veteranen haben ihr von Frankreich erzählt, einem wesentlich toleranteren Land. Ihr Bruder John, der wie Walter während des Ersten Weltkriegs in Europa gedient hat, erzählt ihr immer wieder, dass die Französinnen den Mädchen aus Chicago weit überlegen seien und Flugzeuge flögen, wozu sie, Bessie, niemals in der Lage sein werde.

Das kränkt das junge Mädchen tief und sie beschließt den Gegenbeweis anzutreten. Dabei wird sie von Robert S. Abbott, dem ersten afroamerikanischen Millionär und Eigentümer der Chicago Defender, unterstützt. Für ein solch wahnwitziges Vorhaben bedarf es natürlich eines entsprechenden Budgets. Daher gibt Bessie ihre Arbeit als Maniküre auf, übernimmt die Geschäftsleitung eines Restaurants und nutzt ihre rare Freizeit, um Französisch zu lernen.

Es ist ein Flug voller unvorhergesehener Ereignisse, die sie in ihrem Buch *Woman And Flying* schildert. So erleidet sie schon in Rhodesien einen Sonnenstich. Und da ihr die sudanesische Regierung verbietet, als Frau allein das Land zu überfliegen (es herrschen dort schwere Unruhen, und ein hoher englischer Beamter wurde gerade ermordet), lässt sie sich von Capitain Bentley, den sie in Uganda kennen gelernt hat, bis nach Nimule begleiten, von wo aus sie allein nach Khartum weiterfliegt. Sie setzt die von zahlreichen Zwischenfällen begleitete Reise fort, übersteht in Italien eine Bruchlandung und landet am 17. Mai 1928 in Croydon, wo sie von einer großen Menschenmenge begrüßt wird. Vor der Ankunft war die kokette Sophie ganz in der Nähe in Lymphe gelandet, um sich zu schminken und sich für den Triumph, als erste Frau in einem Leichtflugzeug vom Kap bis nach London geflogen zu sein, angemessen zu kleiden.
Im Oktober 1928 verkündet sie, dass sie 7 419 Meter hoch fliegen will und damit höher hinaus will als Geoffrey de Havilland, der vier Monate zuvor auf 6 054 Meter gekommen war. Doch der Royal Aero Club erteilt keine Genehmigung für ihren Versuch, da sie sich nicht hundertprozentig an das Reglement gehalten hat, das vorschreibt, Flugzeuge vor dem Abflug zu wiegen.
Lady Sophie kann auch danach den Rekord nicht brechen, denn ein schwerer Unfall am Abend vor den National Air Races in Cleveland in Ohio unterbricht 1929 ihre Karriere. Mit ihrem dritten Ehemann kehrt sie nach Irland zurück und gründet dort Mitte der 1930er-Jahre in Kildonan in der Nähe von Dublin ihre eigene Flugschule. Sie bildet die Generation von Piloten aus, die später zur Gründung der Aer Lingus beitragen werden. Das Leben dieser mutigen Frau, die als erste Engländerin einen Fallschirmsprung gewagt hat, nimmt 1939 ein absurdes Ende: Sie stirbt an den Verletzungen, die sie sich beim Sturz von einer Straßenbahn zugezogen hat.

Flug über ein Nest aus Vorurteilen

Am 20. November 1920 verlässt sie mit dem Ersparten und einer Geldsumme, die ihr Abbott zur Verfügung stellt, New York in Richtung Frankreich, wo sie nach einer siebenmonatigen Pilotenausbildung an der Caudron-Flugschule in Crotoy am 15. Juni 1921 als erste schwarze Pilotin eine Fluglizenz erhält. Überzeugt, »dass der Himmel der einzige Ort ohne Vorurteile ist«, trotzt sie nach ihrer Rückkehr in die USA am 16. September 1921 sämtlichen Verboten, indem sie verkündet, eine afroamerikanische Flugschule gründen zu wollen, und humorvoll hinzufügt, »dass sie damit der Fliegerei etwas Farbe verleihen wolle«. Denn trotz der erlittenen Demütigungen glaubt sie aufrichtig daran, dass sie mit ihrem Beispiel dazu beitragen könne, die Schranken der Rassentrennung zu Fall zu bringen.
Da Bessie sich fortbilden muss, kehrt sie am 28. Februar 1922 nach Frankreich zurück, trainiert drei Monate lang auf *Nieuport*-Maschinen und nutzt ihren Aufenthalt dazu, den holländischen Konstrukteur Anthony Fokker und dessen Fabriken in Holland und Deutschland zu besuchen.
In den Vereinigten Staaten beginnt Bessie, bei Flugschauen aufzutreten. Die erste findet am 3. September 1922 in Garden City auf Long Island statt. Die Tournee führt sie bald darauf nach Waxahachie, wo sie sich über den Beschluss der Veranstalter erregt, dass Schwarze und Weiße das Gelände nur durch unterschiedliche Eingänge betreten dürfen. Bessie droht, ihren Flug abzusagen, falls man ihrer Forderung, alle Zuschauer durch einen einzigen Eingang hereinzulassen, nicht nachkomme. Nach zähen Verhandlungen siegt die Pilotin.

Gegenüberliegende Seite:
Die aus adeligem Haus stammende Irin Lady Mary Bailey verdient sich vor allem mit ihren Flügen zwischen London und Afrika rasch ihre eigenen Meriten. Während eines 30 000 Kilometer langen Rundflugs Europa – Afrika – Europa legt sie in Le Bourget einen Zwischenstopp ein und wartet auf besseres Wetter für ihren Weiterflug nach London.

Oben:
Elegant und kompetent: Auf ihren Flugreisen überrascht die kokette Lady Sophie Mary Heath ihre Gastgeber, indem sie ihren Fliegeroverall gegen maßgeschneiderte, eng taillierte Abendkleider von den besten Couturiers tauscht.

Königin Bess

Sie träumt immer noch von ihrer Flugschule, als sie am 30. April 1926 in Jacksonville in Florida bei einem Übungsflug am Vorabend einer großen Flugschau tödlich verunglückt. Aus unbekanntem Grund gerät der Doppeldecker *Curtiss JN-4D Jenny* mit Bessie als Passagierin und ihrem Mechaniker William Wills als

Bessie Coleman träumt davon, den Himmel ein bisschen bunter zu machen. Obwohl sie sich erst im toleranteren Frankreich ihre Flügel verdienen muss, wird sie aufgrund ihres Talents später auch in Amerika als Ikone der Fliegerei gefeiert. Mit ihrer offenen Geisteshaltung und ihrer großen Willensstärke überwindet sie viele Hürden, die man ihr aufgrund von Vorurteilen gegen Frauen und anderen Rassen in den Weg stellt.

Pilot in einer Höhe von über 1 000 Metern ins Trudeln. Die Zeugen sehen, wie Bessie wortwörtlich ins Leere geschleudert wird. Wills konnte die Kontrolle über die Maschine nicht zurückgewinnen, das Flugzeug explodiert beim Aufprall und tötet ihn auf der Stelle. Die Gründe für den Absturz bleiben ungeklärt, auch wenn man im ausgebrannten Wrack einen Schraubenschlüssel findet, der einen Mechanismus blockierte. Nachlässigkeit oder Sabotage? Natürlich sorgt der Tod der Pilotin für einen Schock. Überall in den Staaten werden Fliegerclubs mit dem Namen »Bessie Coleman« gegründet. Diese Clubs organisieren 1931 auch die erste afroamerikanische Flugschau und locken damit mehr als 15 000 Zuschauer an. Eine Frau, noch dazu eine Schwarze, die mit Eleganz und Entschlossenheit bewiesen hat, dass sie fliegen konnte.

Dank Bessie »haben wir Grenzen überwunden, die noch schlimmer sind als die Rassentrennung. Wir haben unsere inneren Grenzen überwunden, die uns daran gehindert haben zu träumen.«

William J. Powell, Black Wings

Oben:
Bessie Coleman will zeigen, dass der Himmel allen gehört und dass es dort Platz für alle gibt, und sagt kurz vor ihrem Tod: »Wenn ich es schaffe, auch nur das Minimum meiner Wünsche in die Tat umzusetzen, dann bereue ich nichts.« So bleibt sie als beispielhaftes Vorbild in Erinnerung.

Gegenüberliegende Seite:
Die schwarze Gemeinschaft schätzt Bessie als großartige Botschafterin, da sie dem gemeinsamen Anliegen dank ihrer großen Erfolge – also mit Talent statt Provokation – dient. Captain Edison C. McVey, Fluglehrer bei Curtiss Fiel auf Long Island, überreicht ihr einen Blumenstrauß.

SC.3034

Léna Bernstein
Ein Schicksal wie aus der Antike

Von sämtlichen Pilotinnen, die sich während der wilden Zwanzigerjahre hervortun, erleidet die Russin Léna Bernstein, die wenige Monate vor ihrem Tod 1932 die französische Staatsbürgerschaft erhielt, wohl das tragischste Schicksal und wegen seiner Härte und Sinnlosigkeit vielleicht auch das romantischste. Ihr Leben gleicht einem Leidensweg. Immerzu fühlt sie sich dazu verpflichtet, sich selbst zu übertreffen, und wird dabei unablässig vom Unglück, von Unfällen und Gerichtsvollziehern verfolgt. Ihre große Leistung: Als erste Pilotin überquert sie das Mittelmeer.

Im März 1932 regnet es in Strömen. Das durchweichte Gelände von Toussus-le-Noble kann kein Wasser mehr aufnehmen, und mit jedem Regenguss werden die Pfützen größer. Léna Bernstein drückt ihre Nase am Glasfenster der Werkstatttür platt und beobachtet die Mechaniker, die eilig eine Plane über eine Maschine werfen und diese zum Hangar rollen, um sie erneut zu inspizieren. Léna fröstelt es in ihrem Overall, denn die Temperatur sinkt immer weiter, und die Nässe geht durch und durch. Eine vage Bitterkeit überfällt sie. Dieses ständige Verlangen zu fliegen hat etwas Zwanghaftes. Sie weiß, dass sie talentiert ist. Doch Talent allein reicht oft nicht aus, um eine Existenz farbenfroh zu machen und rechtfertigt nicht, ihm das Leben zu opfern. Sind ihre von der Fliegergemeinde gefeierten Auftritte die Entbehrungen und das große Leid wert?
»Kann ich Ihnen ein heißes Getränk anbieten, Mademoiselle?« Raoul, der Verantwortliche des Fluggeländes und einer der wenigen, der offen eine Freundschaft zu ihr pflegt, spricht die junge Frau freundlich von der Schwelle seines Büros aus an. Jeder hier respektiert ihn, und niemand würde es wagen, seine Autorität oder Kompetenz in Frage zu stellen. Dieser ehemalige Kampfpilot des Ersten Weltkriegs zieht nach einer durch einen Granatsplitter verursachten Verletzung das rechte Bein nach. Zu Beginn hat er Léna mit seiner mürrischen Art eingeschüchtert. Und mit seinem Ton. Doch dann hat sie sein Vertrauen gewonnen, und er nennt sie seine »kleine Tochter«. Alles in allem ein mutiger, vom Krieg gezeichneter Mann, der aufrichtig an die Fliegerei glaubt und an den wichtigen Faktor, den sie bei der Völkerverständigung spielt.
Was das betrifft, so erinnert er sie an Gilbert Sardier, einen Flieger, der ihr bei ihren ersten Flugversuchen zur Seite stand. Ein guter, mutiger und aufrechter Kamerad, der durch die harte Schule der Kampffliegerei gegangen war und der trotz der beeindruckenden Erfolgsliste von 15 offiziell bestätigten Abschüssen bescheiden geblieben ist. Nach Kriegsende gründete er den Aéro-Club d'Auvergne, wurde dessen erster Präsident und Léna eine

seiner Schülerinnen. Gilbert Sardier hatte keine Vorurteile gegen Pilotinnen. Léna besticht ihn durch ihre Frische und ihre Begeisterung, aber natürlich auch durch ihre Entschlossenheit und durch ihr Gefühl für das Fliegen.
Dennoch sorgt eine weibliche Präsenz auf einer Flugbasis immer noch dafür, dass einige Männer wütend in ihren Bart grummeln und Fluglehrer die Augenbrauen runzeln, wenn die zart besaiteten Fräuleins bei ihnen Unterricht nehmen wollen. Auch Léna entgeht diesem Misstrauen nicht. Sie erinnert sich bestens an ihren ersten unfreundlichen Kontakt, der allerdings schon vier Jahre zurückliegt. Auch wenn sie damals keinen warmherzigen Empfang erwartet hatte, so hätte sie sich doch niemals eine so kalte Dusche erträumen lassen, so kalt wie der Regen, der das Gelände aufweicht.

Das erste Mal

Der Regen hört so plötzlich auf, wie er eingesetzt hat. Das Fliegen und vor allem der Flugunterricht werden wieder aufgenommen. Ein trauriges Lächeln umspielt Lénas Lippen, die immer noch an die Lufttaufe denkt, die ihr Schicksal vor vier Jahren in Algier verändert hat. Vier Jahre – eine Ewigkeit.
Der erste Tag ist hart. Der Mann vor ihr im Cockpit scheint mit seinen Stigmata des Ersten Weltkriegs aus einer anderen Welt zu kommen. Er fühlt sich immer noch von schrecklichen Bildern verfolgt und fühlt sich in Gegenwart von Frauen unbeholfen. Auf gewisse Weise möchte er sie vor allem bewahren, was auch nur entfernt die Hölle des Kriegs berührt, die durch die Fliegerei noch schrecklicher geworden war.
»Was schleppst du mir da an?«, knurrt er den Begleiter Lénas an, den Sohn eines seiner Fliegerstaffelkameraden. »Ein Kind? Um fliegen zu lernen? Vielleicht für eine Lufttaufe, aber du behauptest ja, oder besser sie sagt, dass sie das Fliegen zum Beruf machen will. Das ist nichts für Frauen. Sie wird sich beim ersten Flug umbringen! Das ist nicht ihr Platz. Sie sollte heiraten und Kinder kriegen!«
Es ist offensichtlich, dass ihn die Gegenwart dieser großen, hageren jungen Frau mit dem goldblonden Haar stört. Dabei hat er sie nicht mal richtig angeguckt und lediglich höflich, aber sehr knapp begrüßt. Léna ist gekränkt und fühlt sich elend. Sie glaubt, dass ihre Begeisterung das Herz des Fliegers erweicht. Sie richtet sich entschlossen auf, ballt die Fäuste und macht ein ernstes Gesicht. Dem Piloten entgeht nicht, wie verkrampft sie ist.
»Ich hab ja schon mit den Jungs genug am Hals. Du willst doch wohl nicht, dass ich mir mit einem Mädchen noch größere Probleme aufhalse, als ich ...«, erklärt er.
»Darf ich Sie kurz sprechen, Monsieur?« Léna hat ihre Ruhe zurückgewonnen. Sie blickt den ehemaligen Kampfpiloten unverwandt an und fügt mit fester Stimme hinzu: »Nehmen Sie mich mit nach oben und urteilen Sie dann.«
Der Mann wirkt überrascht. Er will antworten, besinnt sich dann eines anderen, dreht dem jungen Mädchen den Rücken zu und geht unter dem erstaunten und etwas enttäuschten Blick Lénas einfach davon.
Plötzlich ruft sie ein Mechaniker vom Eingang des Hangars zu sich. Er hält ihr eine dicke Lederjacke hin. »Mademoiselle, ziehen Sie das an und beeilen Sie sich. Der Chef wartet auf Sie.«
Der Chef sitzt bereits in einem Doppeldecker, den die junge Frau schon bei ihrer Ankunft bemerkt hat. Er gibt ihr das Zeichen, schleunigst einzusteigen. Der Mechaniker hilft ihr, sich anzuschnallen, überprüft, ob alles gut sitzt, und lächelt sie aufmunternd an. Léna bedarf dessen nicht, dennoch klopft ihr das Herz bis zum Hals.

Léna Bernstein posiert am 8. November 1930 in Toussus-le-Noble mit ihrem Mechaniker Guitton vor ihrer *Farman*.

Auch wenn Léna Bernstein im Verlauf ihrer Karriere ständig Steine in den Weg gelegt werden und sie damit stellvertretend für die Mühen und Opfer vieler Pilotinnen steht, so gelingt es doch einigen ähnlich entschlossenen Frauen, darunter Janette Poujade, die Klippen und Fallstricke ihrer Vorgängerinnen zu umgehen. Am 11. September 1948 präsentiert sich Janette Poujade nach einem anstrengenden zwölfstündigen Flug in Sundsvall, also genau 2 028,588 Kilometer von Lyon entfernt, wo sie am Morgen losgeflogen war. Damit entreißt sie dem Deutschen Heinz Gabler den Rekord im Langstreckenflug (Klasse C) für Kleinflugzeuge mit weniger als 2 Liter Hubraum, den er seit dem 2. August 1939 innehatte. Da Dr. Barret de Nazaris am 23. Mai 1952 bei dem Versuch, den Rekord zu brechen, in den Pyrenäen tödlich verunglückt und diese Klasse in der Folge gestrichen wurde, ist der Rekord der Pilotin bis heute gültig.

Wille und Talent

Natürlich macht sie der erste Flug glücklich. Der Pilot spürt dies instinktiv und sieht nach dem etwas turbulenten Flug und der Landung das Strahlen in dem jungen Gesicht. Auch er lächelt.
Diese hübsche, eigenwillige, graziöse und talentierte junge Russin hätte problemlos eine gute Partie machen und heiraten können. Sie wurde 1906 in Leipzig als Tochter eines Ehepaars aus Weißrussland geboren, zieht kurz darauf mit ihrer Familie nach Algier und hat eigentlich alles, was sie für ein behütetes Leben gebraucht hätte.
Doch sie begeistert sich für die Fliegerei, mit der sie 1928 beginnt. Im August desselben Jahres legt sie mit einer *Potez VIII* auf dem Flugplatz von Aulnat, auf dem sie die zivile Luftfahrtschule besucht hat, erfolgreich die Prüfungen für die Pilotenlizenz ab.
»Wenn ich an ihre Anfänge zurückdenke«, gesteht Gilbert Sardier verträumt und bewundernd, »dann sehe ich immer noch ein richtiges Kind, ein kleines schüchternes Mädchen vor mir, dem aber schon eine unglaubliche Entschlossenheit innewohnte. Ich habe sie stets einfach und zuvorkommend erlebt und wusste nichts von ihren großen finanziellen Schwierigkeiten. Sie sprach nicht darüber, vermutlich aus Stolz. Aber kaum erwähnte sie den Himmel, war sie völlig verwandelt. Ich bin selten einer solch resoluten und fesselnden Persönlichkeit begegnet. Sie forderte immer wieder die Elemente heraus. Und ich spürte, wie sehr Spott und Unfairness sie verletzten, auch wenn sie es nicht zeigte.«

Im Taumel der Lüfte

Dieses große, gertenschlanke Mädchen mit dem von blondem Haar umrahmten, länglichen Gesicht mit Sommersprossen und »der rührenden Art eines Kindes, das zu schnell gewachsen ist« – wie Suzy Mathis am 20. März 1946 in der Zeitschrift *Aviation française* schreibt – zieht den Taumel der Lüfte dem Wirbel des Mondänen vor, auch wenn sie sich dafür aufgrund ihrer Kurzsichtigkeit eine spezielle Brille aufsetzen muss.
Die Pilotinnen, die wegen der raren Plätze meist schnell der Konkurrenz misstrauen, rühmen ihre »charmante Natürlichkeit«. Léna versucht, Konflikte zu vermeiden. Sie lebt für Momente, in denen sie eins mit ihrem Flugzeug wird. Der Beginn einer sinnlichen Beziehung. Léna ist der Vorbereitungen nie überdrüssig, der unerlässlichen Vorkehrungen, die einen sicheren Flug garantieren. Jeder Geste kommt eine besondere Bedeutung zu. Es handelt sich um ein Ritual. Ein Husten, ein Hickser, ein Zögern des Motors und plötzlich erwacht die Maschine hektisch zum Leben. Léna liebt diesen Moment, in dem sich die reglose Maschine in ein piaffierendes Reittier verwandelt und ihr durch die heftigen Vibrationen ihre Ungeduld mitteilt. Der Steuerknüppel übernimmt die Funktion der Zügel. Sie bändigt diese Horde Pferdestärken und passt den richtigen Moment ab, um von ihnen in die riesigen Weiten getragen zu werden. Eine Bewegung und das Flugzeug schnaubt, bevor es, zum Abflug bereit, losrumpelt. Das regelmäßige und starke Pulsieren des Motors klingt freudig erregt in den Ohren der jungen Luftamazone, die daraufhin ihr Reittier genau in der Mitte der Startbahn positioniert.

Das ist der magische Moment. Léna gibt Gas, und die Maschine hebt ab, um sich kurz darauf von der Schwerkraft frei zu machen. Die Fliegerin ist eins mit sich!
Das Beste wäre es, in diesem Zustand bleiben zu können, wofür es jedoch finanzieller Mittel bedarf, die sich Léna durch eine besondere Leistung beschaffen will. Sie beschließt, den Weltrekord im Langstreckenflug für Eindecker der dritten Kategorie zu brechen, und wählt eine leuchtendrote *Caudron C109* von Maurice Finat, um damit die Strecke von Istres nach Assuan zurückzulegen. An einem Morgen im Mai 1929 findet sie sich in Istres ein und bittet den diensthabenden Techniker, die Landezeit zu überprüfen, da ihr der technische Dienst des Ministeriums eine Startgenehmigung für einen Rekordversuch gegeben habe, mit der Vorgabe, acht Stunden nonstop in der Luft zu bleiben. Sie lässt unerwähnt, dass man ihr den Rekordversuch nur nach Norden Richtung Skandinavien genehmigt hat, was sich als unmöglich erweist, da der mit 425 Litern Kraftstoff betankte Eindecker kaum abheben und eine sichere Flughöhe erreichen kann. Eine einzige Route erscheint logisch, Richtung Süden über das Mittelmeer. Die Gerissenheit der jungen Dame verschlägt den Offiziellen die Sprache, denn sie setzt sich einfach über das Verbot hinweg und lenkt ihre Maschine auf die Piste.
Doch plötzlich verschwört sich alles gegen sie: Ein Reifen platzt, dann der nächste. Léna besteht auf ihrem Flug. Man flickt die Reifen. Sie hebt mühevoll ab und fliegt … einen Meter hoch, bevor sie behutsam einige Hundert Meter weiter wieder auf der Piste von Paty landet. Am nächsten Tag fliegt sie in Richtung Meer los und wird von einem heftigen Mistral gepackt, der ihren Flug in große Gefahr bringt. Sie entschließt sich, zum Platz zurückzufliegen.
Am nächsten Tag endet auch der dritte Versuch nach nicht allzu langer Zeit. Ein Leck im Tank zwingt sie, in Pisa in Italien zu landen. Allerdings besitzt sie keinerlei Genehmigung, um italienisches Territorium zu überfliegen, da sie diesen Umweg nicht eingeplant hatte. Natürlich wollen die Behörden sie festhalten, obwohl ein Mechaniker ihre Version des technischen Versagens bestätigt. Er entdeckt, dass eine Dichtung des Notablasses defekt ist und ersetzt diese. Der Kommandant des Flughafens konfisziert ihre Papiere und sie ist »eingeladen«, auf neue Anweisungen zu warten. So besucht sie die Stadt, nimmt sich ein Hotelzimmer und

»Das Leben? Lieben, fliegen

Marga von Etzdorf, der zerbrochene Traum

Als Marga von Etzdorf 1927 mit 20 Jahren ihre Pilotenlizenz erhält, genießt sie Privilegien, die in dieser Zeit der Restriktionen nach dem Ersten Weltkrieg selbst Männern selten zugestanden wurden. Der Versailler Vertrag verbietet dem besiegten Deutschland die Fliegerei zu militärischen Zwecken. Deutsche Piloten müssen sich mit Segelflugzeugen oder kleinen Sportflugzeugen und mit der zeitlichen Begrenzung ihrer Flüge begnügen.

Die adelige Marga entgeht jedoch diesem strengen Verbot, nicht allein der adeligen Herkunft wegen, vielmehr besitzt das junge Mädchen auch Talent. Zudem schafft sie es, sich von der 1926 gegründeten Luft Hansa (ab 1933 Lufthansa) anwerben zu lassen und fliegt auf diese Weise regelmäßig große Linienmaschinen, vorzugsweise auf der Strecke Berlin – Basel via Stuttgart.

Sie träumt schon bald von sportlichen Wettkämpfen um die ganze Welt. Im Gegensatz zu mittellosen Pilotinnen wie Elly Beinhorn kann Marga dank des Familienvermögens eine kleine, 80 PS starke *Junkers Junior* erwerben, mit der sie die Kunstfliegerei erlernt. 1930 fliegt sie von Berlin nach Istanbul. Auf dem Balkan kommt sie nur in kleinen Etappen und mit häufigen Zwischenlandungen voran.

Anschließend wagt sie eine schwierigere Reise, denn der Flug von Deutschland zu den Kanarischen Inseln führt über das Meer. Leider endet der Rückflug auf Sizilien mit einem Unfall. Da ihre Maschine anschließend fluguntauglich ist, muss sie mit dem Zug zurück nach Deutschland reisen. Trotz ihrer wenig glorreichen Rückkehr ist Marga glücklich über die während des Fluges gewonnenen Erfahrungen, die ihr erlauben, eine noch größere Herausforderung in Angriff zu nehmen.

1931 fliegt sie in elf Tagen von Berlin nach Tokio. Der Alleinflug stellt eine Heldentat dar, mit der Deutschland sein Image auf internationaler Ebene aufzupolieren hofft. Marga wird daher zur offiziellen Botschafterin der deutschen Luftfahrt und leitet unter diesem Titel eine Reihe von Konferenzen in den verschiedensten Ländern. Trotzdem verliert sie ihre Pläne, neue Rekorde aufzustellen, nicht aus dem Blick, und nimmt daher 1933 die Strecke Deutschland – Australien in Angriff.

Der ehrgeizige Flug verläuft ohne besondere Vorkommnisse bis nach Syrien, wird aber am 28. Mai 1933 durch einen Unfall bei der Landung in Aleppo abrupt beendet. Bei der Landung prallt Marga am Ende der Piste gegen eine Barriere. Sie steigt unverletzt aus, doch ihre Maschine ist genauso zerstört wie ihr Traum vom neuen Rekord. Sie fühlt sich gedemütigt und fürchtet, Deutschland enttäuscht zu haben. Sie zieht sich in einen Raum des Flughafengebäudes von Aleppo zurück und schießt sich eine Kugel in den Kopf.

Gegenüberliegende Seite:
Marga von Etzdorf, die Allroundpilotin und Inhaberin von Fluglizenzen für Motorflugzeuge, Verkehrsflugzeuge, Segelflieger und Kunstfliegerei, fliegt nicht nur die unterschiedlichsten Maschinen, sondern hält auch hervorragende Vorträge über die Fliegerei. Mit Erschöpfung allein lässt sich ihr Selbstmord nicht erklären. Vielmehr scheint es, als sei sie kurz nach ihrem Unfall durch die inkompetenten Anschuldigungen eines französischen Offiziers, der obendrein selbst Pilot war, völlig aus dem Gleichgewicht gebracht worden.

»… Fliegen, lieben …« *Léna Bernstein*

isst zu Abend. Am folgenden Morgen findet sie sich wieder auf dem Flughafengelände ein und stellt erfreut fest, dass der Tank noch 150 Liter Treibstoff enthält. Das gibt ihr die Möglichkeit, zehn Stunden in der Luft zu bleiben – und eine verrückte Idee umzusetzen

Mit erstaunlicher Kaltblütigkeit erarbeitet sie eine Strategie, die so raffiniert wie simpel ist und die ihre Wächter ablenken wird. Léna lässt ihren Lederoverall und ihre Karten zurück, um eventuelle Zweifel aus dem Weg zu räumen, und erhält grünes Licht für eine Tour über den Startbahnen. Sie fliegt schnell davon und kehrt glücklich über ihre gelungene Flucht – jedoch ohne den Flug nach Assuan geschafft zu haben – nach Istres zurück.

Am 19. August 1929 ist ihr schließlich das Glück hold. Mit Leichtigkeit absolviert sie den Direktflug zwischen Istres und Sidi el-Barani in der Nähe Alexandriens, ein problemloser Flug über eine Strecke von 2 268 Kilometern, der ihr den Rekord im Langstreckenflug einbringt und sie zugleich zur ersten Pilotin kürt, die das Mittelmeer überquert hat. Damit zieht sie mit Roland Garros gleich!

Sie kann sich jedoch nicht lange an ihrem Erfolg freuen, auch wenn sie am 1. und 2. Mai 1930 ihrer Freundin und engsten Rivalin Maryse Bastié mit einer *Farman F192* den Rekord im

Oben:
Auf der linken Seite im weißen Overall: Auch Madeleine Charnaux, die begabte Schülerin des Bildhauers Antoine Bourdelle, erliegt der Leidenschaft für das Fliegen, unternimmt zahlreiche Langstreckenflüge, überfliegt Afrika und stellt neue Höhenrekorde auf. Rechts daneben: Claire Roman hat bereits zahlreiche Siege errungen, bevor sie zu Beginn des Zweiten Weltkriegs eine der ersten französischen Kampfpilotinnen wird. Sie stirbt am 4. August 1941 auf der Strecke Toulouse – Marseille als Passagierin in einem Postflugzeug, das im französischen Zentralmassiv im Nebel verunglückt.

Gegenüberliegende Seite:
Es ist die glücklichste Zeit für Léna Bernstein, denn mit der *Farman F.231* besitzt sie endlich ein eigenes Flugzeug. Das Foto vom 16. April 1931 zeigt eine strahlende und graziöse junge Frau vor ihrer Maschine, die gerade in Gegenwart von Maurice Farman in Toussus-le-Noble getauft worden ist.

Dauerflug entreißt, indem sie deren 26 Stunden und 47 Minuten mit 35 Stunden und 45 Minuten übertrifft. Allerdings gewinnt Maryse im September 1930 die Oberhand zurück. Mangels eines adäquaten Flugzeugs ist es Léna unmöglich, ihre Rivalin erneut zu übertrumpfen.

Der Leidensweg

Im November 1930 beschließt die junge Frau, einen Langstreckenflug von Paris nach Saigon zu wagen, sollte ihr ein französischer Konstrukteur ein Flugzeug zur Verfügung stellen. Unglücklicherweise endet das Abenteuer, das sie mit dem Mechaniker Guitton eingeht, wieder aufgrund einer Panne in Indien, und Léna muss nach Frankreich zurückkehren.
Ihre Probleme wachsen stetig, wobei sie über einige schmerzliche Themen lieber schweigt. Sie hat keinen Pfennig mehr in der Tasche, setzt aber weiterhin auf ein Wunder, um im Rennen zu bleiben. Sie beschleunigt die Gangart, steckt Erniedrigungen ein, lässt nicht locker, fleht und erhält schließlich von den Farman-Brüdern eine *Farman F.230* unter der Bedingung, dass sie die Maschine für 30 000 Francs versichert – eine Police, die sie 2 000 Francs kostet.
Léna zögert nicht lange und stimmt zu, denn das Flugzeug wird ihr gehören, wenn sie einen neuen Rekord aufstellt. Natürlich

kann sie eine derartige Summe nicht aufbringen und rührt daher die Werbetrommel, bis ein Mäzen oder einer, der sich als solcher ausgibt, ihr seine Hilfe anbietet und dafür als Gegenleistung verlangt, dass sie ihm kostenlos das Fliegen beibringe. Er unterschreibt einen Wechsel, den die junge Frau erst einlösen kann, wenn sie den Rekord gebrochen hat.
Sie nimmt die Wette an. Seit ihr die Firma Salmson angeboten hat, einen Motor zu leihen, schwebt sie im siebten Himmel. Diese Geste gibt ihr neuen Schwung, vor allem, als sie erfährt, dass sie weder Treibstoff noch Öl zahlen muss. Dennoch sind ihre Freunde über ihre Besessenheit beunruhigt. Vor allem Marcel Doret und Joseph Le Brix, die einem ihrer Fehlversuche in Istres beiwohnen, bei denen der diensthabende Techniker den Start aus Sicherheitsgründen verbietet. Léna bleibt stur, drängt das Ministerium schließlich dazu, bei seiner ursprünglichen Entscheidung zu bleiben, hat dann aber wieder das Pech, dass ein Startpedal bricht und der Start misslingt.
Das Pedal wird repariert, mühsam hebt die Maschine schließlich nach Einbruch der Dunkelheit ab und zerschellt an einer Felsformation. Die Pilotin wird mit zahlreichen Verletzungen geborgen, darunter einem gebrochenen Unterkiefer, zwei gebrochenen Rippen, zwei Frakturen im rechten Fußknöchel und einem langen, tiefen Schnitt, der von der Unterlippe bis zur Kinnspitze reicht. Allein ihr Wille ist unversehrt.
Als sie zwei Monate später das Krankenhaus verlässt, kann sie die Rechnung für ihren Aufenthalt nicht begleichen, was ihre Schulden und ihre Bitterkeit mehrt. Sie ist nun völlig mittellos und wird von Geldeintreibern verfolgt.

Zuversicht und Verzweiflung

Auch wenn ihr das Glück weiterhin nicht hold ist, möchte die junge Frau trotzdem an ihren guten Stern glauben. Im April 1932 verfügt sie dank der Großzügigkeit eines Marseiller Industriellen und ehemaligen Kampfpiloten, der von ihrem Mut berührt ist, über eine *Farman F.231*.
Da ihr die Gerichtsvollzieher und ein Sicherheitsbeamter in Istres auflauern, landet sie nahe Orange auf dem Flugfeld Plan-de-Dieu, schläft auf einer Liege im Wachhäuschen, macht sich dann nach Cannes auf, um sich mit Treibstoff zu versorgen, und fliegt dann in Richtung Algier los, von wo aus sie über Bagdad nach Bassora gelangen will. Eine Panne hält sie jedoch in Biskra fest, und wieder kommen zusätzlich finanzielle und administrative Probleme hinzu. Das Luftfahrtministerium verbietet den Flug. Von finanziellen Sorgen geplagt, wird sie weiterhin vom Unglück verfolgt. Der reparierte Motor übersteht den Testflug nicht und sorgt damit für neue Probleme mit dem technischen Dienst.

Die Angelegenheit nimmt eine völlig unverhältnismäßige Wendung: Eine Untersuchung nach allen möglichen Vorschriften wird angeordnet. Bis die Ergebnisse vorliegen, muss sich Léna den Behörden zur Verfügung halten und darf keinen neuen Versuch unternehmen.
Doch damit nicht genug. Ein Sandsturm beschädigt auch noch ihre Maschine. Das ist zu viel für die junge Frau, die seit langem am Rand einer Depression steht. Sie erleidet einen Zusammenbruch, ohne sich ihrer Umgebung anzuvertrauen.
Alles erscheint ihr jetzt vergeblich. Sie sehnt sich nach der Unendlichkeit, dem Vergessen und nach Frieden. Am 3. Juni lässt sie sich, mit einer Flasche Champagner und Schlaftabletten versehen, am Rand der Wüste entlang über die Straße von Kanja nach Sisi-Nadij bis Tolga fahren. Man findet sie drei Tage später tot. Man vermutet Selbstmord infolge Tabletten- und Alkoholvergiftung im Zusammenwirken mit der sengenden Sonne.
In seiner *Geschichte der Luftfahrt* erfasst René Chambe 1949 wunderbar das Tragische und die Beispielhaftigkeit ihres Lebens: »Ihr Kampf gegen sämtliche Widrigkeiten, ihr Mut, sich den Gefahren zu stellen, die Mischung aus Zuversicht und Verzweiflung, aus Fatalismus und unbändiger Energie, die abwechselnd von ihrer Seele Besitz ergriff, machten sie zu einer unvergesslichen und fesselnden Figur der Fliegerei. Ihre blonden Haare, ihre dunklen Augen und ihr schmales Gesicht werden uns im Gedächtnis haften bleiben.«

Das Puder-quastenrennen

Der erste Flugwettbewerb für Frauen, den der Komiker und Radioreporter Will Rogers »das Puderquastenrennen« getauft hat, fand vom 18. bis 26. August 1929 von Santa Monica in Kalifornien nach Cleveland in Ohio statt und markiert einen wichtigen Meilenstein in der Geschichte der Luftfahrt. Aufgrund der von den besten damaligen Pilotinnen gebotenen Leistungen offenbart dieser Luftmarathon, dass die Frauen in dieser männlich dominierten Domäne nichts mehr beweisen müssen.

Haben Sie diese Mädchen gesehen? Sie werden jede Menge Prüfungen auf dieser langen und harten, mit Tücken gespickten Strecke absolvieren und finden trotzdem noch die Zeit, sich die Nase zu pudern.« Dieses Detail ist Will Rogers, dem Komiker Nummer eins eines noch unbekümmerten Amerika, nicht entgangen, der sein Publikum stets dadurch erfreute, dass er Politiker sämtlicher Couleur sowie Künstler sarkastisch und witzig aufspießte.
Als begeisteter Anhänger der Fliegerei und seit dessen Nordatlantiküberquerung mit Charles Lindbergh befreundet, ist er mit seinem Freund Wiley Post, dem einäugigen Helden der ersten Weltumrundung, erschienen, um dem Beginn des Wettfliegens beizuwohnen. Er mokiert sich auf nette Art über die Pilotinnen, die aufgereiht auf der Startlinie des weltweit ersten Flugrennens für Frauen stehen, eines Vorläufers der berühmten National Races, die stets eine große Zuschauermenge anziehen.
Der Radiomann Will Rogers gibt die zwanzig Konkurrentinnen des Wettbewerbs bekannt und freut sich – genau wie der Großteil der zahlreichen Zuschauer – auf den Wettkampf, der gleich entbrennen wird.

Fliegende Gören

Dank der vielen versammelten Talente und angesichts des Temperaments der Mädchen, die häufig auf dem Boden »gute Freundinnen«, jedoch hinter dem Steuerknüppel erbarmungslos im Umgang miteinander sind, fehlt es diesem Wettkampf zweifellos nicht an Würze. Rogers erwähnt der Reihe nach Blanche Noyes, Amelia Earhart, Ruth Elder, Florence Lowe »Pancho« Barnes, Phoebe Fairgrave Omlie, Bobbi Trout, die Australierinnen Jessie Miller und Louise Thaden, die Kalifornierinnen Gladys O'Donnell, Patty Willis, Marvel Crosson, Marjorie Crawford, die Deutsche Thea Rasche und Vera Dawn Walker. Dies ist natürlich ein gefundenes Fressen für die Presse, die die Pilotinnen auf ihre Weise tauft und dabei gelegentlich etwas spöttisch wird: »Piloten in Röcken«, »Marienkäfer« oder »fliegende Gören«.
Das Publikum lässt sich von der in der Luft liegenden Spannung anstecken. Schließlich handele es sich um »ein Ereignis, das zu einer wahren Verständigung unter den Fliegerinnen führt«,

Cleveland

erklärt die betörende Amelia Earhart. In der Tat verständigen sich diese starken Persönlichkeiten zum ersten Mal darauf, gemeinsam alles aufs Spiel zu setzen, »um ihren Schneid zu beweisen«, wie sich Pancho Barnes ausdrückt, und mit diesem extrem langen Rennen ihre herausragenden Qualitäten zu beweisen.
Dies ist die angemessene Art, um auf eine damals durchgeführte Umfrage zu reagieren, die keinen Zweifel an der schlechten Meinung der Männer über Pilotinnen lässt. Sie sehen in den Fliegerinnen emotionale, leichtsinnige, frivole, unbeständige und eitle Wesen, die deshalb gefährlich sind. Doch die Frauen praktizieren die Fliegerei mitnichten als sonntägliches Vergnügen. Das Rennen wird beweisen, dass sie fliegen können wie die – Kerle! Genauso gut. Vielleicht sogar besser.

Unten:
Die Pilotin Blanches Noyes wirkt genauso auserlesen wie der Rosenstrauß, den sie gerade erhalten hat. Als ehemalige Schauspielerin weiß sie bei den Wettkämpfen ihre Rolle zu spielen.

Gegenüberliegende Seite:
Ruth Elder macht sich auch im weißen Overall die Hände schmutzig. Hier posiert die Pilotin mit den zwei Schraubenschlüsseln und dem Tuch in der Hand nur für das Foto, doch im Alltag weiß sie hervorragend mit Werkzeug umzugehen. Mechanische Kenntnisse sind für einen guten Piloten unverzichtbar.

»Fliegen ist aufregender als Liebe!« *Thea Rasche*

Die Anführerin Amelia und Blanche Noyes

Die weiblichen Piloten erheben die Stimme, und Amelia Earhart wird ganz natürlich zu ihrer Sprecherin, zumal sie ihren Rang nicht erst seit gestern innehat. Als überzeugte Feministin sagt sie klar und deutlich, dass der Begriff vom schwachen Geschlecht längst überholt sei. Das Rennen könne daher als Sprungbrett für die Sache der Frau dienen, und da das Publikum für sein Geld etwas sehen will, so solle es das auch bekommen. Die Mehrheit der besten amerikanischen Pilotinnen und einige ebenso entschlossene Konkurrentinnen aus dem Ausland haben vor zu zeigen, aus welchem Holz sie geschnitzt sind.
Auf jeden Fall kommt das Szenario Blanche Noyes, einer ehemaligen Schauspielerin, die zur begeisterten Fliegerin mutiert ist, sehr gelegen. Sie wurde von ihrem Mann, dem Piloten Dewey Noyes, in die Geheimnisse des Fliegens eingeweiht. Jetzt kann sie ihre Ungeduld und ihre wachsende Erregung vor dem Start kaum noch zügeln. Blanche spielt die Risiken dieses schönen Abenteuers, bei dem sie all ihr Können unter Beweis stellen will, nicht herunter. Dewey hatte sie wohlweislich auf eine heimtückische Gefahr aufmerksam gemacht, die Piloten die Sinne verwirrt, sie bis zum Gipfel der Anspannung treibt und dann in den Tod stürzen lässt – die Müdigkeit. Denn bei den täglich aufeinander folgenden neun Prüfungen, für die die junge Frau und ihre Konkurrentinnen zwischen Clover Field in Santa Monica und dem Hauptflughafen von Cleveland mehr als 4 500 Kilometer zurücklegen müssen, drohen zahlreiche Tücken: Unwetter, Berge, Pannen, Orientierungsverlust …

Die heißblütige Pancho

Natürlich strebt jede der Teilnehmerinnen danach, das höchste Treppchen des Siegerpodests zu erklimmen, und die Konkurrenz verspricht hart zu werden, vor allem dank Florence Lowe »Pancho« Barnes. Sie wurde erst kurz zuvor zur Pilotin ernannt und riskiert jetzt ihr Leben mit Stuntflügen in Hollywood.
Kaum zu glauben, dass diese 1901 geborene lebhafte junge Frau, deren Wortwahl bei einem Schimpfwörterwettbewerb selbst einen Kutscher mundtot machen würde, in San Marino nahe Pasadena eine klassische Schulbildung erhalten hat, bevor sie den Reverend Rankin C. Barnes heiratete. Ist es tatsächlich die gleiche Florence Lowe Barnes, diese kleine Frau, die jetzt hin und her wippt wie Popeye? Auf jeden Fall begehrt die im Ehealltag eingepferchte junge Frau plötzlich auf und flieht nach Nirgendwo.
Zweifellos verdankt sie diese Energie ihrem Großvater Thaddeus Lowe, einem der größten amerikanischen Ballonfahrer. Dem Ballon des Großvaters zieht Pancho jedoch das Flugzeug vor. Nachdem sie einen Vertreter der Union Oil Company auf sich aufmerksam gemacht hat, kann sie diese Leidenschaft nun ausleben.
Natürlich ist sie von dem Rennen magisch angezogen worden. Dieser Flugmarathon bietet sämtlichen Teilnehmerinnen die einmalige Gelegenheit, sich mit den besten Pilotinnen zu messen und als Siegerin daraus hervorzugehen.
So unterschiedlich sie sind, eines haben die jungen Frauen gemeinsam: Sie haben Mut. Phoebe Fairgrave Omlie leitet zum Beispiel eine Flugschule, doch in Santa Monica eilt ihr nicht zu Unrecht der Ruf voraus, Spezialistin im Sturzflug zu sein. Ruth Nichols wiederum gilt als eine der größten Expertinnen im Langstreckenflug.
Jeder fragt sich, wie sich wohl zum Beispiel Gladys O'Donnell, die Meisterin im Dauerrundflug, oder die junge Marvel Crosson, von der man lediglich weiß, dass sie unter harten Bedingungen in Alaska als kommerzielle Pilotin arbeitet, bei dieser neuen Form des Wettkampfs schlagen werden. Gefahr droht weniger von den Kunstfliegerinnen, sprich von Pancho Barnes oder der deutschen Thea Rasche, aber es heißt dennoch, auf der Hut zu sein. Umgekehrt haben gleich mehrere Mädchen gute Siegeschancen. Amelia Earhart besitzt Erfahrungen im Langstreckenflug und andere Trümpfe. Einzig Ruth Elder könnte ihr gefährlich werden, auch wenn deren Versuch, 1927 den Nordatlantik zu überqueren, fehlschlug. Nicht zu vergessen Bobbi Trout, die Königin des Langstreckenflugs und die erste Frau, die eine ganze Nacht hindurch flog, oder die Australierin Jessie Miller, die als Kopilotin über eine Zeitspanne von fünf Monaten die Strecke von London nach Darwin in Australien flog und dabei 19 000 Kilometer zurücklegte.

Miss Ruth Elder

Die ruhige Louise

Einige Minuten vor dem Abflug am Sonntag, dem 18. August 1929, werden noch zahlreiche Prognosen abgegeben. Einige tippen auf Louise McPhetridge Thaden, eine erfahrene und gestandene Pilotin. Mit 23 Jahren hat sie bereits Titel im Langestrecken-, Geschwindigkeits- und Höhenflug errungen. Die aus Bentonville in Arkansas stammende Pilotin und ehemalige Angestellte einer Kohlebergwerksgesellschaft in Wichita musste sich vom Konstrukteur Walter Beech eine *Travel Air Speedwings J5* leihen, um an dem Wettkampf teilnehmen zu können. Ihre mangelnden finanziellen Mittel kompensiert sie durch beeindruckende Härte. Die braucht sie auch. Schließlich gilt es 4 500 Kilometer zu fliegen, wobei das Reglement den Teilnehmerinnen auferlegt, die Strecke in 500 Kilometer langen Tagesetappen zurückzulegen und nur zwischen Sonnenaufgang und Sonnenuntergang zu fliegen, damit Zeit zur Erholung und zum Schlaf bleibt.

Nachdem die Pilotinnen gestartet sind, stellen sie bald fest, dass nicht nur der Flug an sich anstrengend und ermüdend ist – während der Zwischenstopps überfällt sie ein Ansturm von Bewunderern, sie müssen unzählige Fragen beantworten, Autogramme geben und die aufdringlichsten Verehrer abwehren, damit diese nicht die Maschinen beschädigen.

Auch größere Unannehmlichkeiten bleiben nicht aus. Kurz nach ihrer Landung in Forth Worth erleidet Louise Thaden einen Zusammenbruch. Als sie ihrem Flugzeug entsteigt, wird ihr schwindelig, sie taumelt und bricht auf einer der Tragflächen zusammen. Walter Beech, der Konstrukteur der Maschine, der den Flug Etappe für Etappe begleitet, und andere Zuschauer eilen herbei, doch Louise erholt sich, kommt etwas wankend auf die Gruppe zu und stammelt: »Ich fühle mich nicht sehr gut.« Bei einer medizinischen Untersuchung stellt sich heraus, dass sie aufgrund von Abgasen eine Vergiftung erlitten hat. Die Mechaniker entdecken, dass die junge Frau so tief in dem offenen Cockpit sitzt, dass sich ihr Kopf genau in Höhe des Auspuffs ihres Wright-J5-Motors befindet. Sie verlegen den Auspuff, und Louise kann wieder starten.

Als Blanche Noyes am fünften Wettkampftag auf über 1 000 Meter Höhe Texas überfliegt, bemerkt sie, dass ihr Gepäck in Flammen steht. Sie macht mitten in der Wüste eine Notlandung, löscht das Feuer mit Sand und fliegt weiter.

Bobbi Trout hat weniger Glück. Bei einer wegen Treibstoffmangels eingeleiteten Notlandung kurz vor Yuma in Kalifornien überschlägt sich ihre Maschine. Auch wenn sie selbst unverletzt bleibt, kann sie nicht weiterfliegen.

Pancho Barnes erlebt Ähnliches, als sie in Pecos in Texas landen will. Sie stößt so heftig gegen eines der Automobile, die das Gelände übersäen, dass ihr Flugzeug mitten entzwei bricht. Ohne einen Kratzer, aber sehr übellaunig verlässt sie ihre Maschine.

Weitere Unfälle, bei denen glücklicherweise keine Menschen zu Schaden kommen, zwingen einige der Teilnehmerinnen zur Aufgabe. So wird das Flugzeug von Ruth Nichols in der Nähe des Columbus-Flugfelds in Ohio plötzlich von einer Sturmbö erfasst und gegen einen Traktor geschleudert. Zur großen Enttäuschung der jungen Frau, die wie durch ein Wunder unversehrt bleibt, ist das Rennen nach diesem Unfall zu Ende.

Auch für die mutige Margaret Perry, die trotz hohen Fiebers weiterfliegt, endet das Rennen vorzeitig. In Abilene in Texas wird bei ihr Typhus diagnostiziert. Tief betrübt muss die junge Frau aufgeben. Vom Krankenbett aus verfolgt sie den Wettkampf weiter und erfährt zu ihrem Entsetzen vom Tod Marvel Crossons, deren Maschine wahrscheinlich im Südwesten Arizonas gegen einen Berg geprallt ist.

Die Zeitungen schießen nach Bekanntwerden dieser Tragödie mit scharfen Geschützen auf die Fliegerinnen und verkünden umgehend: »Die Frauen beweisen, dass sie nicht fliegen können.« Einige Stimmen fordern den Abbruch des Rennens, ohne sich die Trauer der Fliegerinnen klar zu machen. Die Wettkampfveranstalter hatten sie nicht einmal informiert.

Es folgen Gerüchte über Sabotage, ohne dass es Belege dafür gibt. Thea Rasche und Claire Fahy behaupten trotzdem, dass ihre Flugzeuge sabotiert worden seien. Bobbi Trout und Opal Kunz vermuten kurze Zeit später ebenfalls böswillige Manipulationen. Im Fall von Claire Fahy hat eine Säure mehrere Kabel zerstört.

Schließlich fliegt Louise Thaden als Erste über die Ziellinie des städtischen Flughafen von Cleveland und wird von der Menschenmenge bejubelt, die ihre Heldentat feiert. Auf den Plätzen zwei und drei folgen Gladys O'Donnell und Amelia Earhart. Fünfzehn von zwanzig haben das Ziel erreicht.

Oben:
Amelia Earhart, Ruth Nichols und Louise Thaden im vertrauten Gespräch. Amelia und Louise haben zu diesem Zeitpunkt bereits eines der härtesten Flugrennen der damaligen Zeit gewonnen.

Gegenüberliegende Seite:
1927 will Ruth Elder als erste Pilotin den Nordatlantik überqueren. Sie fliegt mit einer auf den Namen *American Girl* getauften *Sinson-Detroiter* am 11. Oktober 1927 los, muss aber unweit der Azoren notwassern. Sie gibt nicht auf und startet am 22. Juni 1931 in New York mit einer *Akita* zu einem neuen Versuch, der in Neufundland mit einem Unfall und fünf gebrochenen Rückenwirbeln endet.

Solidarische Frauen

Auf die Verbundenheit, die die Fliegerinnen aufgrund der einsam durchlittenen Prüfungen verspürt haben, folgt Ernüchterung. Nach der Aufregung und der Begeisterung endet das erste Flugrennen für Frauen daher mit Katzenjammer, doch sicherlich nicht als Misserfolg. Die Pilotinnen fühlen sich gestärkt durch die außergewöhnliche Erfahrung, die sie miteinander geteilt haben.
Sie beschließen, es nicht dabei zu belassen, gründen sehr schnell eine eigene Organisation und versammeln sich am 2. November 1929 im Hangar des Fliegerclubs Curtiss auf Long Island zum ersten Mal. Diese aus Widrigkeiten, Gefahren und Freuden geborene Schwesternschaft wird auf den Namen Ninety-Nines getauft, wobei sich Amelia Earhart von der Zahl der ersten registrierten Mitglieder zur Namensfindung hat inspirieren lassen.
Die Pilotinnen sind nun bei den meisten großen Flugschauen der 1930er-Jahre stärker vertreten und bereiten sich besser auf wichtige Vorhaben wie zum Beispiel die Atlantiküberquerung vor. Die weibliche Solidarität feiert 1935 ihren Höhepunkt, als auf Intervention von Eleanor Roosevelt das kommerzielle Luftfahrtbüro mehrere Pilotinnen einstellt – darunter auch Blanche Noyes –, um Aufklärungsflüge mit dem Ziel durchzuführen, sichtbare Orientierungspunkte und Markierungen für Piloten anzubringen. Das Projekt besteht darin, die Namen der Städte und Richtungshinweise auf Dächer in ganz Amerika zu schreiben.
Im August 1932 stellt Louise Thaden einen neuen Dauerflugrekord auf, indem sie in einer *Curtiss Thrush* im Wechsel mit Frances Marsalis 196 Stunden nonstop fliegt. Am 4. September 1936 nimmt sie mit Blanche Noyes als Kopilotin in einer *Beechcraft Model 17* (genannt *Staggerwing*) an einem großen transkontinentalen Flugrennen zwischen New York und Los Angeles teil, einem Wettbewerb, den die beiden Frauen zur allgemeinen Überraschung von Anfang an dominieren. In der Tat legen sie nicht nur die Strecke in 14 Stunden und 55 Minuten zurück, sondern übertreffen damit die besten männlichen Piloten und gewinnen die begehrte Bendix Trophy.
Pancho Barnes bringt währenddessen die Fliegerei, das Kino und mehrere Ehemänner unter einen Hut … Wenigstens kommt bei ihr nie Langeweile auf.
Auch Ruth Elder ruht sich nicht auf ihren Lorbeeren aus. Im Juni 1931 fliegt sie von New York nach Saint John's in New Brunswick mit der Absicht, weiter nach Harbour Grace zu fliegen und von dort Kurs auf Paris zu nehmen. Doch ein schrecklicher Unfall beendet auf brutale Weise ihre Reise in Saint John's und hüllt die Fliegerin für lange Zeit in Gips.
Genau wie Ruth Elder träumte auch Ruth Nichols von der Nordatlantiküberquerung, nahm jedoch von ihrem Plan Abstand, als sie hörte, dass Amelia Earhart das 1932 bereits geglückt war. Bereits vorher hatte sie zwischen dem 24. November und dem 1. Dezember 1930 einen Frauenrekord bei der Transkontinentalüberquerung der USA von Ost nach West aufgestellt und mit einer *Lockheed Vega* zwischen Mineola im Staat New York und Burbank in Kalifornien nur 16 Stunden und 59 Minuten effektive Flugzeit gebraucht. Am 9. Dezember war sie die Strecke Los Angeles – New York in 13 Stunden und 22 Minuten geflogen.
Sie bereichert ihre Erfolgsbilanz um einen Höhenrekord, den sie am 6. März 1931 mit einer Flughöhe von 9 600 Meter aufstellt,

Ellen Church, die erste Flugbegleiterin

Mit dem Auftritt der ersten Flugbegleiterinnen ist 1930 ein wichtiges Jahr für den kommerziellen Linienflugverkehr, eine wahrhafte Revolution, die – wieder einmal – der Initiative einer Frau zu verdanken ist: Ellen Church, einer Krankenschwester aus Cresco in Iowa. Die junge Frau unterbreitet der Boing Air Transport ihre Idee und wird abgewiesen. Doch Ellen bleibt hartnäckig, und so gelingt es ihr, einen der Direktoren der Gesellschaft doch davon zu überzeugen. Er nimmt ihren Vorschlag unter einer Bedingung an: Er stellt Miss Church und sieben weitere junge Damen versuchsweise für drei Monate ein. Sollten sie sich bewähren, würde er ihre Zahl auf 20 Stewardessen aufstocken.
So nimmt Ellen am 15. Mai 1930 als erste Stewardess der Geschichte ihren Dienst auf der Strecke San Francisco – Chicago auf und beugt sich ohne Murren den Einschränkungen, die die Arbeitgeber ihr auferlegen. Aufgrund der Beengtheit der Kabine der *Boeing B80-A*, die diese Strecke mit zwölf Passagieren fliegt, dürfen die ausgewählten Mädchen nicht verheiratet, nicht älter 25 Jahre, nicht größer als 1 Meter 58 sein und müssen sehr strengen optischen Richtlinien entsprechen. Zudem sind sie verpflichtet, dem Bodenpersonal zu helfen und das Flugzeug nach der Landung mit in den Hangar zu schieben. Ein kleines Detail am Rande: Zur Stewardessenausrüstung gehörte auch ein Schraubenzieher! Sie mussten darauf achten, dass nichts aus den »Fenstern« geworfen wurde und niemand die Bordtür mit der Toilettentür verwechselte.

bevor sie den von Amelia Earhart aufgestellten Geschwindigkeitsrekord bricht, indem sie schneller als 300 Stundenkilometer fliegt und mit der *Lockheed Vega* am 14. Februar 1932 obendrein einen neuen Höhenrekord aufstellt.
Das Blatt wendet sich 1935, als sie in Troy in New York ein Löschflugzeug notlanden will und dabei verunglückt. Dieser Unfall, bei dem sie stark verletzt wird, ändert ihr Leben und führt dazu, dass sie sich humanitären Projekten zuwendet. 1939 gründet sie die Relief Wings, einen Flugdienst für Krankentransporte. Während des Zweiten Weltkriegs arbeitet sie als Krankenschwester und Fluglehrerin und fliegt 1948 als UNICEF-Botschafterin um die Welt. Zehn Jahre später fliegt sie immer noch Höhen- und Geschwindigkeitsrekorde. Trotz ihrer großartigen Leistungen wählt Ruth am 25. September 1960 wohl den Freitod. Zumindest kommt die Polizei zu diesem Ergebnis, nachdem ihre Leiche in ihrem New Yorker Apartment gefunden wurde. Ein trauriges Ende für eine talentierte Frau, die immerhin als erste Frau eine internationale Fluglizenz für Wasserflugzeuge erworben hatte.

Wie auch immer das weitere, oft außergewöhnliche Leben der Teilnehmerinnen am Puderquastenrennen verlief – der Wettkampf hatte sie alle so stark geprägt, dass sie häufig bis zum Lebensende nicht mehr loskamen von dem, was sie alle verband: die Leidenschaft für die Fliegerei.

Die jungen Frauen vor dem Start zum Puderquastenrennen. Die Tücken und Schwierigkeiten des Wettbewerbs bringen zahlreiche Pannen und den tödlichen Unfall Marvel Crossons mit sich. Louise Thaden (Vierte von links) trägt verdient den Sieg davon. Die Frauen beschließen, nach diesem Rennen zusammenzubleiben, und bilden um ihre erste Präsidentin Amelia Earhart den Kern des Clubs der Ninety-Nines, einer einflussreichen Pilotinnenorganisation.

1934 tritt Nelly Diener als erste offizielle Flugbegleiterin der Swissair ihren Dienst an.

Florence Barnes

Der Stoff, aus dem eine Heldin ist

Das Problem mit Florence Lowe »Pancho« Barnes ist, dass sie sich nirgends einordnen lässt. Eigenbrötlerisch, eigenartig und unzugänglich lebte diese Frau wie ein Mann, heiratet dennoch vier Mal und hält ihre Männer wie ihre Pferde an der kurzen Leine. Ein Leben, das vor allem von der Eroberung der Lüfte und später des Weltraums geprägt ist. Wie andere berühmte Pilotinnen verkörpert sie mit ihrer fesselnden und schillernden Persönlichkeit hervorragend den amerikanischen Geist der Unabhängigkeit jener Epoche. Ein echtes Phänomen.

Eine große Klappe! Eine Draufgängerin! Fliegerin, Bruchpilotin, erste Stuntfliegerin Hollywoods, Inhaberin eines Saloons im Herzen der Mojave-Wüste, Komponistin, Schriftstellerin, Pferdezüchterin, Mäzenin, wundervolle Freundin …
Wie lässt sich Florence Leontine Lowe Barnes einordnen?
Sie bekommt, wie man so schön sagt, silberne Löffel in die Wiege gelegt, doch die strenge elterliche Erziehung ist nichts für ihr hitziges Temperament und hätte wohl in einer wahren Rebellion geendet, wenn nicht ihre angeborene Gutmütigkeit und ihre Hemmungen, ihre Nächsten unnötig zu ärgern, sie daran gehindert hätten. Dennoch gerät sie in Pasadena, wo sie am 14. Juli 1901 geboren wird, schnell in Konflikt mit den strengen Normen der Umwelt.
Mit ihrem hübschen runden Gesicht, ihren Pausbacken und ihrer Gutmütigkeit, die sie trotz ihrer Dickköpfigkeit ein Leben lang behalten wird, lässt das kleine Mädchen ihre Welt erstrahlen.

Weder die Anstandsregeln der guten Gesellschaft noch die Kindermädchen und die auf ihre Leistungen stolzen und ihr sehr gewogenen Privatlehrer, denen sie häufig das Leben schwer macht, können bei ihr viel ausrichten. An Florence scheint ein Junge verloren gegangen zu sein. Den Spielen braver Mädchen zieht sie lange Streifzüge durch die Wildnis und Ritte auf dem Anwesen ihrer Großmutter Dobbins an der Laguna Beach vor, wohin sie später immer wieder zurückkehren wird. Schon das Mädchen hasst die Einsamkeit und weiß, eine Schar treuer Anhänger um sich zu scharen und Kerle, die manchmal älter sind als sie, aber genauso waghalsig.

Ein vorbildlicher Großvater

Ihr unkonventionelles Verhalten lässt die Eltern verzweifeln. Sie wissen nicht, wie sie diese starke Natur bändigen sollen, die sie an eine andere erinnert. In der Tat scheint ihre Tochter nach dem Großvater väterlicherseits zu geraten, nach Thaddeus Lowe, einem

Gegenüberliegende Seite:
Pancho klettert in ihr Flugzeug, als wolle sie ein Pferd besteigen. Übrigens reitet und fliegt sie gleichermaßen gerne und lädt daher Fliegerfreunde, darunter Chuck Yeager, der als erster Pilot die Schallmauer durchbrach, zum Reiten auf ihre Ranch nahe der Edwards Air Force Base ein.

Original in jeder Beziehung, einem brillanten Autodidakten und einem vielseitigen Erfinder. Er war auch Ballonfahrer und Gründer des ersten Ballonaufklärungskommandos der Unionstruppen während des Amerikanischen Bürgerkriegs, des Union Army Balloon Corps, und gilt damit als der Begründer der Militärfliegerei. Nach ihm wurde auch ein Berg benannt, da er für den späteren Mount Lowe eine Bergbahn entwarf. Kurz: eine echte Persönlichkeit.

Großvater Lowe ist von seinem weiblichen Pendant Florence, diesem Wirbelwind in Röcken, begeistert und ermutigt sie, sich nicht zu mäßigen, sondern ganz sie selbst zu sein, ein Rat, der ihre Lebensdevise wird. Die explosiven Gene dieses bemerkenswerten Großvaters fanden also in seiner Enkelin einen wunderbaren Nährboden. Doch da ist auch schon der Haken: Trotz ihres kämpferischen Temperaments bleibt Florence doch ein Mädchen, das in der feinen Gesellschaft Pasadenas aus dem Rahmen fällt. Die ungestüme Florence und der alte Thaddeus verstanden sich prächtig und ähnelten einander wie ein Ei dem anderen, wie Pancho später sagen wird.

Als sich der alte Ballonfahrer 1913 für immer verabschiedet, hinterlässt er dem Mädchen ein Universum unglaublicher Momente: seinen 1859 mit einem Durchmesser von 32 Metern gebauten Ballon für eine Transatlantikfahrt mit dem Namen *The City of New York*, der jedoch in einem Unwetter beschädigt wurde und bei der hastigen Reparatur explodierte; seine Missgeschicke zu Beginn des Bürgerkriegs, als er versehentlich auf Südstaatenterritorium landete, für einen Spion gehalten wurde und nur knapp der Hinrichtung entging; seine militärischen Aufklärungsballonfahrten im Auftrag Präsident Lincolns zwischen dem 22. und 24. Juni 1861 in Arlington und Falls Church in Begleitung mehrerer Offiziere, die zum ersten Mal erfolgreich aus der Luft telegrafierten. In der Tat wurden fünf Ballone Lowes während des Bürgerkriegs eingesetzt, vor allem während der ersten Schlacht von Bull Run.

Florence trauert um diesen außergewöhnlichen Großvater und beschließt, dass es Zeit wird, sie selbst zu sein. Sie beschwichtigt ihre Eltern ein wenig, da sie liebenswürdig ist und nicht aufbegehrt. Trotzdem würzt sie ihre Jugend immer wieder mit ein paar Streichen. Zum Beispiel lernt sie sehr früh reiten und ist bald als eine der besten Reiterinnen der Region bekannt. Von den anderen unterscheidet sie sich dadurch, dass sie wie ein Kosake auf dem Sattel ihres galoppierenden Ponys stehen kann.

Gleichzeitig tanzt sie hervorragend und darf mit zehn Jahren in Los Angeles auf der Bühne mit Anna Pavlova tanzen, einer der berühmtesten Balletttänzerinnen ihrer Zeit, die im Ballets Russes unter Sergei Diaghilew große Erfolge feierte. Doch die Rastlosigkeit der Tochter bereitet Florences Eltern immer wieder Sorge. Daher die Frage: Wie sie aufhalten oder zumindest ihr Tempo ein wenig zügeln, um sie in die Gesellschaft einzugliedern?

Die freie Pancho

In San Marino, einem schicken Vorort von Pasadena, entspricht das frühreife Mädchen bald längst nicht mehr dem Bild des netten jungen Vorzeigekindes. 1921 arrangieren ihre Eltern daher ihre Vermählung mit Reverend Rankin C. Barnes, einem sehr angesehenen Pastor der episkopalen Saint-James-Kirche in Pasadena, dem sie neun Monate später einen Sohn schenkt, William E. Barnes. Diese Verbindung, die Florence wieder auf geregelte Pfade führen soll, bekommt schnell Risse, obwohl die junge Frau voll guter Vorsätze ist und ihren Mann bei diversen Aktivitäten unterstützt. Allerdings wird Thaddeus' Enkelin immer häufiger an den heimischen Herd verbannt, während ihr mittlerweile zum Bischof avancierter Mann Aufgaben nachkommt, die ihn regelmäßig von zu Hause wegführen. Die Untätigkeit und die Routine lasten schwer auf Florence. Sie träumt von Festen, Umtriebigkeit, von Ferne und Abenteuer.

»Wenn Sie die Wahl haben,

Da sich Florence einsam und vernachlässigt fühlt, beginnt sie für sich selbst zu sorgen, wobei sie dank eines Erbes, das ihr ihre 1924 verstorbene Mutter Florence May Dobbins hinterlassen hat, keine materiellen Probleme fürchten muss. Ihre nach 1928 immer deutlicher werdende Unabhängigkeit führt dazu, dass sich das Ehepaar 1941 scheiden lässt.

In der Zwischenzeit genießt Florence ihr Leben. Sie freundet sich mit dem erfolgreichen Schauspieler Ramon Novarro und dem Fotografen George Hurrell an, der mit ihrer Hilfe einer der erfolgreichsten Fotografen Hollywoods wird. In der Tat erweist sie sich stets als aufmerksame, wertvolle und sehr großzügige Freundin, die sich bemüht, Freunden zum Beispiel zu einer Anstellung zu verhelfen oder sie aus finanzieller Not zu befreien. Stets eilt sie mittellosen Freunden sofort zu Hilfe, vor allem befreundeten Familien, die von der Wirtschaftskrise arg gebeutelt wurden. Anonym lässt sie Essen austeilen und übernimmt Behandlungskosten in Krankenhäusern. 1934 gründet sie die Women's Air Reserve, eine Pilotinnenvereinigung zur Rettung nationaler Katastrophenopfer.

dann wählen Sie das Glück.« *Florence »Pancho« Barnes*

Auf einem der zahlreichen Empfänge, die sie mittlerweile gibt, fordert sie eines Tages ihre Freunde auf, sofort alles stehen und liegen zu lassen, um mit ihr nach Südamerika zu reisen und in Peru die verlassene Stadt Machu Picchu zu besuchen. Sie scherzt keineswegs, sondern verfrachtet ihre verblüfften Gäste unverzüglich zum Hafen von San Pedro, um sich mit ihnen auf einem Schoner einzuschiffen, der gerade den Anker lichtet. Ihre Freunde glauben an einen Scherz und nehmen im Gegensatz zu Florence im letzten Moment Abstand von diesem Vorhaben. Immerhin ist sie sich des Risikos bewusst, als einzige Frau inmitten einer männlichen Schiffsmannschaft zu reisen. Sie leiht sich von einem ihrer Freunde Männerkleidung und hofft dadurch, an Bord nicht aufzufallen. Aufgrund von Florences Statur geht der Plan auf. Als sich das Schiff später auf hoher See befindet und die Flagge Panamas hisst, entdeckt Florence, dass der Schoner nicht wie angekündigt Bananen transportiert, sondern für die mexikanischen Revolutionäre bestimmte Waffen. Sie reibt sich vor Freude die Hände. Schließlich hat sie sich schon immer nach Exotischem und Nervenkitzel gesehnt und kann nun ein richtiges Abenteuer erleben.

Während der wenig spektakulären Überfahrt freundet sie sich mit einem Matrosen an, der wiederum alles andere als langweilig ist: Roger Chute, Absolvent der Stanford University und Fischereiexperte, fährt aus Abenteuerlust zur See. Trotz der Verkleidung hat er Florence als Frau erkannt und findet nun sie und ihre Absichten gleichermaßen fantastisch.
Als ihr Schiff in San Blas in Mexiko anlegt, gehen sie an Land und beschließen, das von der Revolution erschütterte Land gemeinsam zu bereisen. Sie geben ein erstaunliches Paar ab, zumal Chute einen Schimmel reitet und Florence ihm im Männersitz auf einem Esel folgt. Irgendwann lacht die junge Frau los und ruft Chute zu: »Sie sehen aus wie Don Quichotte«, worauf sie von ihrem amüsierten Begleiter mit »Pancho« verglichen wird. Florence lacht erneut und verbessert ihn: »Nicht Pancho, sondern Sancho. Aber der Name Pancho gefällt mir, den nehme ich gern an.«
Damit ist Pancho Barnes geboren. Nun braucht sie nur noch Flügel.

Die Weissagung des Thaddeus

Die vier Monate Mexiko haben die in Florence schlummernde Abenteuerlust endgültig geweckt. Nach ihrer Rückkehr nach San Marino im Frühjahr 1928 ergreift sie jede Gelegenheit, ihre Freiheit weiter auszuleben. Ihr Cousin Dean Banks bietet ihr dafür eine wunderbare Gelegenheit, denn er fragt sie, ob sie ihn nicht auf einen Flugplatz begleiten wolle, wo er Flugunterricht erhalte. Noch am gleichen Tag erklärt Pancho, dass sie fliegen lernen werde. Sie überredet nicht nur den Fluglehrer ihres Cousins, sondern fliegt nach nur sechs Flugstunden zum ersten Mal allein. Mit der Fluglizenz in der Tasche unternimmt sie immer öfter Ausflüge in die Luft, von denen ihre Passagiere, zumeist Freunde, begeistert sind. Die Leidenschaft der jungen Frau für die Fliegerei entbrennt immer stärker. Nach einem Kurs in Kunstfliegerei, der ihrem Temperament sehr entgegenkommt, bricht sie auf, um das unstete Leben einer Wanderakrobatin zu führen und mit jenen Fliegern von Stadt zu Stadt zu ziehen, die Lufttaufen und Flugdarbietungen anbieten. Doch sie ist schnell wieder davon geheilt. Immerhin kann sie sich jetzt in Wettbewerben messen, die die *crème de la crème* der Fliegerinnen anlockt. 1929 nimmt sie an dem berühmten Puderquastenrennen teil, dem ersten ausschließlich Frauen vorbehaltenen Flugrennen, und hinterlässt dort großen Eindruck.

Im darauf folgenden Jahr bricht sie mit einer *Travel Air Model R Mystery Ship* und dank der finanziellen Unterstützung der Union Oil Company den Geschwindigkeitsrekord der Frauen, den bis dahin Amelia Earhart innehatte.

Sie überrascht die Öffentlichkeit mit ihrer Energie – und ihrer Aufmachung: einer Hose und Reitstiefeln, einem weißen Schal und einem weißen Pullover, der Tom Wolfe zufolge, dem Autor von *Die Helden der Nation*, »ihre außergewöhnlich hübsche Brust à la Barbara Stanwyck besonders zur Geltung brachte«. Gleich darauf geht sie nach Hollywood, um als Stuntfliegerin in mehreren Filmen mitzuwirken, darunter *Hell's Angels* von Howard Hughes. Während ihres Aufenthalts in der Stadt des Films setzt sie sich für eine gerechtere Bezahlung der unterbezahlten Filmpiloten ein und ist eines der Gründungsmitglieder der Berufsvereinigung für Stuntpiloten, der Associated Motion Picture Pilots (AMPP).

Dann erwischt die Depressionszeit auch sie, zumal ihr Vermögen aufgrund der ihren Freunden gewährten großzügigen Unterstützung bereits stark geschrumpft ist. Nachdem sie im März 1935 ihr Apartment in Hollywood und ihr Flugzeug *Mystery Ship* verkauft hat, erwirbt sie etwa 250 Kilometer nordöstlich von Los Angeles bei Muroc in der Mojave-Wüste ein gut 30 Hektar großes Gelände, das mit einer Reihe ausgetrockneter und von feinem Sand bedeckter Seen und riesiger Ebenen ein traumhafter Fleck Erde zum Meditieren ist. Die vom Wind glatt gefegten Seen, vor allem der Rogers-See, interessieren die Militärfliegerei, da sie vor fremden Blicken verborgen sind und ideale Landepisten darstellen.

Abseits der Zivilisation und fernab indiskreter Blicke erweckt Muroc nicht im Geringsten den Anschein, eine militärische Flugbasis zu beherbergen, auf der eine Elite von Testpiloten, darunter die ersten sieben Helden des Weltalls, schwierigste Flugmanöver probt. Ein Ort der Extreme: auf der einen Seite die prähistorische, urzeitliche, steinige Natur, auf der anderen Seite eine Technologie, von der nicht einmal Science-Fiction-Autoren träumen – eine ideale Mischung, um Pancho anzulocken. Dank ihrer guten Kenntnis der Psyche der Piloten und der Trinität, die sie anbeten – Fliegerei, Schnaps und Autos –, versteht sie es schnell, sich nützlich zu machen. Auf dem südwestlichen Teil ihres Geländes errichtet sie ein Bar-Restaurant, die Rancho Oro Verde Fly-Inn Dude Ranch oder kurz die Fliegerstaffel-Bar, um zu Beginn der 1950er-Jahre für die dort expandierende Flugbasis eine Art unverhoffte Oase zu schaffen.

Das Lokal, in dem dank der Inhaberin schon bald ständig Hochstimmung herrscht, lockt schnell die Soldaten an und alles, was da sonst noch Hosen trägt. Je stärker die Flugbasis an Bedeutung gewinnt, desto besser läuft das Geschäft. Daher erweitert Pancho ihre Bar um ein Schwimmbad, ein Spielcasino, ein Hotel, ein weiteres Restaurant, Pferdeställe, ein Rodeogelände und natürlich um eine Landebahn. Zudem züchtet sie auf ihrem Land Vieh, Schweine und Geflügel, gründet eine Molkerei und betreibt mit der Militärbasis Handel.

Gegenüberliegende Seite:
Pancho Barnes glänzt als Stuntfliegerin in Hollywood. Zu jener Zeit regiert der Millionär Howard Hughes (hier im Bild) die Kinolandschaft und dreht unter anderem den Film *Hell's Angels*, der hauptsächlich von Panchos virtuoser Flugakrobatik lebt. Gleichzeitig begeistert sich Hughes als Konstrukteur und Pilot selbst für die Luftfahrt. 1932 gründet er die Hughes Aircraft und lässt sich im gleichen Jahr unter dem Pseudonym Charles Howard als Kofferträger bei der American Airlines anstellen, wo er alsbald zum Kopiloten aufsteigt. Am 14. Januar 1934 gewinnt er ein Flugrennen in Miami. Als Mann der Tat versucht er ständig, die eigenen Leistungen zu verbessern, und stellt am 13. September 1935 in Kalifornien mit 567,115 Stundenkilometern einen neuen Geschwindigkeitsrekord auf. Seine *Silver Bullet*, die er unter größter Geheimhaltung in seiner Firma hatte bauen lassen, galt damals als das weltweit schnellste Flugzeug.

Der Happy Bottom Riding Club

Obwohl das zentrale Gebäude – die Bar – noch nicht sehr alt war, wirkt es wie aus einer längst vergangenen Zeit, in der sich dort statt Wüste noch grüne Weiten erstreckten. »Altersschwach« beschreibt ganz gut den Eindruck, den die Angehörigen der Flugbasis hatten, wenn sie dorthin kamen, um ihren Durst zu löschen. Aus der Nähe wirkt diese Tränke der Schluckspechte, als sei sie in jenem westernähnlichen Stil erbaut, der in den 1930er-Jahren sehr modern war.
Diese Bar, eine Zuflucht der Helden der Lüfte und zukünftiger Astronauten, zeichnet sich durch nichts Besonderes aus, außer dass es meilenweit der einzige gut ausgestattete Alkoholausschank ist. Das abgenutzte Mobiliar hat sichtlich ausgedient, die Tische sind völlig zerkratzt, die Stühle wackelig, der Putz, die Fenster und sogar die Theke scheinen den Ruhestand verdient zu haben. Das Fliegengitter schlägt unbarmherzig gegen die Tür. Wie es sich für eine Fliegerstaffel-Bar gehört, zieren von den Helden der Lüfte signierte Fotos von Flugzeugen und lächelnden Piloten die Wand hinter dem Tresen. Einige wurden vermutlich nach der letzten nächtlichen Runde aufgehängt, denn sie hängen verkehrt herum, was aber niemanden stört. In der Tat dreht sich ab einer gewissen Stunde alles um die fröhlichen Nachtschwärmer, und sie verwechseln dann leicht die Vertikale mit der Horizontalen.
Auch am Klavier hat die Zeit tiefe Spuren hinterlassen, genau wie im Gesicht der Wirtin. Das Klavier knarzt, vor allem bei den abendlichen Trinkgelagen, wenn die betrunkenen Flieger Cole Porter imitieren wollen. Die Stimmung schwankt dann zwischen Fröhlichkeit und Nostalgie.

Pancho ist hier die alleinige Gebieterin. Sie ist zugleich Inhaberin, Chefin, Barmädchen und schon für sich ein Spektakel, es sei denn, der Gast wäre besonders prüde. Diese Frau, die aufgrund ihres wettergegerbten Gesichts älter aussieht als sie ist, trägt stets weiße Pullover und enge Jeans. Vor allem die Pullover lassen die Augen der Männer aus der Umgebung leuchten, denn sie heben ihren beeindruckenden Busen hervor. Mit ihrer derben, oft bildhaften und mit Schimpfwörtern versetzten Sprache begeistert Pancho auch die jungen Piloten von Muroc. Sprachlich macht sie keinen Unterschied zwischen denen, die sie mag, und denen, die sie nicht mag. Nur der Ton ändert sich.
Die Kerle, darunter viele hochdekorierte Flieger wie James »Jimmy« Doolittle, Charles »Chuck« Yeager, Scott A. Crossfield, Pete Everest, Bob Hoover, Jack Ridley und nicht zu vergessen der junge Edwin «Buzz« Aldrin – »der Mann im Mond« – lieben und respektieren sie, kennen ihren Lebensweg, ihre Herkunft und ihre Großzügigkeit. Sie wissen, dass sie sich vulgär gibt, ohne es zu sein.
Eine Sause bei Pancho, das ist schon was. Die dort herrschende Wärme und Brüderlichkeit steht im Kontrast zur eisigen Wüste. Die Kerle fühlen sich wie in einem geschlossenen Club, auch wenn das Gebäude nach allen Seiten hin offen ist. Falls zufällig ein Fremder eintritt, hält alles wie in einem guten Western inne und die Blicke der Stammgäste richten sich auf den Neuen und werden schnell feindselig, wenn der Typ nicht zur Basis gehört oder von Pancho freundschaftlich in die Arme genommen wird.
Selbst der große Clint würde zögern, diesen hartgesottenen Kerlen in ihren Ledermonturen gegenüberzutreten, deren gelegentliche Streitlust sich dank Panchos Schimpftiraden schnell wieder legt. Wenn sie anschließend eine Lokalrunde schmeißt,

wird der Pseudoeindringling diese kaum unbeschadet überstehen. Aber immerhin erhält er so seine Taufe und hat hinterher etwas zu erzählen. Auch wenn man bei Pancho in der Tat mit einer ruhmreichen Vergangenheit unter einem Dach lebt, die die Wände mit den berühmten Fotos pflastert, sorgt doch die gegenwärtige Basis dafür, Amerika eine strahlende Zukunft zu bereiten. Aber alles läuft stets über die Bar, deren Stammgäste bekannt für ihre heftigen Abstürze sind und das nicht nur am Steuer ihrer Prototypen.

Die Verrückten, die sich in Muroc hinter den Steuerknüppel setzen, wissen, dass man vermutlich eher ihr Testament lesen wird als ihre Memoiren. Sie lachen laut und trinken ein Glas nach dem anderen, vor allem wenn einer ihrer – genauso unverwundbaren und unsterblichen – Kumpel gerade mit seinem Flieger den Planeten geküsst hat.

Von den Lieblingen der Hausherrin dieser Kaschemme, in der sich jeder gern trifft, ist Chuck Yeager der absolute Star. In Hollywood würde man diesem gut aussehenden und charmanten Piloten sicherlich sofort die Rolle des coolen, aber superschnellen Helden in einem Western oder die des furchtlosen Kampffliegers in einem Kriegsfilm geben, zumal sein Lächeln dem markanten Gesicht etwas unglaublich Verführerisches verleiht. Doch statt gen Westen zu reiten, lenkt Chuck alles, was fliegt, und testet am liebsten, was bislang noch nicht geflogen ist – einen Prototypen, möglichst schnell und wenn möglich auch gefährlich. Dann beginnt er richtiggehend zu zucken. Er ist die Inkarnation des männlichen Düsenfliegers, dessen ausgeprägter Charakter selbst einen Fels wie Pancho erweichen kann. Chuck redet wenig und handelt viel, aus Sicht der militärischen Führung vielleicht ein bisschen zu viel. Doch angesichts seiner hervorragenden Leistungen schließt man die Augen, wenn er über die Stränge schlägt. Der Pilot hat Format. Bei einem der ersten Testflüge mit der *Bell X-1* – einem Raketenflugzeug, das man laut Auskunft der Bell Aircraft Company aufgrund des hoch explosiven Treibstoffs besonders vorsichtig behandeln müsse – dreht sich Chuck um die eigene Achse und fliegt danach kerzengerade in die Höhe, obwohl dies alles strengstens verboten ist. Natürlich ist Chuck Yeager ein Ausnahmetalent. Es gelingt ihm einfach alles, ob er nun eine ins Trudeln geratene Maschine wieder unter Kontrolle bringt oder ob er als Erster versucht, die Schallmauer zu durchfliegen, was ihm am 14. Oktober 1947 gelingt.

So führen die Basis ihr Leben und Pancho das ihre, wobei sie eine wunderbare Symbiose bilden. Nachdem die Piloten in ihren selbstmörderischen Maschinen ihr Adrenalin ausgeschüttet haben, tanken sie bei Pancho wieder auf. Ab 1949 suchen sie die Bar am Ende der Welt noch lieber auf, da die ersten Flugbegleiterinnen dort ihre Aufwartung machen. Die fliegenden Götter sehen befriedigt, wie diese jungen Mädchen mit ihren wohl geformten Körpern, den lächelnden Gesichtern und den strahlenden Augen ein wenig schüchtern und auf andere Art geschwätzig als Pancho bei ihnen absteigen.

Einige Männer, darunter auch Chuck, erkunden die große Weite auch zu Pferd und kehren häufig sehr durchgeritten zur Ranch zurück, die nach einer witzigen Bemerkung Jimmy Doolittles zum Happy Bottom Riding Club wird, was soviel bedeutet wie der Club der Reiter mit fröhlichem Hintern, ein Name, der Pancho laut lachen lässt, bevor sie ihn zu ihrem Markenzeichen macht. Wie es dazu kam? Als ihr alter Freund Jimmy von einem Ausritt zurückkam, fragte ihn die stets um das allgemeine Wohl besorgte Pancho, ob er denn sein neues Pferd möge, worauf dieser antwortete: »Oh, ja. Es hat meinem Hintern große Freude beschert!«

Die anwesenden Flieger, denen nie ein Spaß entging, machten daraus in Windeseile einen Namen für die Ranch. Auf ihre Weise trägt die Fliegerin und Barbesitzerin auch dazu bei, die ersten Astronauten des Mercury-Programms moralisch und psychologisch zu unterstützen, jenen Haufen hitzköpfiger, junger, verrückter Fliegertalente, die sich freiwillig gemeldet hatten, um sich in einer Art Waschmaschinentrommel im Schleudergang in den Weltall schießen zu lassen.

Als die amerikanische Regierung das militärische Raumfahrtprogramm vorantreibt und damit immer höhere Anforderungen an die Flieger gestellt werden, gründet Pancho ein ziviles Pilotentrai-

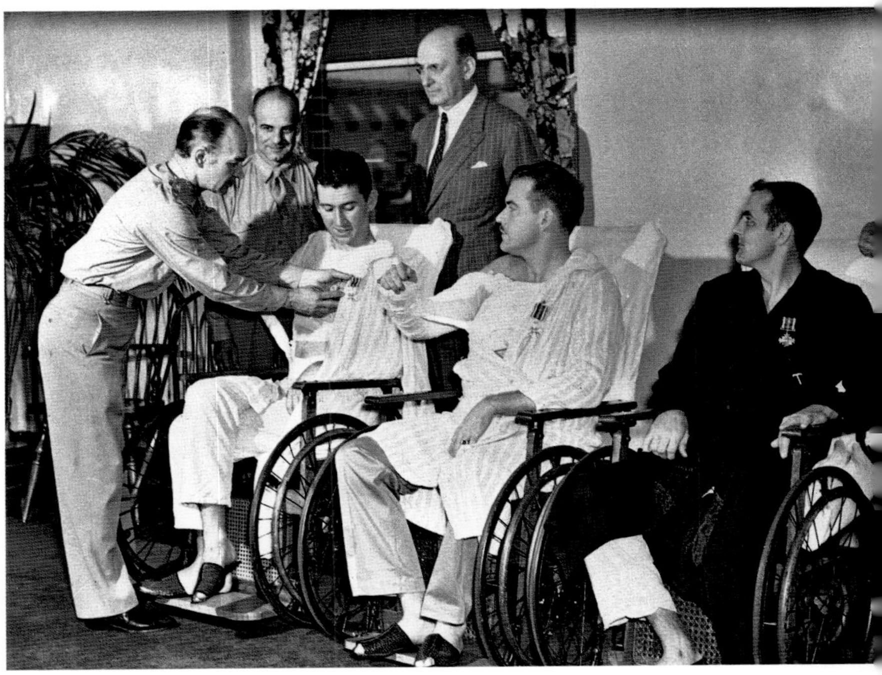

Gegenüberliegende Seite:
Oben: **Erschöpft, aber lächelnd präsentiert sich der amerikanische Astronaut Gordon Cooper, Jr. am 16. Mai 1963 nach 22 Erdumrundungen. Der vierte Mann im Weltraum war nur einer von vielen, die Panchos Bar aufsuchten.**
Unten: **Frank Borman (rechts) und James Lovell sind zurück von ihrem 14-tägigen Weltraumflug in der *Gemini 7*, in der es sicherlich nicht so rau zuging wie in der Bar der unverwüstlichen Pancho.**

Oben:
Die brillante Laufbahn des General James Doolittle (Zweiter von links, stehend) hat bereits weit vor dem Zweiten Weltkrieg begonnen. Für seine waghalsige und unter dem Namen »Doolittle-Raid« bekannt gewordene Operation zum Luftangriff auf Tokio wird ihm die Medal of Honnor verliehen.

STANDARD
STEEL PROPELLER CO

Gegenüberliegende Seite:
Trotz ihrer maskulinen Erscheinung und ihres markanten Wortschatzes besitzt Pancho Barnes eine zarte Seele und ist den Piloten, die ihre Fliegerstaffelbar besuchen, die beste Freundin, die man sich denken kann. Diese sensible, ehrliche, liebenswerte und tüchtige Frau starb einsam in ihrem Apartment – ein trauriges Ende für eine Frau, die so sehr die fröhliche Gesellschaft ihrer Fliegerfreunde und Herrscher der Lüfte schätzte.

ningsprogramm, das Civilian Pilot Training Program, und bildet auf ihrem Privatgelände Piloten aus, darunter einen ihrer ehemaligen Angestellten, Kirk Kerkorian, den zukünftigen Besitzer des Flugunternehmens TWA, der MGM-Studios und mehrerer Casinos in Las Vegas.

Panchos Punch

Doch diese schöne Zeit ist 1952 zu Ende, als General Al Boyd, der ehemalige Kommandant der Basis und ein Freund Panchos, seinen Schreibtisch für General Stan Stoner räumt. Dieser Wechsel bringt gewaltige Veränderungen auf der Basis mit sich. Unter anderem soll die Basis erneut vergrößert werden und sich zukünftig auch auf Panchos Anwesen ausdehnen. Da die Chefin des Happy Club den ihr von der Armee gebotenen Preis für ihr Land als unangemessen ablehnt, machen schnell von der Militärführung in die Welt gesetzte Gerüchte die Runde, die sie als Zuhälterin und ihre Bar als fröhlichen Puff bezeichnen.

Das Argument, ihr schlechter Ruf schade der nahe gelegenen Basis, ist für die tressenbehängten Abstinenzler ein guter Vorwand, diese Nervensäge von ihrer Ranch zu vertreiben. Abgesehen von diesen Spielverderbern, die leider auf der Übungsbasis Muroc Dry Lake, die am 27. Januar 1950 in Edwards Air Force Base umgetauft wurde, das Sagen haben, lassen alle die Köpfe hängen, allen voran Pancho und ihre Mädchen, aber auch die Testpiloten und das Personal.

Fortan verschlechtern sich die Beziehungen zwischen der verbitterten, aber kämpferischen Pancho und den eng mit der Basis verbundenen Befehlshabern und erreichen 1953 einen sehr unangenehmen Höhepunkt, als Pancho, entschlossen, sich nicht klein kriegen zu lassen, gegen die US-Air-Force vor Gericht zieht. Am 13. November 1953, kurz vor Prozessende, vernichtet ein Feuer, dessen Ursache nie geklärt wird, die Bar.

Die internationale Presse ergötzt sich an diesem Streit, der unter dem Namen »Schlacht bei Mojave« bekannt wird. Mit ihrem Mut und überzeugenden Argumenten appelliert Pancho an die patriotischen Gefühle des Gerichts, das ihr am Ende tatsächlich Recht zuspricht, eine offizielle Entschuldigung für sie erwirkt und eine veritable Entschädigung, die vier Mal so hoch ist wie das erste Angebot der Regierung und mittels derer sie sich zur Freude vieler wieder in Edwards etablieren kann. Mit anderen Worten: Die guten alten schlechten Gewohnheiten blühen wieder auf. Und das Geschäft auch.

Doch der lange Rechtsstreit hat an Pancho gezehrt. So verzichtet sie darauf, ein neues Unternehmen auf dem Land zu etablieren, das die Militärleitung so sehr begehrt, aber – Gipfel der Ironie – nie dafür verwendet, die Basis zu vergrößern. Dort, wo die Wüste wieder sich selbst überlassen wurde und nur noch das Geheul der Triebwerke zu hören ist, ist die Fliegerstaffel-Bar nur noch eine Ansammlung ruhmreicher Relikte – eine letzte Hommage an eine legendäre Seite im Geschichtsbuch der Luftfahrt und an eine ihrer Heldinnen.

Die Heldin zieht sich nach Cantil in Kalifornien zurück, wo sie anfängt, von einem neuen, abgeschiedenen Happy Bottom Riding Club zu träumen. Und sie begeistert sich für absolut verrückte Projekte, von denen sie aber keines mehr verwirklicht.

Der Streit mit der US-Air-Force wird schließlich 1961 beigelegt, als die Enkelin des Vaters der amerikanischen Luftfahrt von den Nachfolgern jener, die sie als Puffmutter bezeichnet hatten, den liebevollen Titel »Mutter der Edwards Air Force Base« erhält. Zudem wird der große Speisesaal der Offizierskantine auf den Namen Pancho Barnes Room getauft.

Die Jahre und die unterschiedlichen Lebensumstände zerstreuen die alten Freundschaften, ohne sie zu zerstören. Die Aufgaben auf Edwards, für die es einst Leidenschaft und Kunstfertigkeit brauchte, werden immer komplizierter, denn das in jenen heldenhaften Tagen Chucks und seiner fröhlichen und verrückten Fliegerkameraden einst schlichte Fluggelände mausert sich zu einem gewaltigen Tempel der heiligen Technologie. Zudem wird der Sicherheit höchste Priorität eingeräumt, was das Ende genialer Improvisationskünste bedeutet, die die Reiter der riesigen Feuerwerkskörper einst so begeisterte. So schlägt für all jene Helden, die nicht irgendwo in der Wüste mit ihrem Flugzeug zerstreut liegen, langsam die Stunde des Rückzugs.

Um 1950 hängt Pancho die Fliegerei an den Nagel – hauptsächlich wohl wegen ihrer Kinder (sie hat noch einen zweiten Sohn namens Jim bekommen), aber auch weil ihre Reaktionsfähigkeit nachlässt. Dennoch verbringt sie zusammen mit ihrem vierten und letzten Mann Raymond Kuhns Kirkpatrik eine glückliche und auf jeden Fall deutlich weniger turbulente Zeit, züchtet und bildet Pferde aus, schreibt und komponiert.

Auf Gedächtnisfeiern und Tagungen legt die großzügige Frau auch weiterhin Zeugnis über die gute alte Zeit der Fliegerei ab. Als beim jährlichen Festakt des Flugzeugmuseums von Antelope Valley am 5. April 1975 die Kunstflieger geehrt werden sollen, wundern sich die Organisatoren über die ungewöhnliche Verspätung ihres Ehrengastes, dessen Rede das Publikum ungeduldig erwartet. Schnell wird offensichtlich, dass es schon seit dem 30. März kein Lebenszeichen von der Fliegerin mehr gibt. Als sich Panchos Sohn Bill zu ihrem Anwesen begibt, findet er dort ihren leblosen Körper. Florence »Pancho« Barnes, die es liebte, von vielen Menschen umgeben zu sein, starb vermutlich tatsächlich am 30. März einsam an einem Herzinfarkt.

Amy Johnson

Belle Amy

Sie ist die Inkarnation der glamourösen Fliegerin, schön und eigensinnig, im Fliegeroverall und im Abendkleid gleichermaßen verführerisch, talentiert, begnadet – und bescheiden. Sicherlich sind es die dänischen Wurzeln der Engländerin Amy Johnson, die sie im Geiste der Wikinger stets das Abenteuer und die Eroberung suchen ließen. Als Beweis unternimmt sie unter anderem eine bemerkenswerte Luftreise von England und Australien und hat auf dem Rückweg auch den berühmten australischen Piloten Jim Mollison an Bord, der ihren Verführungskünsten erlegen ist.

Ihre bewegte Liebesgeschichte eignet sich hervorragend zum Heldenepos der Fliegerei jener Epoche: spannend, leidenschaftlich und bewegend. »Der Apfel fällt nicht weit vom Stamm.« Beim Anblick des Familienstammbaums von Amy Johnson wird einem der Sinn dieses Sprichworts sofort klar. Ihr Großvater, ein dänischer Fischer, lebte das raue Leben der Seeleute, die bei Wind und Wetter auf das weite Meer hinausfahren mussten, um den Unterhalt ihrer Familie zu sichern.
Dieser harte Bursche hieß Jorgensen. Als er nach England auswandert, um dort sein Eldorado in Form eines ruhigen Lebens zu finden, ändert er den Familiennamen in Johnson. Das England, das sie so freundlich aufnahm, ist seinem ehrgeizigen Sohn offensichtlich zu eng, denn dieser folgt dem verführerischen Ruf des Goldes und schifft sich wie Tausende anderer Pioniere nach Amerika ein. Es zieht ihn ins Goldgräberparadies Klondike, da man dort riesige Goldklumpen gefunden haben soll. Doch unser Mann ist schnell desillusioniert, denn seine Hacke stößt nicht auf das kleinste Goldäderchen. Die Rückkehr nach England ist bitter. In Hull in Yorkshire gründet er eine Familie, und er und seine Frau bekommen am 1. Juli 1903 ihr erstes Kind, Amy. Natürlich hat er von einem Jungen geträumt, und seine Enttäuschung wird nicht kleiner, als ihm seine Frau danach noch drei weitere Mädchen schenkt.
Zum Glück scheint an Amy ein Junge verloren gegangen zu sein, denn sie tut alles, um ihren Vater glauben zu lassen, dass sein Wunsch erhört worden sei. Das hübsche kleine Mädchen spielt am liebsten mit Jungen. Temperamentvoll fordert sie die Jungen heraus, statt sich in ihrer Gegenwart zu zieren. Allerdings findet sie auch schnell heraus, welch große Anziehungskraft sie auf sie ausübt.

Eine charmante Herrscherin

Das zur verführerischen jungen Dame herangereifte Mädchen beherrscht ihre kleine männliche Welt bis zu dem Tag, an dem ihr ein Kricketball mehrere Zähne ausschlägt. Das junge Mädchen fühlt sich entstellt, traut sich kaum mehr an die Öffentlichkeit und zieht sich in sich zurück.
Selbstverständlich ist Liebe die beste Medizin. Das einsame junge und trotz des Unfalls nicht hässliche Mädchen wäre sicherlich in eine Depression verfallen, wäre nicht ein Schweizer Geschäfts-

mann gleich einem charmanten Prinzen in ihr Leben getreten. Der 28-Jährige entdeckt ein bezauberndes Mädchen, das zehn Jahre jünger ist als er und von dem Unfall keine sichtbaren Spuren zurückbehalten hat, zumindest wenn man von dem angeschlagenen Selbstbewusstsein und einem leichten Lispeln absieht. Auf jeden Fall verliebt sich Amy in ihn.

Der Familie missfällt diese Romanze, die immerhin sieben Jahre hält, denn Amy weigert sich, sie durch eine Hochzeit offiziell zu machen. Als strenge Methodisten ertragen es die Johnsons nicht, dass ihre Tochter ein solches Leben führt, und stellen ihr 1927 ein Ultimatum: »Verlass deinen Schweizer oder dein Elternhaus!« Die junge Frau geht nach London, wo der Mann ihres Lebens wohnt, um als Sekretärin in einer Anwaltskanzlei zu arbeiten. Ihre perfekte Liebe währt bis zu jenem Tag im Jahr 1928, an dem sie überraschend erfährt, dass ihr Geliebter eine neue Freundin hat, die er später heiratet. Nie zuvor hat sich Amy so leer gefühlt.

Die Fliegerei dient als Gegenmittel. Bereits mehrfach hat sie den Wunsch verspürt, fliegen zu lernen. Eine innere Stimme sagt ihr, dass nun der rechte Moment gekommen sei.

Im April 1928 betritt sie zum ersten Mal das Flugfeld der De Havilland Aircraft Company auf dem Flugplatz Stag Lane in London. Sofort fühlt Amy sich dort wie zu Hause. Doch vor der ersten Flugstunde muss sie sich in eine Warteliste eintragen und sich bis Mitte September 1928 gedulden. Dieses Rendezvous mit dem Himmel findet nicht unter den günstigsten Bedingungen statt, denn ihr Fluglehrer, ein ganz in Leder gekleideter

»Und dann gab es eines Tages diese schicksalhafte
genommen [...] und bin aus Neugier immer weiter
Schild den Durchgang und trug den Hinweis:

Frauenhasser, versucht, sie durch eben so ungerechtfertigte wie harte Vorhaltungen zu entmutigen: »Sie sind ein hoffnungsloser Fall«, schimpft er am Ende der ersten Stunde. Zitternd und überzeugt davon, eine absolute Niete zu sein, weint Amy unter dem zornigen Blick des Lehrers, der nicht gemerkt hatte, dass die Ungeschicklichkeit seiner Schülerin allein von ihrem schlecht sitzenden Helm herrührte, der so auch den erfahrensten Flieger in die Bredouille gebracht hätte.

Das junge Mädchen reißt sich zusammen und erscheint zur zweiten Stunde. Dieses Mal sitzt der Helm, und die Kopfhörer bedecken die Ohren, so dass sie den Anweisungen ihres neuen Lehrers Captain V. H. Baker, eines ruhigen und kaum zu erschütternden Mannes, auch Folge leisten kann. Die Fluglehrer im

Gegenüberliegende Seite:
Amy Johnsons kühne Flüge nach Australien trugen sicherlich dazu bei, den Ruhm der britischen Luftfahrt zu steigern, den auch Sir Alan Cobham und die Neuseeländerin Jean Batten kräftig beflügelten. Ihre eigene Berühmtheit verdankt Amy auch der sehr bewegten Liebesgeschichte mit dem hübschen australischen Piloten James Mollison. Ihre Reisebeschreibungen fanden genau wie ihre romantischen Eskapaden großen Anklang bei ihren Fans.

Cockpit lösen sich ab. Dennoch macht Amy Fortschritte und absolviert am 9. Juni 1929 ihren ersten Soloflug.
Ab da vollzieht sich eine Metamorphose. Im Gegensatz zu vielen Fliegern, die sich die Hände am Motor nicht schmutzig machen wollen, will Amy alles über ihr Flugzeug wissen. Sie befragt Mechaniker, begleitet sie zu den Hangars, beobachtet sie, beugt sich gemeinsam mit ihnen über zerlegte Motoren, macht sich die Finger mit Schmiere schmutzig, führt selbst kleinere Reparaturen aus und lernt alles über die Technik, von der ihr Leben abhängen wird. Bald ist sie in der Lage, einen Motor zu zerlegen und wieder zusammenzubauen, und gewinnt damit die Aufmerksamkeit Jack Humphreys', des Ingenieurs ihres Fliegerclubs, der sie so lange ausbildet, bis sie im Dezember 1929 als weltweit erste Frau ein Zeugnis als Flugzeugmechanikerin erhält.

Wende. […] Ich hatte zufällig diese Buslinie mitgefahren. An der Endhaltestelle verbot ein ‚London Aeroplane Club. Privatgelände'. Ich bin trotz der Warnung weitergegangen.«

Amy Johnson, Myself when Young

Verdammt fleißig

Natürlich gibt sie sich nun ganz dieser neuen Beschäftigung hin und vernachlässigt ihre Arbeit als Sekretärin, was dazu führt, dass ihr Chef ihr ein Ultimatum stellt: »Entweder fliegen Sie oder Sie arbeiten bei uns!« In Stag Lane, wo die alten Berufsflieger ihre Fähigkeiten zu schätzen wissen, ermutigt man sie, am Ball zu bleiben. Doch Amy weiß, dass sie sich trotz ihres Geschicks als Mechanikerin keine Hoffnung zu machen braucht, in der rein männlich dominierten Welt Karriere zu machen. Als könne Captain Baker ihr Zögern spüren, rät er ihr, sich ihre Sporen zu verdienen. »Sie könnten versuchen, nach Australien zu fliegen«, schlägt er vor. Amy nimmt ihn beim Wort und versucht, ihre Reisebeschreibung vorab an die Presse zu verkaufen. Doch ihr Gang zu den Zeitungsredaktionen in der Fleet Street gerät zur Katastrophe. Ein blasierter Chefredakteur fasst die Meinung seiner Kollegen zusammen: »Ihr Vorhaben reicht nicht als Stoff für eine Geschichte. Und außerdem ist das längst ein alter Hut.« In der Tat ist Captain Bert Hinkler von der Royal Australian Air Force zwischen dem 7. und dem 22. Februar 1922 der Rekordflug zwischen London und Darwin bereits mit einer *Avro-Avian* gelungen. »Aber noch nie hat eine Frau eine solche Reise gewagt«, fleht Amy vergeblich. Als Humphreys sie eines Tages bei einem ihrer Bittgänge begleitet, wird sie von einem Reporter erneut entmutigt, der ihr ins Gesicht sagt: »Und wenn es noch keine Frau gemacht hat, dann liegt es daran, dass Frauen so etwas nicht können!« Dieses Mal eilt Humphreys seinem Schützling zur Hilfe: »Wenn Miss Johnson sagt, dass sie nach Australien fliegt, dann wird sie es auch tun!«
Miss Johnson profitiert zudem von der freundlichen Fürsprache Charles Kingford-Smiths, eines fliegenden Australiers und einer wahren Fliegerlegende seit seinem aufsehenerregenden Flug zwischen dem 31. Mai und dem 9. Juni 1928 von Kalifornien nach Australien. Er bestärkt Amy in ihrem Vorhaben: »Sie können es schaffen, wenn Sie genug Mumm haben.«
Gestärkt von dieser freundlichen Empfehlung schreibt Amy an Sir Sefton Brancker, den Direktor der zivilen Luftfahrt, und erhält die Genehmigung. Das grüne Licht erleichtert es ihr, Geldmittel

Unten:
Trotz Fallschirms und Schutzkleidung wirkt die hier brav lächelnd posierende Amy Johnson genauso verführerisch, als trage sie ihr schönstes Kleid, um dem König von England die Aufwartung zu machen.

Gegenüberliegende Seite:
Genau wie Hélène Boucher, die als charmante Werbeträgerin für die Autofirma einen Renault Torpedo auf Hochtouren fährt, liebt Amy Johnson Automobile und besitzt eines, mit dem sie am 21. Februar 1938 in Cannes einen Schönheitswettbewerb gewinnt.

aufzutreiben, die hauptsächlich von dem einflussreichen Ölmagnaten Lord Wakefield kommen. Auch Amys Vater Will Johnson öffnet sein Portemonnaie. Mit dem Geld ersteht Amy eine *De Havilland Gipsy Moth*, auf deren Rumpf sie in großen grünen – ihrer Lieblingsfarbe – Lettern den Namen der Gesellschaft ihres Vaters schreibt: Jason.

Unglaubliche Amy

Am Montag, dem 5. Mai 1930, startet der Doppeldecker um 7 Uhr 45 auf seinen 20 000 Kilometer langen Flug, am Steuer eine mehr oder weniger wagemutige Frau, die insgesamt erst 85 Flugstunden hinter sich hat und bislang nie länger als 200 Kilometer nonstop geflogen ist.
Am 24. Mai landet Amy um 15 Uhr 30 nach einer Reise voller Zwischenfälle, Schrecknisse und schöner Erlebnisse in Darwin und wird als Heldin gefeiert. Ein junger schottischer Pilot der Australian National Airways, James Allan Mollison, beglückwünscht sie ganz besonders herzlich. Schließlich ist die Frau, die ihn auf Anhieb fasziniert, die Erste, die allen Widrigkeiten der Strecke England – Australien getrotzt hat. Und zudem hat sie einen Körper zum Verlieben und einen Blick, der einen verrückt machen könnte!
Während die Australier ihre »Johnnie« – Amy hatte darum gebeten, so genannt zu werden – feiern, läuft die Nachricht von ihrem Erfolg in Schlagzeilen um die Welt und selbst die britischen Zeitungen nehmen sie jetzt ernst und titeln: »Sie hat es geschafft!« Kaum ist die junge Frau in Darwin gelandet und hat ein erstes Bad in der Menge genommen, startet sie zu einer triumphalen Tournee quer über den ganzen Kontinent. In Sydney trifft sie auf einem Empfang, den der Gouverneur von New South Wales ihr zu Ehren gibt, James Mollison wieder. Die beiden jungen Leute fühlen sich sofort zueinander hingezogen. Und da das Glück selten allein kommt, erhält sie von der *Daily Mail* auch noch einen Scheck über 50 000 Pfund.
Als die *Argosy*, die sie von Australien zurückbringt, am 4. August 1930 London erreicht, bereitet ihr ganz England einen unglaublichen, emotionalen Empfang. Als Beweis der weltweiten Anerkennung ihres Fluges ehrt sie Amerika mit der Harmon Trophy.
Amy frohlockt. Vor allem aber verspürt sie ein starkes Bedürfnis, einen derartigen Flug zu wiederholen. Akribisch bereitet sie sich auf einen Flug von Croydon nach Peking vor und denkt dabei immer öfter an diesen James Mollison, an »Jim« ...
Im Januar 1931 startet Amy zu dem Flug ins Reich der Mitte, allerdings endet dieser Versuch mit einer Bruchlandung in Polen.

Mit dem Entschluss, es erneut zu versuchen, kehrt sie nach Hause zurück. Im darauf folgenden Sommer fliegt sie in Begleitung von Jack Humphreys von Croydon nach Japan und legt die 11 000 Kilometer lange Strecke in zehn Tagen bei einer effektiven Flugzeit von 80 Stunden zurück. Auf dem Rückflug übertrifft sie sich selbst, da sie England nach nur 78 Stunden erreicht und für die Strecke zwischen London und Tokio auch noch einen Geschwindigkeitsrekord für Leichtflugzeuge aufstellt.

Natürlich kommt Jim das Echo dieser neuen Leistung seiner Angebeteten zu Ohren. Als er daraufhin nach England reist, schlachtet die Presse die immer inniger werdende Romanze der beiden Helden der Luft weidlich aus. Vor allem aber empfängt England den Schotten mit Freuden, da dieser bereits Luftfahrtgeschichte geschrieben hat, indem er zwischen Juli und August 1931 die Strecke Australien – England in einer Rekordzeit von 8 Tagen und 19 Stunden zurücklegt und im März 1932 für die Strecke London – Kapstadt nur 4 Tage und 17 Stunden gebraucht hat.

Jim und Johnnie heiraten am 29. Juli 1932. Die Mollisons sind weit häufiger in der Luft anzutreffen als in ihrem Haus und verbringen ihre Zeit hauptsächlich mit dem Sammeln von Rekorden zwischen den Kontinenten. Zweifelsohne vom Wunsch angestachelt, ihren Mann damit aufzuziehen, wagt Amy sich an die Strecke Lympne – Kapstadt, auf der Jim bis dato einen Geschwindigkeitsrekord hält.

Und sie ist besser! Im November 1932 braucht sie mit einer *Puss Moth Desert Cloud* lediglich 4 Tage, 6 Stunden und 45 Minuten für die Strecke und unterbietet ihren Ehemann damit um zehn

Amy Johnson hat sicherlich häufig an Charles E. Kingsford-Smith gedacht, der den Beinamen »der fliegende Australier« bekam, nachdem er zwischen dem 31. Mai und dem 9. Juni 1928 als Erster den Pazifik überflogen hatte. Nach dem Start in den USA fliegt Charles in einer dreimotorigen *Fokker F.VIIb Southern Cross* in drei langen Etappen bis Australien: 3 790 Kilometer von Oakland bis Honolulu, 5 020 Kilometer von Honolulu auf die Fidschi-Inseln und dann noch 2 450 Kilometer bis Brisbane. Auf diesem historischen Flug wird er von dem Kopiloten Charles Ulm, dem amerikanischen Leutnant und Navigator Harry W. Lyon und von seinem Landsmann und Funker James Warner begleitet.

SOUTHERN CROSS

Stunden. Und als wolle sie beweisen, dass dieser Erfolg kein Zufall war, stellt sie auf dem Rückflug ebenfalls einen neuen Rekord auf und benötigt für den Flug zwischen dem 11. und dem 18. Dezember nur 7 Tage und 5 Stunden.
London – Kapstadt wird zu Mrs. Mollisons Spezialität. Als Tommy Rose im Februar 1936 ihren Rekord mit einem 3 Tage, 17 Stunden und 38 Minuten dauernden Flug bricht, holt ihn sich Amy noch im selben Jahr zurück. Praktisch ohne zu schlafen fliegt sie die 10 500 Kilometer lange Strecke, die Gravesend vom Kap trennt, in nur 3 Tagen, 6 Stunden und 26 Minuten und landet ihre *Percival Gull* am 7. Mai in Kapstadt. Für den Rückflug von Kapstadt nach Croydon, wo sie am 15. Mai wieder landet, braucht sie 4 Tage, 16 Stunden und 17 Minuten.
Die Engländer jubeln ihrer Fliegerin zu, doch James beglückwünscht sie mit einem bloßen Lippenbekenntnis. Er ist nicht sehr begeistert, von seiner Frau geschlagen zu werden. Im Februar 1933 gewinnt er wieder die Oberhand, indem er von England über Afrika nach Brasilien fliegt. Nach 3 Tagen und 13 Stunden beendet er diese Reise im Alleinflug. Einsam sind sie beide, jeder auf seine Weise, diese Helden der Luft, die von den Zeitungen »das fliegende Liebespaar« genannt werden.
Doch am 8. Juni 1933 ist das Ehepaar endlich im Cockpit vereint, um in einer zweimotorigen *De Havilland D.H. 88 Dragon Seafarer* von Croydon über New York nach Bagdad zu fliegen und von dort aus wieder zurück nach London. Statt eines neuen Rekords endet ihr Abenteuer allerdings kurz nach dem Abflug in einem Graben. Ein Zeuge dieses Flops ist als Erster an der Unglücksstelle und erkennt rasch den Grund für den missglückten Start. Er beschränkt sich darauf, vorsichtig zu erwähnen, dass es vielleicht besser sei, dass die Expedition so ende, da James Mollison die ganze Nacht durchgefeiert habe.
Am 22. Juli 1933 startet das Paar erneut, dieses Mal von Pendine Sands in Wales. Nach einem 29-stündigen Flug steuert der erschöpfte Jim die Maschine in einen Sumpf bei Bridgeport in Connecticut. Ein schwacher Trost für Amy: Nach diesem Flug ist sie die erste Frau, die den Atlantik von Nordosten nach Westen überquert hat.
Während ihr Mann nach England zurückkehrt und dort ein ausschweifendes Leben führt, verlängert Amy ihren Aufenthalt in den USA um einige Monate und schließt in dieser Zeit Freundschaft mit Amelia Earhart.
Noch regiert in ihrer Ehe der gesunde Menschenverstand, und das berühmteste fliegende Ehepaar nimmt das von dem australischen Mäzen Sir Macpherson Robertson gegründete, nach ihm benannte und vom Royal Aero Club of the United Kingdom organisierte Rennen als Chance wahr, seine Rankünen und Schwächen zu besiegen. Zwischen dem 20. Oktober und dem 4. November 1934 gilt es, die Strecke London – Melbourne zurückzulegen.
Von Anfang an liegen James und Amy Mollison mit ihrer *De Havilland Comet* vorn und erreichen Bagdad mit einer Durchschnittsgeschwindigkeit von 324 Stundenkilometern. Als sie am 21. Oktober in Karatschi losfliegen, streikt jedoch plötzlich der Motor und zwingt sie, den Wettflug nach Allahabad vorzeitig zu beenden. Nichtsdestotrotz verlassen sie das MacRobertson-Rennen erhobenen Hauptes, da sie mit den 22 Stunden, die sie von London bis Karatschi gebraucht haben, einen neuen Geschwindigkeitsrekord aufgestellt haben.

Gegenüberliegende Seite:
Am 29. Juli 1932 geben sich Amy Johnson und James Mollison für gute wie für schlechte Zeiten das Jawort. Doch die Ehe wird 1938 wieder geschieden. Während des Zweiten Weltkriegs knüpfen Amy und ihr Jim neue zarte Bande, die jedoch von dem tragischen Unfalltod der Pilotin im Jahr 1941 endgültig zertrennt werden. Dieses Foto wurde am 3. Juni 1933 aufgenommen – kurz bevor das Paar gemeinsam den Atlantik überflog.

Unten:
Vom Cockpit aus lächelt Amy Johnson dem Fotografen und dem Leben zu. Zu jener Zeit gelingt ihr alles, und der Horizont ihrer Liebe scheint genauso wolkenfrei wie der Himmel, in den sie gleich aufsteigen wird.

Für ihr Leben als Ehepaar sieht die Bilanz schlechter aus. Ihre unter den Jubelrufen der Australier geschlossene Verbindung hält den alten Dämonen nicht stand, die James immer wieder hinter jedem Rockzipfel herlaufen lassen. Resigniert zweifelt Amy daran, dieses Verhalten ihres Mannes je ändern zu können. Gleichzeitig weiß sie, dass sie niemals einen anderen Mann lieben kann.
Um der drohenden Depression zu entrinnen, startet Amy wieder zu Alleinflügen, auch wenn ihr die damit verbundenen Risiken bewusst sind. Auf der Strecke Paris – Croydon führt im Oktober 1936 Nebel zu einer solch heftigen Bruchlandung, dass die junge Frau viele Verletzungen im Gesicht und an einer Schulter erleidet. Das Verschwinden Amelia Earharts im Juli 1937 drückt ihre Stimmung weiter und trägt dazu bei, dass sie von weiteren Flugabenteuern absieht. Die 1938 ausgesprochene Scheidung entzieht ihr schließlich endgültig den Boden unter den Füßen.
Doch die Zeiten werden nicht nur für Amy düsterer; auch über ganz Europa ziehen dunkle Wolken auf. Als der Krieg ausbricht, gibt Amy ihre Pilotenanstellung in Portsmouth auf und fliegt im Rahmen der von Pauline Gower gegründeten Pilotinnenabteilung des Air Transport Auxiliary (ATA) Versorgungsflüge, um militärisches Gerät zu transportieren. Ohne zu murren, beugt sie sich den strengen Regeln und den harten Arbeitszeiten, die ihr und anderen, weniger bekannten Fliegerinnen auferlegt werden. Sie setzt sich in alles, was fliegt, und hält damit die Luftbrücke zwischen Fabriken und Kampfeinheiten aufrecht.

Der brave Jim

Amy gönnt sich kaum Ruhepausen, aber sie sehnt sich nach den kurzen Momenten, in denen sie Jim wieder sieht, der ebenfalls für die ATA fliegt, um mit ihm eine Tasse Tee zu trinken und die guten alten Zeiten heraufzubeschwören. Außenstehende behaupten, dass es die einzigen Momente seien, in denen sich ihre Gesichtszüge entspannen und ihre Augen funkeln.
Der ernste und nüchterne Soldat James Mollison, den sie immer noch liebt, scheint seine Alkohol- und Frauenexzesse hinter sich gelassen zu haben. Sein Talent fürs Fliegen und sein Mut angesichts der ständigen Gefahr haben ihm seine einstige Frivolität ausgetrieben und ihm neuen Lebenssinn geschenkt. Amy, die wieder ihren Mädchennamen angenommen hat, spürt diese Verwandlung und sehnt sich danach, wieder Amy Mollison zu werden.

Vielleicht denkt sie am 5. Januar 1941 an ein erneutes Aufleben ihrer Romanze mit dem »einzigen Mann ihres Lebens«, als sie am Steuer einer zweimotorigen *Airspeed Oxford* von Prestwick in Schottland nach Kidlington in der Nähe Oxfords fliegt. Der Himmel ist grau und trüb, der Horizont wolkenverhangen.
Eine Treibstoffpanne führt in der Nähe der Themsemündung, 200 Kilometer südlich von ihrem ursprünglichen Zielpunkt, zum Unglück. Offensichtlich verliert sie aufgrund des dichten Nebels die Orientierung und bleibt länger als vorgesehen in der Luft. Gutachten bestätigen später diese These.
Für den Ablauf des Dramas gibt es Zeugen. Die Besatzungsmitglieder des Dampfschiffs *Haslemere* beobachten, wie ein Fallschirmspringer aus einem trudelnden Flugzeug springt und kurz darauf ins grünlichgraue Wasser stürzt. Kapitän W. Fletcher nimmt sofort Kurs auf die Stelle, an der der Unglückliche abgestürzt ist – er weiß nicht, dass es sich um eine Frau und schon gar nicht, dass es sich um Amy Johnson handelt. Er springt ins eiskalte Wasser und bemüht sich verzweifelt, den Fallschirmspringer zu bergen. Doch vergeblich, die Pilotin wird von der Strömung unter den Rumpf des Schiffes gezogen.
Amys Leiche wird nie gefunden. Der Kapitän muss seinen Rettungsversuch mit dem Leben bezahlen und stirbt nach dem langen Aufenthalt in den eiskalten Fluten an Unterkühlung.
Von ganzem Herzen trauern die Engländer um das »in der Luft verschwundene Mädchen«, »die wunderbare Amy«.
Die kleine Sekretärin, die aufgrund ihres unglaublichen Willens zur Fliegerlegende wurde, lebt in der Erinnerung ihrer Schwester Molly weiter: »Ich sehe sie immer noch an jenem Morgen in ihrer blauen Navy-Uniform bei mir vor der Türe stehen; ich sehe ihre blonden Haare, die ihr Gesicht umrahmten, ihre wunderbaren blauen Augen, ihr zuversichtliches Lachen. Sie hat mir ein letztes Mal auf Wiedersehen gesagt und ist gegangen …«

Maryse Bastié

Mit besonnener Willensstärke

»Ich will, ich kann!« Stets folgt die bekannteste Fliegerin Frankreichs, Maryse Bastié, diesem Lebensmotto und wird so zum Vorbild für alle Fliegerinnen der wilden Zwanzigerjahre und deren Erben. Die vom Leben hart geprüfte, bescheidene und zurückhaltende Frau mit dem eisernen Willen, die nacheinander Mann und Sohn verliert, überwindet ihre schweren Schicksalsschläge dank der Fliegerei. Ihre Leistungen als Langstreckenpilotin und Siegerin vieler Wettflüge beweisen ihren ungeheuren Willen. Unter den Frauen, die ihr die Lorbeeren streitig machen wollten, reichte ihr in Frankreich eine einzige Pilotin das Wasser, Maryse Hilsz.

Die Geschichte könnte an einem schönen Frühlingstag im Jahr 1930 in Orly beginnen. Eine neugierige junge Frau entdeckt zum ersten Mal einen Flugplatz und die Fliegerei. Da die Lufttaufe Hélène Bouchers auf den Samstag, den 4. Juni, verschoben wurde, will sie an jenem Tag in Begleitung eines Freundes, des Kampfpiloten Roger de Grésigny, lediglich etwas Flugplatzatmosphäre schnuppern. Sie wird auf eine Gruppe ins Gespräch vertiefter Menschen und besonders auf eine Frau aufmerksam, die zwischen zwei riesigen Hangars für Zeppeline stehen. Natürlich fragt sie: »Diese Frau dort drüben bei all den Piloten, kennen Sie sie, Roger? Wer ist sie?«

»Aber Hélène, das ist doch Maryse Bastié!

»Maryse Bastié?«

»Aber ja, Hélène, das ist Maryse Bastié.«

»Oh«, ruft Hélène aus. »Aber sie ist ganz unscheinbar und sieht genauso aus wie andere Frauen auch!«

Die Bemerkung amüsiert Roger de Grésigny: »Haben Sie gedacht, die berühmte Maryse hätte Flügel auf dem Rücken?«

Manchmal verzerrt der Ruhm die Wahrnehmung, die man von den Menschen hat, die große Leistungen vollbringen. Man glaubt, sie besäßen außergewöhnliche Fähigkeiten und seien körperlich entsprechend gerüstet. Maryse Bastié vielmehr besitzt sehr menschliche Qualitäten, vor allem unglaubliche Willenskraft, eine eiserne Widerstandskraft und eine unglaubliche Zuversicht. Und was ihre Erscheinung betrifft: Nichts an ihrer zarten Gestalt deutet auf den temperamentvollen Eroberungswillen hin, der in ihr steckt.

Maryse Bastié wird am 27. Februar 1898 in Limoges unter dem Namen Marie-Louise Bombec geboren. Ein erster Schicksalsschlag ereilt sie im Alter von zehn Jahren, als ihr Vater stirbt. Maryse träumt daraufhin von Flucht: Sie möchte Matrosin werden, um dem Leid zu entfliehen.

Nach dem Schulabschluss macht sie eine Lehre in einer Schuhfabrik, keine sehr aufregende Arbeit für Maryse, die es nach fernen Horizonten dürstet. Auch der Aufstieg zur Konfektionsschneiderin kann ihren Frust nicht lindern. Bücher helfen ihr ein wenig, den Horizont zu erweitern, befriedigen sie jedoch genauso wenig wie ihre Hochzeit mit dem Maler Jean-Baptiste Gourinchas, der häufiger ins Glas als auf die Leinwand schaut. Auch die Geburt ihres Sohnes Germain kann die Scheidung nicht verhindern.

Dieser neue Schicksalsschlag verblasst jedoch angesichts des Kriegs, der seit August 1914 wütet. Maryse arbeitet als Näherin in der zentralen Gerberei für militärische Ausrüstung, als sie die schreckliche Nachricht erhält, dass ihr ältester Bruder am 1. Juli 1916 bei Verdun gefallen ist.
Die junge Frau reißt sich zusammen, um ihren Schmerz zu überwinden, und beschließt, die Soldaten moralisch zu unterstützen und ihren Kummer zu lindern.

Ein Mann, ein Flugzeug

Maryse nimmt ihre Rolle als so genannte Kriegspatin ernst. Die Unterstützung und Zuneigung, die sie den Soldaten entgegenbringt, gipfelt in den Gefühlen für den Fliegerleutnant Louis Bastié, den sie im Mai 1922 heiratet und an dessen Seite sie eine wahre Wiedergeburt erlebt. Unter anderem öffnet Louis ihr die Pforten zu einer neuen Welt voller Freiheit, der Fliegerei. Natürlich beschließt Maryse nicht, sofort Pilotin zu werden, doch dank der Lufttaufe, die sie mit dem talentierten und mit Louis befreundeten Kunstflieger Louis Malinvaud erlebt, ist sie ein wenig auf den Geschmack gekommen.
Bis zum Kriegsende arbeitet sie als Sekretärin in einem Elektrizitätswerks, um anschließend sofort mit dem aus dem Militärdienst entlassenen Louis nach Cognac zu ziehen. Sie kümmert sich um das gemeinsam eröffnete Schuhgeschäft, während Louis als Handelsvertreter umherreist. Jeden Sonntag begleitet sie ihn auf den Flugplatz von Bordeaux-Mérignac, wo er sein Plansoll an militärischen Übungsflügen ableistet. Bei einer dieser Gelegenheiten bietet ihr der Fluglehrer Guy Bart einen Ausflug in die Luft an.
Nach ihrer Hochzeit zieht das Paar nach Talence, ohne die Fliegerei deswegen aufzugeben. Maryse findet Gefallen daran und fliegt mit Roger Ronserail, einem ehemaligen Kampfpiloten. Der virtuose Kunstflieger rührt mittlerweile die Werbetrommel für einen Zirkus, indem er in jeder neuen Stadt die Ankunft der Truppe mit oft halsbrecherischen Kunststücken in der Luft ankündigt. Maryse unterstützt ihn auf ihre Weise: Egal in welcher Position sich die Maschine, mit der Ronserail die kühnsten Figuren fliegt, gerade befindet, wirft sie ruhig und gelassen Handzettel hinab.
Nach einem derartigen Einstieg beginnt die junge Frau ganz selbstverständlich mit dem Flugunterricht bei Guy Bart.
Am 8. September 1925 absolviert sie ihren ersten Soloflug und erhält am 29. September in Mérignac ihre Pilotenlizenz. Sofort beweist sie den Mut, den Ronserail so an ihr schätzt. Am 6. Oktober 1925 fliegt sie mit einer *Caudron G3* unter der Fährbrücke von Bordeaux hindurch – ein gleichermaßen waghalsiger wie verbotener Tiefflug über Wasser.
Auf dieser außergewöhnlichen Demonstration ihres Könnens und frei nach dem Motto »Die Zukunft gehört den Tapferen« baut Maryse ihre Karriere auf. Unglücklicherweise bleiben weitere Schicksalsschläge nicht aus. Am 15. Oktober 1926 stirbt Louis, der als Ausbilder für die Flugschule Camplan arbeitet, bei einem Flugzeugabsturz. Für die junge Witwe und Mutter verdunkelt sich der Horizont. Zudem begünstigt die Zeit Pilotinnen keineswegs.
Maryse verlässt Bordeaux und geht nach Paris. Dank zahlreicher Bittgänge und ihres guten Rufs findet sie in der Flugschule Pilain eine Anstellung als Fluglehrerin. Doch die am 1. Dezember eröffnete Schule muss im Mai 1928 wieder schließen. Maryse präsentiert sich daher am 3. Juni mit einer *Caudron C109* bei einer Ehrenparade der 34. Fliegerstaffel von Dugny und gewinnt zusammen mit Maurice Drouhin am 16. Juni den zweiten Platz bei einer internationalen Flugrally, die während der Fliegertage von Reims ausgetragen wird.
Am 13. Juli 1928 startet sie, wieder zusammen mit Drouhin, zu einem 1 058 Kilometer langen Nonstop-Flug von Paris nach Treptow in Pommern und bricht damit den bisherigen internationalen Rekord für Langstreckenflüge ohne Zwischenlandung.
Natürlich hat Maryse höhere Ziele. Als sie endlich eine eigene *Caudron* besitzt und am 11. Oktober 1928 ihre Lizenz für Passagierflugzeuge erwirbt, könnte sie sich bei einer Luftfahrgesellschaft um eine Anstellung als Pilotin von Linienflugzeugen bewerben. Doch die Tatsache, dass sie eine Frau ist, spricht dagegen. Die Pilotin gibt daher Flugunterricht oder veranstaltet Lufttaufen, wobei sie stets auf eine Gelegenheit lauert, diese ungeliebten Tätigkeiten hinter sich zu lassen.
Am 20. April 1929 stellt sie mit 10 Stunden und 30 Minuten den französischen Dauerflugrekord auf, den sie am 28. und 29. Juli 1929 in Vincennes selbst übertrifft, indem sie mit 26 Stunden und 48 Minuten einen internationalen Rekord für Frauen aufstellt.

»Für jemanden, der verrückt nach dem Fliegen ist,

Hartnäckige Maryse

Niemand reichte an ihre Beständigkeit heran. Doch die Konkurrenz ist ihr auf den Fersen, zieht mit ihr gleich und überholt sie. Die wunderbare Léna Bernstein bleibt 35 Stunden und 44 Minuten in der Luft. So muss Maryse über sich hinauswachsen. Am 2. September 1930 startet sie mit ihrer *Klemm*, die sie *Trottinette* getauft hat, in Le Bourget. Die Runden, die sie mit 75 Stundenkilometern über dem Flugplatz dreht, werden schon

Links:
Maryse Bastié, hier in ihrem Fliegerkostüm neben ihrer Maschine, war eine der beständigsten französischen Pilotinnen und wurde gleichermaßen für ihre Rekorde wie für ihre liebenswürdige Art sehr geschätzt.

Nachfolgende Doppelseite:
Rivalen im Himmel, Freundinnen auf der Erde: Maryse Hilsz (links) und Maryse Bastié stehen beide vor dem Flügel ihrer Maschinen und scheinen einander anzulächeln. Sie hätten sogar gut als Schwestern durchgehen können. Als Maryse Hilsz am 30. Januar 1946 bei einem militärischen Schulungsflug in ihrer zweimotorigen *Siebel NC 701* bei schlechtem Wetter verunglückt, verfällt die andere Maryse in tiefe Depression.

bald zum Wettkampf gegen die Müdigkeit. Maryse bekämpft die einschläfernde Monotonie so gut sie kann. Sie zählt die Sterne und dann wieder die Schafe. Als die Lider am Ende doch zufallen, spritzt sie sich Eau de Cologne in die Augen. Das heftige Brennen, das glücklicherweise keine Folgen hat, unterbindet eine Stunde lang ihr dringendes Schlafbedürfnis.
Dann beginnt der Kampf gegen den Schlaf von neuem. Maryse mobilisiert ihre ganze Willenskraft, um Halluzinationen zu verscheuchen, die dennoch immer wieder zu gefährlichen Flugmanövern führen. Türmt sich da plötzlich eine weiße Wand vor der *Trottinette* auf? Maryse verreißt die Maschine nach rechts oder nach links, um den Aufprall zu verhindern – der gar nicht stattgefunden hätte. Auf dem Boden tragen das Personal und ihre Freunde das Ihre dazu bei, sie zu unterstützen. Mit einem großen Feuer signalisieren sie ihr die Ankunft von Costes und Bellonte in New York. Maryse hatte immer wieder an die Nordatlantiküberquerung der beiden gedacht. Vor dem Start hatte man ihr versprochen, ihr die gelungene Überquerung mit einem Feuer zu signalisieren, nachdem drei Jahre zuvor Nungesser und Coli auf

gleicht das Sterben auf der Erde einer Abdankung.«

Maryse Bastié

der gleichen Strecke verschollen waren. Sie reißt sich zusammen und begrüßt freudig die erste Morgenröte. Doch das Gespenst der weißen Wand verfolgt sie weiter, und sie sagt sich immer wieder, dass sie den Flug nach der nächsten Runde beenden werde. Doch letztlich fliegt Maryse immer weiter, um ihr Ziel zu erreichen.
Doch die Maschine gibt vor ihr auf. Der Tank ist leer. Nach 37 Stunden und 55 Minuten berühren die Räder endlich wieder den Boden. Als die Fliegerin schwankend aus der Maschine steigt, sind die Spuren des Kampfs gegen den Schlaf deutlich sichtbar. Mit diesem Flug hat sie nicht nur den Rekord der Frauen in allen Kategorien gebrochen und einen Rekord für Einsitzer der Klasse II aufgestellt, sondern sie war sogar besser als die Männer.
Am 28. Juni 1931 startet die junge Frau, die sich zuvor mit Dieudonné Costes beraten hat, erneut von Le Bourget und landet nach 30 Stunden und 30 Minuten und einer Strecke von insgesamt 2 976 Kilometern in der Nähe von Nischni Nowgorod. Nach ihrer Rückkehr wird Maryse am 21. Juli nicht nur zum Ritter der

Ehrenlegion geschlagen, sondern erhält auch die begehrte Harmon Trophy. Sie ist auf dem Gipfel des Ruhms angekommen. Doch eine andere Maryse begehrt bereits ihren Thron: Maryse Hilsz. Die einstige Fallschirmakrobatin, die am 21. April 1930 die Lizenz für Transportflugzeuge erwirbt und zudem die einzige Frau mit einer Flugberechtigung für Wasserflugzeuge ist, fliegt gerade zum ersten Mal die Route Frankreich – Indochina. Nachdem sie am 12. November 1930 in Paris in einer *Moth Morane* gestartet ist, erreicht sie in mehreren Etappen Saigon und landet am 7. Februar 1931 wieder in Le Bourget.
Zur gleichen Zeit tragen Maryse Bastiés Bemühungen um eine Anstellung Früchte. Die Firma Potez Aéro-Service engagiert sie, um Fliegerclubs Linienflugzeuge für den Tourismus vorzustellen. Diese Beschäftigung verschafft ihr endlich die finanzielle Sicherheit, die den Frauen der Lüfte so häufig fehlt.
Haben die Pilotinnen diese Sicherheit endlich errungen, zahlen sie dafür häufig einen hohen Preis. Während eines Trainingsflugs in einer *Caudron Simoun* verunglückt am 30. November 1934 Hélène Boucher in Guyancourt. Einige Stunden zuvor hatte sie Maryse am Stand von Potez im Rahmen des 14. Flugzeugsalons in Paris noch besucht und sie mit ihrem Auftritt überrascht. Die Nachricht vom Unglück lähmt Maryse und macht sie noch mutloser, als sie ohnehin schon ist. Seit einiger Zeit plagen sie schwere gesundheitliche Probleme, sie fühlt sich »am Ende ihrer Kraft und entmutigt«, wie sie mit einem müden Lächeln den wenigen engen Freunden gesteht. Die vielen Reisen, die sie für Potez unternimmt, erschöpfen sie. »Ich kann mich kaum noch aufrecht halten«, fügt sie hinzu.
Nach einer Tour durch Nordafrika verlängert sie nichtsdestotrotz ihren schlecht bezahlten Vertrag und reist trotz heftiger Fieberanfälle, die sie immer wieder ans Bett fesseln, weiter durch Frankreich. Allein zwischen dem 17. März und dem 22. Oktober 1934 sind in ihrem Pilotenheft 72 verschiedene Städte eingetragen. Sie ist abgemagert und depressiv und erträgt die hektische Atmosphäre des Flugzeugsalons schlecht. Hélènes tödlicher Absturz verschlechtert zusätzlich ihren besorgniserregenden Gesundheitszustand.

Schwere Schicksalsschläge

Nachdem Hélène Boucher am 4. Dezember 1934 als erste Frau im Invalidendom aufgebahrt worden war, machen sich die Konkurrentinnen daran, ihr Erbe anzutreten und ihre Rekorde zu brechen.
So fliegt Maryse Hilsz zum Beispiel in einer *Mauboussin Corsaire* 7 339 Meter hoch und stellt damit einen neuen Höhenrekord auf. Drei Jahre später bricht Madelaine Charnaux mit einer *Super Rafale* den Geschwindigkeitsrekord. Und Jacqueline Cochran sichert sich in Istres zunächst mit einer *Caudron C450* und dann am 6. April 1940 mit einer *Republic P35* die weiblichen Geschwindigkeitsrekorde der Klasse I.
Ihre Krankheit hindert Maryse Bastié daran, sich an diesen Rekordversuchen zu beteiligen. Im November 1934 lässt sich ihr Leiden während des Flugzeugsalons nicht mehr verbergen. Zu diesem Zeitpunkt zehrt die Krankheit bereits seit vier Monaten an ihr und sie hat sieben Kilo abgenommen – Auswirkungen des monotonen Berufslebens, das sie seit Anbeginn bei Potez führt. Die ersten Monate des Jahres 1935 verbringt sie zur Rekonvaleszenz in einem Sanatorium.
Dem für die regelmäßigen Gesundheitskontrollen der Piloten verantwortliche Arzt in Le Bourget entgeht nicht, wie ernst ihr Zustand ist. Er zieht ihre Lizenz für zwei Monate ein, was sie dazu nutzt, sich im Gebirge zu erholen. Leider kommen von Missgunst entfachte Gerüchte auf, denen zufolge sie angeblich unter Angstzuständen leide und die auch Potez zu Ohren kommen. Dieser entlässt die von einem weiteren Schicksalsschlag getroffene Mutter am 25. Juli 1935 ohne jedes Taktgefühl: Maryse hat am 6. Juni ihren Sohn Germain verloren, der in Bizerte an Typhus gestorben war.

Mit Mermoz gleichziehen

Trotz dieser wiederholten schweren Schicksalsschläge beweist sie erneut, welche Kraftreserven in ihr stecken. Zusammen mit ihrem treuen Freund Guy Bart gründet sie in Orly die Flugschule Maryse Bastié Aviation, die sich schon bald vieler Schüler erfreut. Da Guy Flugunterricht erteilt, kann sich Maryse ihrem für sie wichtigsten Projekt widmen, der Südatlantiküberquerung.
Auch wenn ihr die Neuseeländerin Jean Batten im November 1935 auf der im Mai 1930 bereits von Mermoz, Dabry und Gimié geflogenen Route zuvorkommt, hält die Französin hartnäckig an ihrem Plan fest und nimmt sich vor, besser zu sein als ihre Rivalin, was ihr dank der Ratschläge des großen Jean Mermoz auch gelingt.
Louis Couhé, der Direktor der zivilen Luftfahrt, genehmigt den Flug unter der Bedingung, dass Maryse die Neuseeländerin schlägt. Der Luftfahrtminister Victor Denain wiederum fordert eine akribische Vorbereitung und schlägt der Fliegerin vor, mit Mermoz als Piloten einen Erkundungsflug nach Südamerika zu unternehmen. Von dieser Reise, die in Begleitung Mermoz' und des Mechanikers Alexandre Collenots in einer *Laté Ville de Buenos*

Gegenüberliegende Seite:
Am 2. September 1930 ist Maryse Bastié nach einem 37 Stunden und 55 Minuten langen Flug in Le Bourget gelandet. Erschöpft, aber glücklich genießt sie den neuen Dauerflugweltrekord im Kreis ihrer Freunde.

Unten:
Im weißen Overall dreht Maryse Bastié den Propeller ihres Eindeckers, um den Motor anzuwerfen. Etwa zur gleichen Zeit hat ein ganz junges Mädchen in Orly sie in diesem Fliegeranzug für ihre Lässigkeit bewundert. Damals wusste die blutige Anfängerin Hélène Boucher noch nicht, dass sie bald von Maryse und auch von Adrienne Bolland die größte Unterstützung erhalten würde.

Aires im Dezember 1935 zunächst nach Dakar führt und dann in einer *Blériot Santos Dumont* weiter nach Natal in Brasilien, kehrt Maryse enthusiastisch zurück.
Für ihren Versuch darf sie eine einmotorige *Caudron Simoun* benutzen, mit der sie sich vertraut macht, indem sie über Algier nach Dakar fliegt. Sie legt den Abflug für die Südamerikareise auf den 7. Dezember 1936 fest. Ein trauriges Datum, denn an diesem Tag verschwinden auf der Strecke, die sie sich gerade anschickt zu fliegen, Mermoz und die Crew der *Laté Croix du Sud* irgendwo im Südatlantik. Trotz des Schocks bleibt Maryse bei ihren Plänen und trifft alle möglichen Vorsichtsmaßnahmen.
Sie fliegt zunächst über Lyon nach Marseille, überfliegt von dort das Mittelmeer, unterbricht ihren Flug in Oran und fliegt aufgrund des schlechten Wetters nur bis Meknès. Nach einer unvorhergesehenen Pause erreicht sie Casablanca und dann Villa Cisneros, das heutige Ad-Dakhla, in der Westsahara. Kurz darauf fliegt sie auf dem meist gefürchteten Streckenabschnitt ihrer

AIGLON-
-BENGALI

Reise in einen grauenhaften Sandstrum hinein. Kurz vor Cap Juby, dem mythischen Zwischenstopp auf der Strecke von Frankreich nach Südamerika, befürchtet sie schon das Schlimmste, doch schließlich schafft sie es, in Dakar zu landen, wo sie von den Witwen der an Bord der *Croix du Sud* verschollenen Piloten angefleht wird, ihr Unternehmen abzubrechen. Doch Maryse kann und will das nicht. Schließlich hätte der große Mermoz einen solchen Sinneswandel, der auch gar nicht ihrem Temperament entspricht, verurteilt.
Unter den ängstlichen Blicken Guillaumets und von Kollegen gefeiert, die ihren Mut bewundern, macht Maryse Bastié sich am 30. Dezember auf den Weg. Und Mut braucht sie in der Tat, um allein mit ihrer kleinen einmotorigen Maschine 3 200 Kilometer über das Meer zu fliegen.
Zwölf Stunden später erreicht Maryse mit einer Durchschnittsgeschwindigkeit von 255 Stundenkilometern Natal. Damit ist sie eine Stunde schneller als Jean Batten. Kurz nach der Landung tauft sie ihr Flugzeug *Jean Mermoz* und erklärt, dass sie vor diesem Akt erst ihren Erfolg habe abwarten wollen: »Weder mein Flugzeug noch ich waren eines solch schönen Namens würdig, sondern mussten ihn erst durch einen Sieg verdienen.«
Sie bleibt auf den Spuren der Helden der Luftpost und überquert anschließend das gewaltige Bergmassiv der Anden, was ihre Freundin Adrienne Bolland am 1. April 1921 als erste Frau geschafft hatte.
Nach einer triumphalen Tournee durch Südamerika kehrt sie am 12. Februar 1937 nach Le Bourget zurück und fliegt schon am 15. Juli mit einer *Caudron Simoun* in mehreren Etappen bei widrigen Bedingungen nach Sibirien und zurück. Ihre Reise endet am 18. August 1937 in Orly. Danach fliegt sie zwischen dem 22. Dezember 1938 und dem 18. Januar 1939 in Afrika umher und überquert dabei die Sahara, bevor sie zwischen dem 21. März und dem 21. April 1939 als Inspektorin von Caudron-Renault Nordafrika bereist.

Vor ihrer *Caudron Aiglon* posiert Maryse Bastié im November 1938 mit Paul Comet, dem ehemaligen Navigator von Mermoz, Jacques Néri, der als Funker mit Guillaumet den Südatlantik überquert hat, und Henry Bouquillard, der am 1. März 1941 als erster Pilot der Forces Aériennes Françaises Libres (FAFL) im Luftkrieg über England abgeschossen wurde, nachdem er zuvor am 29. Januar 1941 als erster französischer Pilot der Untergrundbewegung Libération beigetreten war. Dahinter steht Guy Bart, der Maryse Flugunterricht erteilte, bevor er in Orly eine Flugschule eröffnete. Als Inspektorin für Caudron-Renault wird Maryse kurz darauf mit dem Flugzeug Afrika bereisen.

Im Auftrag des Widerstands

Der Ausbruch des Kriegs beendet die Vorbereitungen für eine große Werbekampagne, die Maryse Bastié für sich und ihre Flugschule starten wollte. Während des Kriegs gibt sie zunächst Flugzeugen Gleitschutz und widmet sich ab 1940 uneingeschränkt der Union des femmes de France, einer dem Roten Kreuz verbundenen Organisation. Am 18. Juni gelingt es ihr als Erste, bis zum Stützpunkt Frontstalag III bei Drancy vorzudringen. Dort unterstützt und muntert sie die Verwundeten und Gefangenen auf, sorgt für Nachschub und schafft Rückzugsmöglichkeiten.
Während sich Frankreich zunehmend der Kollaboration verschreibt, lässt sie sich trotz des Verdachts der Deutschen, die ihr mittlerweile den Zugang zum Stützpunkt in Drancy verwehren, heimlich einschmuggeln und bleibt bis zur Schließung am 14. Januar 1941 dort. Diese an den Kräften zehrende Mission dient dazu, ihre wahre Arbeit als Geheimagentin zu verschleiern. Als Krankenschwester erregt Maryse bei den Besatzern wenig Verdacht und darf sich sogar in Zonen mit Zugangsbeschränkung frei bewegen, wodurch es ihr gelingt, Hinweise auf deutsche Flugplätze und Waffenlager zu sammeln, die sie an die Alliierten weitergibt. Auf diese Weise erledigt diese mutige Frau mehrere heikle Missionen für die Briten, bevor sie sich einem Kreis der Widerstandsbewegung anschließt, der sich unter der Leitung Boris Vildés im Pariser Völkerkundemuseum trifft.
Als Nachrichtenübermittlerin in der Region Paris und der Normandie nimmt die äußerst effizient arbeitende Maryse vor dem eh schon gefährlichen Hintergrund große Risiken auf sich und wird in der Folge am 21. März 1944 von der Gestapo verhaftet und in Fresnes inhaftiert. Als sie aufgrund mangelnder Beweise kurz darauf wieder entlassen wird, nimmt sie ihren Kampf im Untergrund erneut auf und setzt ihn bis Kriegsende fort. Sie dient als Leutnant der Armee, und das Leben geht weiter, bis die ebenfalls der Armee angehörende, »andere« Maryse »am 30. Januar 1946 im Dienst der Luftwaffe getötet wird«.

Gegenüberliegende Seite:
Maryse Bastié tut nicht nur so, als wolle sie den Motor inspizieren. Sie weiß, dass die Flugsicherheit von der sehr sorgfältigen Wartung der Maschine abhängt und wacht daher persönlich darüber.

Unten:
Maryse Bastié zu Beginn ihrer Laufbahn in einer *Caudron G3*. Kurz vor den Prüfungen zur Pilotenlizenz verblüfft sie am 6. Oktober 1925 ihre Freunde, indem sie unter der sich im Bau befindlichen Fährbrücke in Bordeaux durchfliegt.

Von dem schrecklichen Tod ihrer Rivalin und Schwester im Geist, Maryse Hilsz, sehr getroffen, träumt Maryse Bastié nach ihrer Entlassung aus dem Militärdienst am 2. April 1946 und mit 3 000 Flugstunden in ihrem Pilotenheft davon, sich in den Süden Frankreichs zurückzuziehen. Doch ohne die Fliegerei kann sie nicht leben. Als sie am 25. Mai 1946 den Rang eines Hauptmanns erhält und per Dekret vom 14. April 1947 zum Offizier der französischen Ehrenlegion ernannt wird, verlängert sie ihren Vertrag um zwei Jahre, um die Flugausbildung weiblicher Piloten zu begleiten.
Als Reservehauptmann der Luftwaffe hätte Maryse allen Grund, sich auszuruhen. Doch die brünette und humorvolle Frau mit dem wachen Blick denkt nicht an Ruhestand und hört daher auch nicht die Alarmglocken ihres Körpers schrillen.
Sie leidet an einer Entzündung der Gallenblase, die mit ihrer, für sie auf Dauer wenig erfüllenden Tätigkeit als Verkaufsdirektorin der französischen Außenhandelsgesellschaft der Flugzeugindustrie (OFEMA) begonnen hatte. Ihr Zustand verschlechtert sich zunehmend, als sie ab 1951 für das Zentrum für Testflüge in Brétigny als Koordinatorin zwischen Management und verschiedenen Flugveteranengruppierungen fungiert. Zweifelsohne beschäftigt sie in dieser Zeit kaum noch die Zeitungen, doch die Franzosen lieben sie noch genauso wie zu ihren Rekordzeiten. Sie beweisen ihr ihre Zuneigung, indem sie ihr stapelweise Post schicken, als sie sich einer Notoperation an der Gallenblase unterziehen muss. Klaglos übersteht Maryse auch diese Herausforderung, wenngleich die Operation sie zusätzlich schwächt. Auch wenn ihr die Ärzte danach das selbständige Fliegen verbieten, hält sie dies nicht davon ab, zumindest als Passagierin weiter zu fliegen.

Unvergessene Maryse

Maryse Bastié nimmt ihre Arbeit als Koordinatorin wieder auf und kennt daher in Brétigny jedes einzelne Mitglied des Flug- und Bodenpersonals. Vor allem schätzt sie Major Georges Penninckx, der mit dem Mechaniker Albert Tisseur und dem Funker Albert Gries ein Team für Testflüge bildet und gerade den zweimotorigen Prototyp *Nord 2105* fliegt. Dieses Flugzeug wurde von der nordfranzösischen Gesellschaft für Flugzeugbau (SNCAN) entwickelt und erlangte schon bald unter dem Namen *Noratlas* Berühmtheit. Anlässlich der Flugschau Lyon-Bron soll Penninckx im Juli 1952 die Qualitäten der Maschine unter Beweis stellen. Als Maryse von ihren Kameraden gebeten wird mitzufliegen, fühlt sie sich um Jahre jünger. Der Flug der *Noratlas* von Paris nach Lyon und zurück scheint eine fröhliche Spritztour zu werden. Es ist noch sehr warm, als die Crew am 6. Juli 1952 die Maschine auf dem Flugfeld von Bron wieder besteigt. Nach einem schwierigen Start mit Rückenwind, der als regelwidrig gilt, nimmt die zweimotorige Maschine auf geringer Flughöhe Kurs auf Lyon, kehrt jedoch aufgrund eines Propellerschadens wieder nach Bron zurück. Plötzlich steigt das Flugzeug kerzengerade auf, bleibt eine Sekunde in der Luft stehen, kippt langsam nach vorne, rast auf den Boden zu und zerschellt in Saint-Priest.
Maryses Tod beschwört Trauer und Wut herauf. In einer Ausgabe der Fliegerzeitschrift *Les Ailes* vom 12. Juli 1952 nimmt Georges Houard kein Blatt vor den Mund, um »die unfassbaren Todesumstände der Fliegerin anzuprangern, die bei einer dieser offiziellen Flugschauen, die wir missbilligen, die wir aber nicht vehement genug verhindert haben, auf dumme Weise abgestürzt sei«. »Was uns bleibt«, schreibt er über die liebevoll »Dauerläuferin am Firmament« genannte Pilotin, »ist, dass sie nicht mehr unter uns ist, dass wir sie nicht mehr sehen werden und dass wir in ihr eine große und charmante Botschafterin der französischen Fliegerei verloren haben. Ein untröstliches Ereignis, über das wir nicht hinwegkommen werden.«

Amelia Earhart

Oder das merkwürdige Schicksal der Lady Lindy

Ihre androgyne Gestalt faszinierte Männer und Frauen. Die frappierende Ähnlichkeit mit dem großen Charles Lindbergh machte Amelia Earhart zudem zu einer der populärsten amerikanischen Persönlichkeiten während der wilden Zwanzigerjahre. Als sie am 2. Juli 1937 unter nie geklärten Umständen verschwand, wurde aus ihr eine geheimnisumwitterte Ikone.

Dieses hochgewachsene, hübsche Mädchen könnte mit ihrem kurzen blonden Haar, dem offenen, ein wenig sommersprossigen Gesicht und dem geschmeidigen, hageren Körper problemlos als Lindberghs Zwillingsschwester durchgehen. Und dann sind da noch ihre graublauen, weit auseinanderliegenden Augen, die stets über den Horizont hinauszublicken scheinen. Doch wichtiger als ihr Aussehen, das sie als Mannequin für die *Vogue* geeignet erscheinen lässt, ist, dass Amelia als Fliegerin Talent, Stehvermögen und eine unglaubliche Willenskraft besitzt.

Als die schüchterne Schülerin Amelia Mary am 24. Juli 1898 in Atchinson in Kansas geboren wird, deutet natürlich noch nichts auf die zukünftige Leidenschaft für das Fliegen hin, doch wächst sie, genau wie ihre jüngere Schwester Muriel Grace, schnell zu einer waghalsigen Göre heran.

Ihre Gestalt, der knabenhafte Haarschnitt und die männliche Kleidung unterstreichen den Eindruck, dass an ihr ein Junge verloren gegangen sei, doch aus dem hübschen Gesicht schaut gleichzeitig ein verführerisches junges Mädchen mit Charme, das sich weigert, sich der süßen Last eines geregelten und monotonen Lebens hinzugeben. Ihr Lebensmotto spiegelt ihre Geisteshaltung wider: »Das Leben wagen!«

Sie verzichtet auf nichts und genießt das Leben in vollen Zügen, ungeachtet der Gefahren, die sie als Extremsportlerin in verschiedenen Disziplinen vom Reiten bis zum Rennrodeln schon sehr früh herausfordert. Ihre Eltern Edwin und Amy bremsen sie dabei keineswegs, sondern ermutigen sie vielmehr, auf diese Weise ihre überschüssige Energie abzubauen. Nicht zuletzt um der Familie zu entfliehen, deren Frieden durch den Konflikt zwischen ihrem Vater, dem glänzenden Anwalt Edwin Stanton Earhart, und ihrem Großvater mütterlicherseits, dem vermögenden und sehr einflussreichen Richter Otis, gestört ist, »wagt Amelia das Leben«.

Die Ehe der Eltern wird von den verschiedensten, meist finanziellen Problemen erschüttert, die Edwin letztendlich nicht aus dem Weg räumen kann. Unfähig, sich den Schikanen und der Wut seines Schwiegervaters zu entziehen, die auch nach dem Umzug

der Familie nach Saint Paul in Minnesota anhalten, flüchtet sich Edwin in den Alkohol. Aus diesem Vorfall, der großen Einfluss auf das Familienleben hat, zieht Amelia eine wichtige Lehre: Niemals wird sie sich von jemand anderem abhängig machen.

Nein zur Routine, nein zur Langeweile!

Der Erste Weltkrieg bietet ihr eine willkommene Abwechslung. 1917 meldet sich das junge Mädchen, das im Jahr zuvor in Chicago die Highschool erfolgreich abgeschlossen hat, freiwillig als Schwesternhelferin, um im Militärkrankenhaus von Toronto in Kanada Lazarettdienst zu leisten.
Diese zwei Jahre währende Erfahrung führt dazu, dass sie 1919 an der Columbia University in New York ein Medizinstudium beginnt. Aufgrund ihrer unstillbaren Neugier besucht sie bald zusätzlich Vorlesungen in den Fächern Französisch, Zoologie, Chemie und Psychologie und glänzt in sämtlichen Disziplinen. Dennoch schafft es keines dieser Fächer, das dynamische Mädchen längere Zeit zu fesseln, das in der Folge als Krankenschwester in Boston arbeitet, sich mit Automechanik beschäftigt und Werbefotografie lernt. Noch immer ist das Fliegen kein Thema. Allein die Vorstellung zu fliegen macht Amelia Angst, ohne dass sie dafür einen Grund nennen könnte.
Das ändert sich im Jahr 1918. Während eines Schneesturms leitet ein Pilot auf gut Glück eine Notlandung ein und landet dabei zufällig in unmittelbarer Nähe von Amelias Elternhaus. Als sich das Wetter beruhigt hat und der Pilot wieder starten will, nähert sich das Mädchen von hinten der Maschine und wird von großen Schneeklumpen getroffen, die der Propeller aufwirbelt. Als Entschuldigung bietet ihr der Pilot einen kleinen Rundflug an, der sie nicht nur von ihrer Phobie heilt, sondern in ihr die Leidenschaft für das Fliegen entflammt, die so weit führt, dass das junge Mädchen der Mutter, die schon ganz andere Dinge gehört hat, verkündet: »Ich fliege oder ich sterbe!«
Als Amelia während einer Flugschau, die 1920 in Long Beach stattfindet, erneut fliegt, erhärtet sich ihr Wunsch. Dieses Mal steigt sie bei Frank Hawks ins Flugzeug, der wie viele ehemalige Kampfpiloten sein Geld mittlerweile mit Lufttaufen und Kunstfliegerei verdient.

Unten:
Amelia Earhart, auf ihrem Fallschirm sitzend. Sie meint, zu einem Schicksal à la Lindbergh vorherbestimmt zu sein, zumal der Verleger George Putman ihre Karriere in seine Hände genommen hat und ihre Ähnlichkeit mit dem großen Charles, dessen erstes Buch er veröffentlicht hat, gründlich auszuschöpfen gedenkt.

Gegenüberliegende Seite:
Im Mai 1927 gelingt Charles Lindbergh eine außergewöhnliche Leistung. Er fliegt allein in seinem Eindecker *Ryan Spirit of St. Louis* nonstop von New York nach Paris. Amelia sieht ihrem großen Vorbild auf so erstaunliche Art ähnlich, dass sie von der Presse zunächst »Miss« und später »Lady Lindy« getauft wird.

Obwohl sie wenig Geld hat, nimmt sie zunächst Flugstunden bei Neta Snook, der ersten Frau mit Fluglizenz der Flugschule Curtiss, und später bei John Montijo, einem ehemaligen Militärausbilder.
Auch wenn die junge Draufgängerin ab 1921 allein fliegen darf und dafür keineswegs den Freuden ihres Alters entsagt, tauscht sie doch sehr schnell ihre Kleider gegen Stiefel, Lederjacke, Helm mit Visier, Safarihosen und einen langen Schal und steigt in das Cockpit.
Sie weist Männer nicht ab, wählt jedoch statt eines Ehemanns einen alten Doppeldecker. Sie tauft ihre mit Unterstützung ihrer Mutter erworbene, fügsame, gelbe *Kinner Airster* auf den Namen *Kanarienvogel*, muss jedoch schnell einsehen, dass auch Vögel gelegentlich Pech haben. 1922 stürzt die Fliegerin auf einem Gemüseacker ab. Sie übersteht den Unfall unbeschadet und schafft es nur wenige Tage später – am 22. Oktober 1922 – mit 4 600 Meter den Höhenweltrekord für Frauen aufzustellen.
Zweifelsohne wird sie von der Scheidung ihrer Eltern aus der Bahn geworfen und hängt 1924 die Fliegerei an den Nagel. Nun nimmt sie für einige Zeit das Medizinstudium an der Columbia University wieder auf.
Anschließend verdient sie ihren Unterhalt mit Englischunterricht und findet in Boston eine Stelle als Sozialarbeiterin, die sie jedoch nicht befriedigt. Sie will rascher vorankommen, um endlich Taten zu vollbringen. »Ich wollte etwas machen und mich nicht darauf vorbereiten müssen, es zu tun«, sagt sie dazu.

Mit Putnam als Trumpf in der Hand

Ungeduldig tritt sie auf der Stelle, bis das Schicksal sie endlich erlöst. Amy Phipps Guest, eine aus Pennsylvania stammende Engländerin, die mit Frederick E. Guest, einem ehemaligen Angehörigen des britischen Luftfahrtministeriums, verheiratet ist, träumt davon, als erste Frau den Atlantik zu überfliegen. Sie hat gerade eine dreimotorige *Fokker* von Richard E. Byrd erworben und diese *Friendship* getauft, doch ihre besorgte Familie will ihr das Vorhaben ausreden. Amy Guest akzeptiert das unter der Bedingung, dass die Atlantiküberquerung mit einem »amerikanischen Mädchen« als Passagierin erfolgt.
Das für diesen Anlass gegründete Komitee, dem auch der Verleger George Palmer Putnam angehört, wählt Amelia aus. Neben einem unleugbaren Sinn für das Verkaufen besitzt der Verleger auch ein ausgefeiltes Gespür für Öffentlichkeitsarbeit. Daher fällt seine Wahl auf Amelia, die ganz aufgeregt ist, als er sie fragt: »Wollen Sie die erste Frau sein, die über den Atlantik fliegt?«
Natürlich will sie.
Putnam, der von der jungen Frau von Anbeginn an in den Bann gezogen wurde, jubelt innerlich, denn sie ist nicht nur eine talentierte Pilotin, sondern sie kann schreiben und ähnelt darüber hinaus dem großen Charles Lindbergh. Sie wird also einen Bericht über ihr Abenteuer verfassen, den er werbewirksam publizieren kann.
Doch Amelias Begeisterung schwindet, als sie bemerkt, dass er ihr nur einen einfachen Klappsitz anbietet. Dennoch nimmt sie das Angebot an, denn solche Gelegenheiten bieten sich nicht zweimal. Am 17. Juni 1928 fliegen der Pilot Wilmer L. Stultz, der Mechaniker Louis »Slim« Gordon und ihre Passagierin in Neufundland los, um nach 20 Stunden und 40 Minuten am nächsten Tag in Bury Port in Wales, und nicht wie vorgesehen in Irland, zu landen.
Obwohl Amelia mehr Beachtung erhält als die männliche Besatzung, ist sie dennoch frustriert und seufzt: »Ich bin wie ein Sack Kartoffeln transportiert worden.«
Sie hat ihren Satz noch nicht zu Ende gesprochen, als sie sich dank einer von Putnam organisierten Pressekampagne auf den Titelseiten der amerikanischen Zeitungen wiederfindet, wo man ebenfalls ihre Ähnlichkeit mit Lindbergh hervorhebt und sie umgehend »Lady Lindy« tauft. Unzweideutig erklärt sie: »Die Frauen müssen es selbst schaffen, das zu tun, was die Männer bereits gemacht und gelegentlich noch nicht gemacht haben.«
Zu diesem Zeitpunkt weiß sie nicht, dass der verheiratete Putnam, der Vater zweier Kinder ist, ernsthaft plant, sie zu heiraten, und redigiert daher ganz unschuldig ihren Bericht über die Atlantiküberquerung auf dem mondänen Anwesen des Verlegers in Rye im Staat New York. Der mit *Zwanzig Stunden, vierzig Minuten* überschriebene Artikel erscheint 1929 und zieht die junge Frau in eine gewaltige Werbespirale hinein. Sie hält Reden, fliegt Lufttaufen, übernimmt die mit *Fliegerei* überschriebene Rubrik der *Cosmopolitan* und nimmt am 8. Juli 1929 an dem Jungfernflug der Lindbergh-Fluglinie teil, der mit der *City of Washington* der Transcontinental Air Transport-Gesellschaft (TAT) von New York nach Los Angeles geht.
Um Amelia zu gefallen, zollt Putnam ihr noch mehr Aufmerksamkeit und ermöglicht ihr im August 1929 an dem berühmten Puderquastenrennen teilzunehmen, einem harten und mörderischen Rennen, bei dem sie auf dem dritten Platz landet.

Anne Morrow Lindbergh, Fliegerin aus Liebe

Es ist der Liebe zu ihrem berühmten Mann Charles Lindbergh zu verdanken, dass sich die am 22. Juni 1906 in Englewood in New Jersey geborene Tochter des Senators und Botschafters Dwight Morrow zu einer hervorragenden Flugnavigatorin entwickelte und auch als erste Frau in den USA den Segelflugschein erwarb. Ab 1931 begleitet sie Charles auf zahlreichen Reisen rund um den Globus. Der nach seiner Atlantiküberquerung zum Werbeträger Amerikas avancierte Charles Lindbergh führt ein rastloses Leben und rührt dabei kräftig die Werbetrommel für sein Land. Mit Anne als Kopilotin startet er am 29. Juli 1931 mit einer *Lockheed Sirius* in New York und landet nach mehreren Etappen und unter zum Teil sehr widrigen Wetterbedingungen am 26. August in Tokio. Während des gesamten Flugs ist Anne für die Funkverbindung verantwortlich. Vom Reich der aufgehenden Sonne aus nimmt das Paar Kurs auf das Reich der Mitte, wo die beiden jubelnd begrüßt werden. Im Anschluss kehren die Lindberghs in ihr Haus nach Hopewell in Virginia zurück, um endlich wieder ihrem kleinen Sohn Charles Augustus nahe sein zu können. Doch am 1. März wird ihr Sohn unter nie völlig geklärten Umständen entführt und am 12. Mai nur sechs Kilometer vom Anwesen der Lindberghs entfernt tot aufgefunden. Betäubt vor Trauer schreibt Anne einen Bericht über die Flugreise nach Asien. 1933 schaffen Charles und Anne als Erste die Nordatlantik- und die Südatlantikroute. Das daraus resultierende Buch *Wind an vielen Küsten* wurde mit einem Vorwort von Antoine de Saint-Exupéry ein großer Erfolg.
Anne Morrow Lindbergh stirbt am 7. Februar 2001 in Vermont.

Die junge Frau zeigt sich schließlich für Putnams Avancen empfänglich, der sich daraufhin 1930 von seiner Frau trennt. Doch Amelia ist keineswegs leicht zu erobern, auch wenn die Heiratsanträge bald körbeweise bei ihr eintreffen. Als die Pilotin am 5. Juli 1930 mit 291 Stundenkilometern den Geschwindigkeitsweltrekord für Frauen aufstellt, macht Putnam ihr gleich sechs Anträge auf einmal.
Trotz der Warnungen ihrer Mutter wird sie am 7. Februar 1931 Mrs. Putnam. Zuvor zwingt sie ihren Mann zu einem Ehevertrag: »Falls wir zusammen nicht glücklich werden, lässt du mich nach einem Jahr gehen. Ich werde in jeder Hinsicht versuchen, mein Bestes zu geben.« So wird Amelia für Putnam zwar nicht die Ehefrau und begehrenswerte Geliebte, die er sich erhofft hatte, dafür aber eine hervorragende Werbe-Ikone.

Wie Lindbergh über den Atlantik

Klug vertraut sie Putnams Geschäftssinn, der 1931 seine Verlagsanteile an seinen Cousin Palmer verkauft und als PR-Manager bei Paramount einsteigt, ein strategisch wichtiger Posten, um das Label Earhart in der Öffentlichkeit und in der Werbung weiter zu promoten.
Dank eines mit der Beech Nut Company unterschriebenen Vertrags kann Amelia alsbald beispielsweise ein Tragschraubenflugzeug fliegen, eine nach den Plänen des spanischen Ingenieurs Juan de La Cierva gebaute Kombination von Flugzeug und Hubschrauber.
Nur sechs Tage nachdem Amelia am 2. April 1931 die Flugerlaubnis für diese erstaunliche Maschine – eine *PCA-2* der Firma Pitcairn – erworben hat und damit weltweit die erste Frau am Steuer eines solchen Flugzeugs ist, bricht sie den Höhenweltrekord für Frauen, indem sie in einer Höhe von 5 613 Metern über Los Angeles fliegt.
Ebenfalls am Steuer des Tragschraubenflugzeugs startet Amelia am 29. Mai 1931 in Newark, überquert in Etappen die USA und landet am 6. Juni in Oakland in der Nähe von San Francisco.
Die junge Frau will nun endlich ihren Traum von der Nordatlantiküberquerung verwirklichen. Wer immer noch an ihren Flugfähigkeiten zweifelt, dem nimmt Amelia schnell den Wind aus den Segeln: »Eine Frau oder ein Mann im Cockpit, was macht das schon für einen Unterschied?«
Am 20. Mai 1932 tritt sie den Beweis an, als sie an Bord ihrer *Lockheed Vega*, eines kleinen roten Eindeckers, um 19 Uhr 20 Ortszeit in Harbour Grace auf Neufundland losfliegt und 14 Stunden und 54 Minuten später bei Culmore in der Nähe von Londonderry auf einem irischen Acker landet. Nach Lindbergh ist sie die Erste, die es geschafft hat, allein den Atlantik zu überqueren. Die erste Frau! »Eine Frau hat es geschafft!«, titelt die Weltpresse. Auf den Tag fünf Jahre nach Lindbergh. Natürlich kurbelt dieser gewollte Zufall den Vergleich zwischen beiden Piloten weiter an.
Am 24. August desselben Jahres überquert sie in 19 Stunden und 5 Minuten die USA von Los Angeles nach New York. Wieder eine Premiere für eine Frau! Nicht einmal ein Jahr später verbessert sie am 7. Juli 1933 ihre Flugzeit, indem sie bei einer Durch-

Gegenüberliegende Seite:
Als seine »Zwillingsschwester« Amelia Earhart in seinem Kielwasser im Mai 1932 als erste Pilotin den Nordatlantik überquert, steht Charles Lindbergh nicht der Sinn danach, diese Leistung zu feiern. Just am 12. Mai wird sein kleiner Sohn, der wenige Wochen zuvor entführt worden war, tot aufgefunden.

schnittsgeschwindigkeit von 231 Stundenkilometern für die lange Strecke von 3 939 Kilometern nur 17 Stunden und 7 Minuten braucht.
Dank Putnam wird die berühmteste Pilotin, die zugleich auch die erste Präsidentin des 1932 gegründeten Fliegerinnenclubs Ninty-Nines ist, in den Augen der Amerikaner so zur verführerischsten Inkarnation der Vormachtstellung und des Fortschrittswillen Amerikas.

Eine fatale Weltumrundung

Die »kleine umherfliegende Amerikanerin«, wie sie von Suzy Mathis in der Zeitschrift *L'Aviation française* vom 26. Juni 1946 genannt wurde, sucht nach neuen Herausforderungen, um ihren Ehrgeiz zu stillen: Nach Amerika und dem Atlantik, warum nicht auch der Pazifik?
So beschließt sie 1934 kurz vor Weihnachten, das Jahr mit einem neuen Rekord zu beenden. Amelia lässt ihre *Lockheed Vega* nach Hawaii bringen, um von dort nach Kalifornien zu fliegen. Unglücklicherweise bringen lokalpolitische Streitereien ihren Flug in Gefahr und beunruhigen ihre Geldgeber. Doch Amelia bewahrt die Ruhe: »Drohungen oder nicht, ich fliege trotzdem dorthin!«
Und so verlässt die voll getankte *Vega* am 11. Januar 1935 mühsam das schlammige Flugfeld von Wheeler Field auf Honolulu, um nach 18 Stunden und 15 Minuten mit einer Durchschnittsgeschwindigkeit von 260 Stundenkilometern und nach einer Strecke von 3 875 Kilometern am 12. Januar kurz vor Mittag auf dem Flugplatz von Oakland Bay in Kalifornien zu landen.
Aber Amelia will weiter und weiter fliegen. Im April geht es nonstop die 3 000 Kilometer lange Strecke von Oakland nach Mexiko, wobei sie 100 Kilometer vor dem Ziel landen muss, da ihr ein Insekt ins Auge geflogen war. Doch es braucht natürlich mehr, um sie aufzuhalten. Am 8. Mai fliegt sie – wieder einmal allein –

Rechts, von oben nach unten:
Am 22. Februar 1937 hat Amelia Earhart allen Grund zur Freude, denn der Dekan der Lafayette University überreicht ihr 50 000 Dollar zur Finanzierung ihres Plans, die Welt zu umfliegen.

Als die Londoner Botschaft der USA am 25. Mai 1932 zu ihren Ehren eine Teegesellschaft gibt, erklärt sie ihren eleganten und aufmerksamen Zuhörern anhand einer Karte ihre historische Atlantiküberquerung.

Anhand eines Flugzeugmodells gibt Amelia einem begeisterten Jungen Anschauungsunterricht.

die 3 350 Kilometer von Mexico City nach Newark bei New York mit einer Durchschnittsgeschwindigkeit von 235 Stundenkilometern und braucht dafür 14 Stunden und 19 Minuten. Doch so schön diese Leistung auch ist, sie kann sie nicht mehr motivieren. Stattdessen nimmt sie sich jetzt vor, die Welt am Äquator zu umrunden. Dank der finanziellen Unterstützung der Lafayette University ersteht sie für diesen Zweck am 24. Juli 1936 eine zweimotorige *Lockheed 10E Electra*, die in der Lage ist, mehr als 7 000 Kilometer mit einer Tankfüllung zurückzulegen.
Die Durchführung der von Amelia geplanten 47 000 Kilometer langen Reise bedarf eines guten Jahres minutiöser Vorbereitungen und einer guten Mannschaft. Die junge Frau rekrutiert den Marinekapitän Harry Manning, der als erfahrener Navigator gilt, den Iren Frederick J. Noonan, der Manning unterstützen soll, und den bekannten Piloten Paul Mantz als technischen Berater und Kopiloten. Am 17. März 1937 hebt die *Electra* in Oakland ab und landet etwa 16 Stunden später auf dem Flugfeld Wheeler Field auf Honolulu. Doch ein erneuter Start ist unmöglich. Nachdem die *Electra* zunächst zwei Tage wegen schlechten Wetters am Boden bleiben muss, schafft sie es – vollgetankt und schwer – nicht, von der Piste abzuheben und prallt gegen einen Signalmast. Auch wenn dabei niemand zu Schaden kommt, braucht es doch volle zwei Monate, um die Maschine zu reparieren.
Manning kann nicht länger Urlaub nehmen und muss wieder zur See fahren. Gleichzeitig zwingen neue Wetterbedingungen Amelia dazu, die Flugrichtung zu ändern und Richtung Osten zu starten. Am 21. Mai 1937 fliegen Noonan und Lady Lindy von Oakland nach Miami und von dort am 1. Juni weiter nach Puerto Rico. Nun folgen sie der südamerikanischen Küste bis Natal, um dann am 7. Juni über den Südatlantik hinweg Kurs auf Dakar zu nehmen. Die Atlantiküberquerung dauert 13 Stunden und 12 Minuten. Anschließend überquert das Team Afrika und den Golf von Aden, um über Arabien nach Karatschi und Kalkutta weiterzufliegen. Von dort geht es weiter über Rangun, Bangkok, Singapur und Bandung bis Darwin in Australien und dann am 30. Juni bis Papua-Neuguinea: 30 Tage und 36 000 Kilometer.
Zum guten Schluss bleiben noch 11 000 Kilometer Pazifik zu überfliegen, 4 000 Kilometer zwischen Lae und der Insel Howland, 3 000 Kilometer zwischen Howland und Hawaii und schließlich 4 000 Kilometer zwischen Hawaii und Oakland, wobei die drei Kilometer lange und 800 Meter breite Howland-Insel die Achillesferse des ganzen Unterfangens darstellt.
Die amerikanischen Behörden tun alles, um die Pilotin zu unterstützen und beauftragen drei Schiffe mit der Überwachung der Route. Der Kutter *Itasca* der US-Navy liegt bereits kurz vor Howland, während die *Ontario* auf halber Strecke zwischen Lae und Howland den Kurs des Fluges überwachen soll und die *Swan* zwischen Howland und Honolulu vor Anker geht. Die oberste Priorität für das Team lautet, sich nicht zu verfliegen …

Ein merkwürdiger Tag

Am Freitag, den 2. Juli 1937 hebt die *Electra* schwerfällig von der Piste in Lae ab, um nach Osten zu fliegen. Zumindest offiziell wird sie danach nie wieder gesichtet. Zunächst gerät der Funkverkehr durcheinander, da die Funkgeräte des Flugzeugs, der Schiffe und die auf der Erde auf unterschiedlichen Frequenzen arbeiten. Amelia und Noonan, die zudem mit den von der Armee installierten Funkgeräten nicht sehr vertraut sind, fliegen daher wortwörtlich und im übertragenen Sinn durch Nebel.
Hinzu kommt, dass Amelia angekündigt hat, sich nach der Uhrzeit in Greenwich richten zu wollen, und nicht gewusst hat, dass

Gegenüberliegende Seite:
Locker und entspannt posiert Amelia Johnson am 22. Juli 1932 vor ihrer zweimotorigen Maschine.

Oben:
Auf dem Flugplatz von Alameda in Kalifornien kontrolliert Amelia Johnson am 22. März 1937 das Gepäck, das sie auf ihre Erdumrundung mitnehmen will.

man sich auf der *Itasca* an die Lokalzeit hält, was vielleicht ebenfalls zum Scheitern der Funkverbindung beigetragen haben mag. Zwei Funker fangen kaum hörbare Funksprüche auf, die Amelias Angst widerspiegeln. Der eine ist für die PanAm-Fluggesellschaft auf Hawaii stationiert, während sich der andere an Bord des britischen Kreuzers *Achilles* befindet. »Ich irre im Nebel herum … Ich habe nur noch Treibstoff für 30 Minuten … Ich sehe immer noch kein Land unter mir…«
Dann bricht der Funkkontakt ab.

Zufall, Spionage, Gerüchte

Präsident Franklin D. Roosevelt startet im Morgengrauen des 4. Juli eine gigantische Suchaktion, die jedoch erfolglos bleibt. Die Affäre wirbelt in den USA viel Staub auf. Natürlich mehren sich rasch die Spekulationen über den Verbleib der Crew. Gerüchte kommen auf und werden lauter. Ein besonders plausibles Gerücht findet dabei immer mehr Gehör: Unter dem Deckmantel der

Pazifiküberquerung soll Amelia im Auftrag der amerikanischen Regierung Inseln aus der Luft fotografiert und ausspioniert haben, die im Verdacht stehen, heimlich errichtete japanische Militärbasen zu beherbergen. Beunruhigende Fakten stützen diese Theorie. Zunächst einmal hat das Militär die ursprünglichen Motoren der *Electra* gegen leistungsstärkere Wasp-Senior-Motoren ausgetauscht. So kann die *Electra* schneller fliegen und durch zusätzliche Tanks zudem auch weiter. Parallel dazu finden Reporter heraus, dass die zweimotorige Maschine bei ihrem Abflug in Darwin mit zwei Kameras ausgestattet war.

Captain Paul L. Briand, Professor der Air Force Academy in Colorado, unterstützt diese Theorie und glaubt, dass die *Electra* aufgrund von Treibstoffmangel in der Nähe von Tranapag Harbor auf der Insel Saipan notwassern musste. Dabei seien die beiden Insassen gefangen genommen und hingerichtet worden, da es sich die Japaner nicht erlauben konnten, solch lästige und zudem auch noch berühmte Zeugen am Leben zu lassen.

Eine andere Hypothese stützt sich auf die schlechten Flugbedingungen und vermutet, dass die *Electra* auf ihrem Spionageflug vom Kurs abgekommen, bei den Marshall-Inseln abgestürzt sei und von den Japanern aufgegriffen wurde. Die amerikanische Crew sei vermutlich nach Saipan gebracht und exekutiert worden oder an einer Krankheit gestorben.

Kurz nach dem Krieg recherchiert Fred Goerner, ein versierter Journalist des Fernsehsenders KCBS aus San Francisco, auf den Inseln im Pazifik und schafft es, die letzten Stunden von Amelia und Noonan zu rekonstruieren. Sein erster Erfolg ist die Bestätigung des Spionageauftrags durch das amerikanische Militär.

Goerner behauptet, dass Amelia ihre Flugposition aufgrund der schlechten Wetterlage nicht mehr ermitteln konnte und nahe des Mili-Atolls, das zu den südöstlichen Marshall-Inseln gehört und damit unter japanischer Oberhoheit stand, notwasserte.

Etwa zehn Tage später seien die beiden Flieger von einem japanischen Fischerboot aufgegriffen und den Behörden übergeben worden, bevor man sie schließlich zu einem Folterverhör nach Saipan gebracht habe. Goerners Zeugen zufolge sei Noonan einige Tage nach dem Tod Amelias, die völlig entkräftet an Ruhr gestorben sei, mit einem Säbel enthauptet worden. Wieder andere behaupten, Amelia sei erschossen worden.

»Ihre Ideen sind davongeflogen, um ihre Generation zu beflügeln.« *Franklin D. Roosevelt über Amelia*

Oben:
Eines der berühmtesten Fotos der triumphierenden Pilotin. Dennoch regt sie der schmeichelhafte Vergleich mit Lindbergh langsam auf. Amelia Johnson will für sich allein stehen.

Gegenüberliegende Seite:
Amelia Earharts mysteriöses Verschwinden im Pazifik sorgt weltweit für große Schlagzeilen, so auch in dieser Ausgabe von *Paris-soir*. Bis zum Schluss bringen sie die Zeitungen mit Lindbergh in Verbindung.

Doch genauso gut könnte es möglich sein, dass man die Flugzeugcrew in Japan oder auf einer anderen Insel im Pazifik festgehalten hat. Regelmäßig werden mutmaßliche Gräber auf den Marschall-Inseln oder auf den Fidschi-Inseln lokalisiert, wo man, wenn man dem Schreiben eines Arztes glauben darf, sogar Skelettreste Amelias gefunden haben will.

Diese Affäre bleibt also auch ohne Verschwörungstheorien mysteriös, und vermutlich muss man wohl einfach glauben, dass das Flugzeug während einer Spionagemission in widrige Wetterbedingungen geraten ist und in der unendlichen Weite des Meeres mit Mann und Maus verloren ging.

Paris-soi

Dimanche

A
B

No 80 — DIMANCHE, 4 JUILLET 1937

Amelia EARHART perdue dans le Pacifique

« Je n'aperçois pas la terre et je n'ai plus qu'une demi-heure d'essence... »

Câblait hier à 19 h. 12 (GMT) la célèbre aviatrice

PUIS, PLUS RIEN...

Ce matin un bateau capta un S.O.S. mais on doute qu'il ait été lancé par la girl « Lindbergh »

E
uméro

É SUR
EMANDE
BIDOU

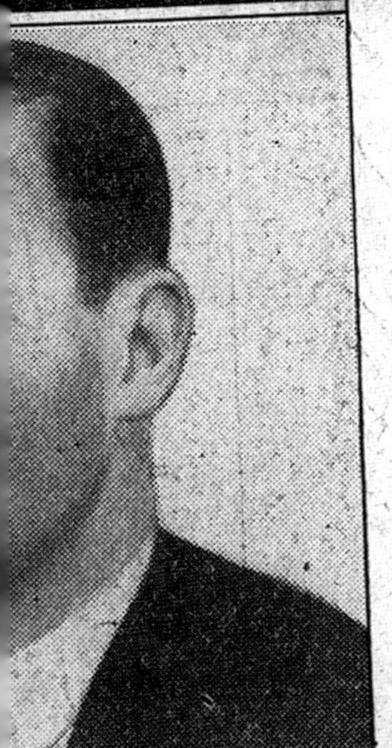

LA GUERRE !
ARCHIDUC
ERDINAND
E !...

Jean Batten
Vom Ruhm ins Vergessen

Sie war so schön und geheimnisvoll wie Greta Garbo. Die Neuseeländerin Jean Batten bleibt uns als eine der größten Fliegerinnen der 1930er-Jahre im Gedächtnis, auf jeden Fall aber als die glamouröseste trotz der charmanten Konkurrenz von Amelia Earhart, Amy Johnson oder Hélène Boucher. 1934 feierte sie ihren größten Erfolg, als sie allein von England nach Australien flog. Damals entdeckte die Welt eine kühne, nachdenkliche und begabte junge Frau, aber davon blieb später leider nichts übrig.

Im Jahr 1937 hatten die Zeitungen bereits schon seit längerer Zeit ihre Spur verloren, denn sie verließ ihr Schattenreich nur für kurze Augenblicke, bevor sie sich 1982 vollständig zurückzog. Erst fünf Jahre später, 1987, gelang es einem englischen Journalisten, endlich einen Zipfel des Schleiers über dieser so ungewöhnlichen und immer rätselhaften Persönlichkeit zu lüften.
Was hatte Louis Blériot am 15. September 1909 in dem Zimmer in Rotorua, einer Stadt nahe dem gleichnamigen See im Norden von Neuseeland, zu tun? An diesem Tag brachte Ellen Blackmore unter dem Blick des schnurrbärtigen Piloten, dessen Bild sie kurz nach seinem Erfolg im vorausgehenden Juli aus einer Zeitung geschnitten und am Kopfende ihres Bettes befestigt hatte, Jean Gardner Batten, eine ebenso niedliche wie schmächtige Tochter zur Welt. Über die Wiege der zukünftigen Königin der Lüfte beugte sich wohl eher ein guter Luftgeist als eine Fee.

Trotz ihrer großen Bewunderung für den Ehemann kümmerte sich Ellen vom ersten Tag an intensiv um ihr kleines Mädchen, das sie zuerst Jane, aber dann rasch Jean nannte. Sie erzog es streng, aber liebevoll. Die elegante Frau und überzeugte Feministin mit ihren an Halsstarrigkeit grenzenden Grundsätzen, die ihre Tochter ein Leben lang nicht vergaß, sorgte für deren gesunde Ernährung. Auch die Faszination ihrer Mutter für die Fliegerei und die Flieger hatte Jean wohl von ihr geerbt.

Ellens Einfluss

1913 zog die kleine Familie nach Oakland um, wo die fünfjährige Jean in die Melmerley Ladies' School in Parnell eingeschult wurde. Das war ein großes, aber im Vergleich zu der Erschütterung, die der Abschied ihres Vaters Frederick Harold Batten auslöste, der im Ersten Weltkrieg an die Westfront musste, doch eher harmloses Ereignis in ihrem Leben. Mit seiner Mobilisierung verlor die kleine Familie auch einen großen Teil ihres Lebensunterhalts. Sie sah sich deshalb gezwungen, in eine billigere Gegend umzuziehen, während Jean die städtische Schule erfolgreich beendete.
Das Zusammenleben von Mutter und Tochter verstärkte ihre gegenseitige Bindung. Probleme gab es erst, als ihr Vater 1919 aus

Europa zurückkehrte. Ellen herrschte im Haus und rückte keinen Millimeter von ihrer Machtposition ab. Zuerst gab es Spannungen, dann offenen Streit zwischen den Eltern, der schließlich 1920 in der Scheidung endete. Jean folgte ihrer Mutter, während ihre beiden Brüder beim Vater blieben. Dennoch konnte sie dank seiner finanziellen Unterstützung das Ladies' College in Remuera beenden, wo sie in mehreren Fächern herausragende Leistungen zeigte.

Ende 1924 besuchte Jean eine Sekretärinnenschule, nahm aber gleichzeitig Tanz- und Klavierstunden, weil sie damit ihren späteren Lebensunterhalt verdienen wollte. Da plötzlich stellte ein Mann – ein gewisser Charles Lindbergh – ihre Lebensplanung auf den Kopf. Am Tag nach dem 21. Mai 1927 meldeten die Zeitungen in dicken Lettern seine gelungene Nordatlantiküberquerung. In Jean brach sich Bahn, was latent vorhanden war, und das Fieber, in die Luft zu steigen, packte sie plötzlich. Sie wollte nur noch das Eine – fliegen!

Amy wird herausgefordert

Ellen unterstützte ihre Tochter von Anfang an. 1929 reisten die beiden nach Sydney, wo Jean ihre Lufttaufe bei Charles E. Kingsford-Smith erhielt. »Der fliegende Australier«, der 1928 den Pazifik im Alleinflug überquert hatte, eignete sich wie kein anderer, um Jean in die Fliegerei einzuführen. Als sie nach dem ersten Flug über die Tragfläche mit dem Känguruwappen herunterkletterte, sagte ihr Blick mehr als jede noch so begeisterte Erklärung: Sie wollte Fliegerin werden!

Wie Katherine Stinson vor ihr und aus dem gleichen Grund verkaufte Jean ihr Klavier, um ihre neue Leidenschaft zu finanzieren, die sie Anfang 1930 mit ihrer Mutter nach London führte. Dort wurde sie Mitglied des seriösen London Aeroplane Club und machte auf dem Flugfeld von Stag Lane die Ausbildung zum Pilotenschein A, den sie im Dezember 1930 erhielt. Aber kaum konnte sie sich selbst in der Luft halten, überlegte sie schon, allein von England nach Australien zu fliegen. Trotz der Ermahnungen einiger Flieger in ihrem Club, die Kirche doch im Dorf zu lassen, klammerte sich die junge Neuseeländerin an die Idee, der Britin Amy Johnson ihren zwischen dem 5. und 24. Mai 1930 auf dieser Strecke aufgestellten Rekord zu entreißen.

Für ihre Ausbildung zur Passagierfliegerin lieh sie sich von Fred Truman, einem jungen neuseeländischen Piloten der Royal Air Force, der zwar sie, aber sie nicht ihn heiraten wollte, 500 Pfund – dessen gesamte Ersparnisse. Kaum hatte sie den Flugzeugführerschein B in der Tasche, brannte sie mit Victor Dorée, dem Sohn eines reichen Textilhändlers, durch, ohne Fred das geliehene Geld zurückzuerstatten. Ihr Neuer war ihrem Charme so sehr verfallen, dass er seine Mutter um 400 Pfund anpumpte, um Jean eine *De Havilland Gipsy Moth* zu schenken.

»Dieser kleine Napoleon mit mit ihrer brünetten Haut bezauberndes, hinreißendes vor, aber bei

Der erste Erfolg

Am 9. April 1933 startete sie in ihrem ersten eigenen Flugzeug in England mit dem Ziel Australien. Der Plan zerschlug sich allerdings schon in Karatschi, wo ihre Maschine am 16. April am Boden zerschellte.
Sie kehrte nach London zurück, Victor Dorée sollte ihr ein neues Flugzeug schenken. Doch der weigerte sich und sah sich deshalb umgehend von ihr verlassen. In der Zwischenzeit zeichnete sich für Jean aber ein Weg bei Castrol ab, einem Unternehmen, dessen Besitzer sie unterstützen wollte und ihr deshalb eine gebrauchte *Gipsy Moth* kaufte. Jean verlor keine Zeit. Sie verlobte sich mit Edward Walter, einem Börsenmakler in London, und startete am 21. April 1934 zu ihrem zweiten Versuch. Auch dabei entging sie nur knapp einem Drama, als sie nachts ohne einen Tropfen Sprit im Tank über die Vororte Roms schwebte. Sie vertraute auf ihr Glück und segelte kurz vor dem Aufsetzen durch den Antennenwald des Senders San Paolo in Rom, wobei sie keine einzige Antenne streifte.
Am 16. Mai 1934 war sie erneut in London und war fest entschlossen, ihren Plan zu Ende zu führen. Beim dritten Versuch wird es klappen, sagte sie sich, bevor sie am 8. Mai in Lympne losflog. Vor ihr lag eine Strecke von 17 000 Kilometern, die sie in 16 Etappen bis Darwin in Australien zurücklegte. Am Tag ihrer Landung am 23. Mai betrug ihre effektive Flugzeit 14 Tage, 22 Stunden und 30 Minuten. Damit hatte sie den Rekord von Amy Johnson um viereinhalb Tage unterboten. Eine begeisterte Menge empfing sie. Die Welt konnte sie nicht mehr ignorieren. Empfänge, Vorträge und Bankette folgten, und dazwischen bedankte sie sich bei ihrer Mutter mit der Bemerkung: »Wir haben es geschafft, Darling, das Flugzeug, du und ich.« Auch in Neuseeland erlebte sie einen rauschenden Empfang, dem sich eine sechswöchige Flugtournee in der eigenen Maschine anschloss.

dem Aussehen einer frechen kleinen Göre […] und ihrer kleinen Gestalt war immer ein Geschöpf. Das kommt bei den Angelsachsen selten ihr trifft es zu.« *Hervé Lauwick über Jean Batten*

Gegenüberliegende Seite:
Wegen ihrer Schönheit hieß Jean Batten bald »die Garbo des Himmels«. Aber sie floh vor der Menge wie die Filmschauspielerin vor den Scheinwerfern.

Oben:
Jean Batten lässt 1934 ihrer Freude kurz nach ihrer Ankunft in Neuseeland freien Lauf. Ihr Flug wird als epochales Datum in die Geschichte der Luftfahrt eingehen.

Ehrgeizig und verliebt

Die junge Pilotin genoss ihren neuen Ruhm, während die strahlende Frau die Blicke aus weniger fliegerischen Gründen auf sich zog. Auch außerhalb ihres Flugzeugs ließ dieses Persönchen – Körpergröße 1 Meter 56 – niemanden gleichgültig. Jean aber hatte nur für einen Mann Augen. In Sydney verliebte sie sich Ende 1934 in den Linienpiloten Beverley Shepherd und brach deshalb umgehend mit ihrem Walter.
Jean legte die Strecke nach London in 17 Tagen und 15 Stunden zurück. Keine Frau vor ihr war die Strecke schneller geflogen. Ihre Situation war finanziell zwar nicht rosig, aber doch solide, und so konnte sie über einen weiteren Plan nachdenken, zum Beispiel allein von England nach Südamerika zu fliegen. Zu diesem Zweck kaufte sie für 2 000 Pfund den Eindecker *Percival Vega Gull 6* – 1 000 Pfund davon stammten von Lord Wakefield. Nur mit Kompass und Uhr ausgestattet, überquerte sie den Südatlantik zwischen Afrika und Brasilien. Insgesamt dauerte der Flug zwischen dem 11. und 13. November 1935 vom fernen England nach Brasilien 61 Stunden und 15 Minuten.
Die englischen Zeitungen feierten diese Leistung mit Balkenüberschriften auf den ersten Seiten: »Die Frau, die alle Männer besiegt hat.« Der Daily Express wählte sie gar unter die fünf Frauen des Jahres.

Depressionen

Eigenartigerweise zog sie sich nach ihrer Rückkehr nach England aus der Öffentlichkeit zurück und mietete in der Nähe von Hatfield in Hertfordshire ein kleines Haus, das sie sich mit ihrer Mutter teilte. Sie verließ es nur selten, beispielsweise um den Orden Companion of the Order of the British Empire entgegenzunehmen. Am 5. Oktober 1936 wiederholte sie von London aus ihren Flug nach Neuseeland, wo sie nach 11 Tagen und 45 Minuten auf dem Flugplatz von Mangere in Auckland landete.
Kostete die erschöpfte junge Frau den Spaß an ihrem großen Erfolg und an den Feiern ihrer Landsleute schon kaum noch aus, so lag das Schlimmste noch vor der inzwischen als »Hine-o-te-Rangi«, als »Tochter der Lüfte«, gefeierten Jean. Als sie im Februar 1937 in Sydney voll seliger Erwartung auf das Wiedersehen mit ihrem Verlobten Shepherd eintraf, kam dieser am gleichen Tag bei einem Flugunfall um. Zutiefst getroffen tauchte Jean mit ihrer Mutter mehrere Monate lang an einem Strand nahe Sydney unter.
So gut sie konnte tröstete Ellen ihre Tochter und überzeugte sie, auf das Fliegen nicht zu verzichten. Am 19. Oktober 1937 setzte sich Jean schließlich wieder hinter den Steuerknüppel ihrer *Percival Gull* und flog in der absoluten Weltrekordzeit von 5 Tagen, 18 Stunden und 15 Minuten von Australien nach England. Das hatte noch kein Mann geschafft. Sie war als einzige Frau bisher auch beide Strecken – hin und zurück – allein geflogen. Trotz dieser Leistung war sie nicht mehr mit dem Herzen dabei. Jean verschwand mit ihrer Mutter.

Unten und gegenüberliegende Seite:
Die Französin Yvonne Jourjon verfügt über das starke Temperament einer Jean Batten. Aber ihre Karriere findet auf einem ganz anderen Feld statt als dem Fliegen auf langen Strecken. Sie ist zunächst Fallschirmspringerin und dann Fliegerin. Sie beteiligt sich auch am Zwölf-Stunden-Rennen von Angers und wird 1934 die erste Fluglehrerin.
Marcel Albert und Jean de Pange, zwei künftige Asse des Fluggeschwaders Normandie-Njemen, lernen 1937 bei ihr. Nach Kriegsbeginn 1939 zählt sie zur Gruppe der zwölf Frauen, die man für eine Ausbildung auf Militärmaschinen vorsieht. Die Auflösung der Gruppe 1946 erlebt Yvonne Jourjon im Rang eines Leutnants. Später arbeitet sie in verschiedenen Aeroklubs wieder als Fluglehrerin.

Als im September 1939 der Zweite Weltkrieg ausbrach, meldete sich Jean wie Amy Johnson bei der Air Transport Auxiliary (ATA), verzichtete allerdings auf einen Einsatz, als ihr die Behörden das Fliegen mit ihrer *Gull* verweigerten. Sie fand sich für einige Monate hinter dem Steuer eines Krankenwagens wieder, bevor sie für drei Jahre in Poole in Dorset in einer Munitionsfabrik arbeitete. 1943 reiste sie dann in Großbritannien herum, um Spenden für die englische Kriegsführung zu sammeln.
In dieser unruhigen Zeit verliebte sie sich noch einmal und träumte mit einem englischen Bomberpiloten von der Fortführung ihres früheren Lebens nach dem Krieg, aber leider kehrte der von einem Flug über dem Kontinent nicht zurück.
Nach Kriegsende reisten sie und ihre Mutter 1946 nach Jamaika und kehrten erst 1953 wieder nach England zurück. Schon bald danach brachen sie zu einer siebenjährigen Irrfahrt kreuz und quer durch Europa auf, bevor sie sich für weitere sechs Jahre in einem Fischerdorf nahe Malaga niederließen. Ende 1965 wollten sich beide Frauen Ferien auf den Kanarischen Inseln und in Nordafrika gönnen, aber Ellen starb am 19. Juli 1966 in den Armen ihrer Tochter in San Marcos auf Teneriffa.

Allein

Der Tod ihrer Mutter trieb Jean erneut in eine Depression. Noch nie war sie so allein. Sie lebte fast 16 Jahre auf Teneriffa, weitab von der Fliegerei. Dann versuchte sie, sich wieder in London zu etablieren. Durch einen schönheitschirurgischen Eingriffs sah sie jünger aus; sie hatte ihr Haar schwarz gefärbt und trug einen sehr kurzen Rock. Über den Empfang in der Presse war sie glücklich; das baute sie auf.
Sie kehrte nach Teneriffa zurück, hielt es aber dort nicht mehr lange aus. Eine ihrer Weltreisen führte sie 1977 nach Neuseeland, wo sie mit blonden Haaren auftauchte. Sie wurde immer exzentrischer, verließ Teneriffa in Richtung England und ließ sich dann endgültig in Mallorca nieder.
Danach fünf Jahre ohne Lebenszeichen. Die Post wuchs zu einem kleinen Berg, das Bankkonto blieb unberührt. Die traurige Wahrheit kam im September 1987 durch eine Recherche ihres Biografen Jan Mackhersey an den Tag.
Jean war am 22. November 1982 in Palma di Mallorca nach einem Hundebiss an einer schweren Blutvergiftung gestorben. Ihre Krankenakte war im Verwaltungsdschungel verschwunden, weshalb niemand von ihrem Tod benachrichtigt worden war. Traurig, aber wahr: Ihr Name bedeutete der Öffentlichkeit nichts mehr. Am 22. Januar 1983 wurde sie in einem Massengrab in Palma beerdigt.
Gewiss lässt sich wie im Fall von Greta Garbo von einem Geheimnis Jean Batten sprechen. Wenn man Greta Garbo als große Schauspielerin würdigt, darf man von Jean Batten sagen: »Welch eine Fliegerin!«

Hélène Boucher

Die »Rafale« war ihr Schicksal

Am 11. August 1934 wurde Hélène Boucher am Steuerknüppel einer Caudron C450 Rafale die schnellste Frau der Welt. Am 30. November des gleichen Jahres, nur drei Jahre, nachdem sie mit dem Fliegen begonnen hatte, kam sie mit 26 Jahren genauso so zu Tode, wie sie gelebt hatte – in voller Geschwindigkeit! Ein Leben hatte sich in Schicksal verwandelt, es hatte Maßstäbe gesetzt.

Schon kurz nach ihrer Geburt am 23. Mai 1908 in Paris fiel der Bewegungsdrang der kleinen Hélène auf. Sie war ein echtes Energiebündel, ein Synonym für Lebhaftigkeit und Bewegungslust. Schon in ihrem ersten Lebensjahr fiel ihr eigensinniges Kinn und jenes freundliche Lächeln um ihre aquamarinblauen Augen auf, die sie von ihrer Mutter geerbt hatte. Diese Tochter, so nett sie sein mochte, war aus Stahl.

Sie wollte schon früh alles »allein« tun, sich »allein« hinsetzen, »allein« essen, »allein« laufen, »allein« sich anziehen oder, wie später, »allein« über ihr Schicksal entscheiden.

Die kleine Prinzessin war eigensinnig und manchmal sicher nervtötend, aber sie wusste, was sie wollte. Hélène war aber auch ein aufgewecktes und sensibles Kind, das zuhören und das mit einer Werkzeugkiste mehr anfangen konnte als mit ihren Puppen. Ihre Hartnäckigkeit verstärkte ihre stets wache Neugier, und das sollte sich ihr ganzes Leben lang nicht ändern. Hélène wollte immer viel wissen, aber sie blieb auch stets ein Ausbund an Fröhlichkeit.

Die kleine Burschikose spielte zwar die große Tochter, aber niemals mit Puppen. Nur ihre drei Stofftiere liebte sie, Bijou, den Hasen, Jap, das Pferd, und Bila, einen ziemlich großen Hund. Mit ihrer kleinen Menagerie verstand sie sich als Kind so gut wie als Erwachsene mit den Piloten André Maillet, Henri Robida, Paul Codos und einigen anderen.

Vorerst aber ging der kleine Wirbelwind in die Schule und erweiterte den Kreis seiner Freundinnen und Freunde. 1917 lernte sie am Collège Sévigné Dolly van Dongen, die Tochter des berühmten Porträtmalers, kennen, ihre später beste Freundin. Obwohl der Krieg die Familie Boucher zum Umzug nach Boigneville nicht weit von Chartres zwang, blieb er doch für die Zukunft Hélènes ohne wirkliche Bedeutung. Sie interessierte sich für alles und ein wenig auch für die Luftfahrt, als sie im Frühjahr 1918 neben einem Doppeldecker stand, dessen Besatzung am Friedhof von Boigneville notgelandet war. »Léno«, so ihr Spitznamen, inspizierte die Maschine, sog den Duft von Benzin und heißem Motorenöl ein und berührte mit ihren Fingern den lackierten Holzpropeller.

Technik und Schnelligkeit

Mit 16 Jahren ging Hélène auf die Suche nach ihrem Schicksal. Sie stammte aus einem ehrenwerten Milieu, konnte studieren und war mit ihrer Haartolle im Nacken ein hübsches Mädchen, dessen Lebensweg klar vorgezeichnet schien. Als ihr aber die Mutter den Gedanken an eine Heirat nahelegte, antwortete sie klar und deutlich, dass sie ihren künftigen Ehemann eher dem Zufall verdanken werde als dem Komplott zweier Familien.
Ihre Eltern nahmen ihren Entschluss zur Kenntnis. Madame Boucher, die wie ein Luchs über das Glück ihrer Tochter wachte, meldete ihre Tochter zur Klavierstunde an. Doch Hélène machte weder am Piano Fortschritte, noch interessierte sie sich so recht für das Zeichnen.
Sie selbst suchte einen Weg, der ihrem draufgängerischen Temperament eher entsprach. Zum Beispiel die Technik. Sie liebte das starke Gefühl, das ihr die Geschwindigkeit vermittelte. Schon mit zwölf Jahren brauste sie mit dem Motorrad ihres Bruders Noël durch die Straßen von Boigneville, was ihre vom Lärm angelockten Eltern blank entsetzte. Vier Jahre nach der Motorradepisode »lieh« sie sich das väterliche Auto.
Vor einem solchen Energiebündel hielten sich die Eltern mit Mahnungen zur Vorsicht lieber zurück und unterdrückten auch weitere Verbote, die ja ohnehin auf taube Ohren gestoßen wären. Aber in welchem Beruf sollte Hélène ihre Leidenschaft für alles, was mit Technik und Schnelligkeit zusammenhing, verwirklichen?
Als das junge Mädchen um 1930 immer noch nicht wusste, welchen Weg es einschlagen sollte, führte es das Schicksal eines Abends nicht weit von ihrer Wohnung mit dem Fliegerleutnant Roger de Grésigny zusammen, den es seit drei Jahren nicht mehr gesehen hatte. Die beiden kamen rasch auf das Fliegen, weil Hélène wissen wollte, was »da oben« denn so passiere. Da Roger in Orly stationiert war, bat sie ihn, sie auf den Flugplatz mitzunehmen, nicht um ihn fliegen zu sehen, sondern um »selbst zu fliegen«, wie sie hinzufügte.
Hélène flog am Samstag, den 14. Juni 1930, zum ersten Mal und entstieg dem Flugzeug als Verwandelte: »Ich will auch Pilotin werden«, sagte sie. Nun also hatte Hélène ihren Weg gefunden – sie musste nur noch ihre Eltern überzeugen.

Das erste Mal

»Mama, ich will Fliegerin werden«, erklärte Hélène ihrer Mutter noch am gleichen Abend.
»Kommt gar nicht in Frage!«, ruft diese entsetzt. »Erstens ist Fliegen zu gefährlich, und zweitens braucht man dazu Geld. Hast du Geld? Nein! Also reden wir nicht mehr davon.«
»Nein, Mama, Fliegen ist ungefährlich. Unfälle passieren nur Unvorsichtigen. Ich werde fliegen!«
In Orly hörte Hélène zu, beobachtete alles aufmerksam, fragte viel und machte sich immer irgendwie nützlich, um möglichst viele Flugminuten herauszuschinden. Und wieder griff die Vorsehung ein, dieses Mal in Gestalt von Henri Farbos, dem Gründer des noch sehr jungen Aéroclubs von Mont-de-Mersan. Er bot Hélène Flugstunden zum ermäßigten Preis an, vorausgesetzt, sie wolle bei ihm fliegen lernen. Seiner Frau blieb die delikate Mission, Hélènes Eltern die Erlaubnis abzuringen, ihre Tochter in dieses Abenteuer zu entlassen, dem sie beide so sehr misstrauten. Nur widerstrebend stimmten sie zu.
Hélène verließ Paris am 18. März 1931 traurig, aber auch mit freudigem Herzen. Schon bei ihrer ersten Flugstunde am 20. März in Mont-de-Mersan lernte sie schnell und gut. »Je länger ich fliege, desto mehr liebe ich es«, schrieb sie am 27. März an ihren Vater.
Am 15. Juni 1931 erfüllte sich endlich ihr Traum: Sie flog zum ersten Mal allein. Sechs Tage später, am Sonntag, den 21. Juni 1931, legte sie vor den Augen der versammelten Fluglehrer ihre Prüfung erfolgreich ab. Nun also durfte sie unbeschränkt Passagiere befördern, aber gleichzeitig war sie auch vollständig pleite. Dafür entschädigte sie jedoch die Hochachtung ihrer Kollegen. In einem Brief an ihre Eltern vom 24. Juni berichtete sie übrigens darüber und schrieb darin auch begeistert über Adrienne Bolland, die »mich als Pilotin mit Maryse Bastié gleichgesetzt hat«. »Es scheint«, fährt sie fort, »dass, wenn ich will, die glänzendste aller Karrieren vor mir liegt.« Adrienne aber sah das Ganze wesentlich nüchterner.

Gegenüberliegende Seite:
Michel Détroyat nahm sich Hélène Bouchers an und formte sie in einem Monat zu einer Kunstfliegerin, die die deutsche Titelträgerin Vera von Bissing bei den Internationalen Kunstflugmeisterschaften am 8. Oktober 1933 zu einem denkwürdigen Luftduell zwang.

Oben:
Hélène Boucher mit ihrem aschblondem Haar, ihrem bezaubernden Teint, ihren schönen grauen Augen und ihrer reizenden Frische stellte die weltweite Hierarchie innerhalb von drei Jahren auf den Kopf und flog sogar schneller als alle Männer.

Nachfolgende Doppelseite:
Meister des Kunstflugs wie Michel Détroyat und das berühmte Fliegerquartett Marcel Doret, Jérôme Cavalli, Louis Massotte und René Paulhan flogen am liebsten mit dem Zweisitzer *Morane-Saulnier MS 315 Parasol*.

Im Vorzimmer des Ruhms

Von Juli bis Dezember 1931 flog Hélène wenig und verging schier vor Ungeduld. Im Dezember erwarb sie für einen Spottpreis eine *Gipsy Moth* mit 85 PS, einen Doppeldecker, den sie im Januar 1932 abholte.
In Le Bourget, wo ihre kleine *Moth* stand, tat sie sich mit Paul Codos und Henri Robida zusammen, die wegen ihres jüngsten Flugs von Hanoi nach Paris bekannt geworden waren. Die beiden beeindruckte die Chuzpe der jungen Frau, als diese ihnen ruhig versicherte, zuerst den staatlichen Pilotenschein für den Passagiertransport zu erwerben, um damit ihren Lebensunterhalt zu verdienen, danach aber nach Ruhm und Bekanntheit zu streben: »Ich glaube an meinen Stern.«
Vom 27. April bis 2. Mai flog sie inklusive eines Nachtflugs allein über Frankreich und sammelte so die für die erwähnte staatliche

Prüfung notwendigen 100 Flugstunden; die Prüfung bestand sie mit Glanz.

Da ihr keine Fluggesellschaft eine Festanstellung anbot, plante sie einen Streckenflug, der einerseits natürlich beeindrucken sollte, auf dem sich aber andererseits nicht schon eine Reihe von Fliegerinnen hervorgetan hatten. Hélène ging es nicht um einen reinen Distanzflug, sie wollte vielmehr die anderen weiblichen Piloten ausstechen. Sie erfuhr, dass auf dem Flugplatz von Croydon bei London eine *Avro-Cirrus* zum Verkauf stehe, also eine zwar schwerfällige, aber für das Projekt, das Hélène vorschwebte, geeignete Maschine. Sie verschuldete sich erheblich, um das Flugzeug kaufen zu können, und meldete sich damit für den Wettflug Cannes – Deauville an.

Kurz nach dem Start zwang eine Motorpanne Hélène zur Landung auf einer schmalen Gänseblümchenwiese in La Nièvre. Es gelang ihr zwar, wieder zu starten, aber dann kam ihr ein weiteres Problem in Gestalt einer Pappelreihe entgegen, der sie nicht mehr ausweichen konnte. Ihr Zweisitzer krachte unter dem fürchterlichen Lärm zerreißender Leinwand und splitternden Holzes in die Äste, und der Motor rührte sich nicht mehr. Die junge Frau wurde zwar durchgeschüttelt, blieb aber unverletzt. Sie befreite sich und kletterte mehr schlecht als recht auf den Boden hinunter.

Danach plante sie einen der gewagtesten Flüge jener Zeit, den Flug von Paris nach Madagaskar, aber so erfahrene Piloten wie Robida und Codos rieten davon ab. »Versuchen Sie es lieber auf der Strecke Paris – Saigon«, meinten sie.

Am 13. Februar setzte sie sich an den Steuerknüppel ihrer reparierten *Avro* und flog von Le Bourget weg. An den beiden Seiten ihrer Maschine prangte der rote Schriftzug »Foire de Paris«; diese Reklame trug wesentlich zur Begleichung der Öl- und Benzinrechnungen bei.

Eine sonderbare Erfahrung mit dem Alleinsein begann. Die Pilotin lernte nicht nur das Gefühl intensiver Einsamkeit kennen, sondern auch Stunden der Monotonie, unterbrochen von Angst oder Verzückung. Der Wind schüttelte sie, die Kälte ließ sie erstarren, die Hitze verbrannte sie, aber sie hielt sich wacker und hielt vor allem ihren Zeitplan exakt ein. Leider beeinträchtigten wieder technische Schwierigkeiten ihre Reise, vom bösen Willen des Bodenpersonals bei einigen Zwischenstopps gar nicht zu sprechen. Auf dem Weg nach Bagdad trat sie schließlich in Ramadie den Rückflug an. Diese erzwungene Rückkehr ärgerte sie gewaltig, auch wenn der vorzeitig beendete Flug die Ausdauer und Kampfeslust der jungen Frau bewiesen hatte. Gerade darin lag der wahre Sieg.

Nachdem sie ihre *Avro* verkauft hatte, durchlebte Hélène jenes Zwischenstadium, das über den Verzicht auf das Fliegen oder den Ruhm entschied. In dieser Zeit stellte ihr Maillet den Konstrukteur Pierre Mauboussin vor, der die junge Pilotin schließlich für die Teilnahme an dem Zwölf-Stunden-Rennen von Angers engagierte, ein Rennen, bei dem es auf Ausdauer ankam und das im Juli 1933 stattfinden sollte. Er übergab der jungen Frau einen blausilbernen Zweisitzer und brauchte seine Entscheidung nicht zu bereuen. Léno kam auf den 14. Platz bei 17 Teilnehmern und überquerte die Ziellinie als erste Frau. Nun stand die Frage nach ihrem Weiterkommen erst recht im Raum: Warum sollte sie nicht Kunstfliegerin werden? Also wendete sie sich an den unbestrittenen Meister in dieser Disziplin, Michel Détroyat, und bewarb sich um einen Platz in seiner Meisterklasse, die er kurz zuvor in Villacoublay eröffnet hatte. Der Meister bestand jedoch auf einem Probeflug, um ihre Nerven zu testen.

Er setzte Hélène in seine Maschine und zog mit ihr das gesamte Programm durch: Loopings, Kehren über den Flügel, Kehren, Spiralen und Kerzen. Hélène hielt ohne Murren durch, was Détroyat doch sehr erstaunte. Beeindruckt von ihrer Abgeklärtheit, lud er sie zu seinem tags darauf, am 2. August, beginnenden Kurs ein. Das gehe leider nicht, antwortete Hélène, ohne ihm zu sagen, dass sie eben an diesem Tag den Höhenrekord für Frauen mit einer kleinen *Mauboussin-Peyret* angreifen wollte. Und tatsächlich schraubte sie an diesem Tag ihre Maschine auf eine Höhe von 5 900 Metern! Damit hatte sie den bestehenden Höhenrekord der Amerikanerin May Haizlip vom 13. Juni 1931 gebrochen.

Nach diesem Flug begann sie mit dem Kunstfliegen. Einen Monat später beherrschte sie nach den Anweisungen des unerbittlichen Détroyat dessen Hohe Schule vollständig. Ihr Lehrer sparte nicht mit Lob: »Ich habe noch keinen Schüler gesehen, der derart willig und von einem solch ausgeprägten Wunsch nach Perfektion angetrieben war.«

Und Détroyat täuschte sich nicht, denn nach nur vier Wochen Ausbildung und 14 Stunden und 55 Minuten Flugzeit trat sie am 8. Oktober 1933 in Villacoublay zu einem Luftduell gegen die Deutsche Vera von Bissing an, die seit zwei Jahren amtierende Weltmeisterin im Kunstflug war. Zwei Jahre gegen einen Monat! Am Ende war nicht klar zu entscheiden, welche der beiden Frauen gesiegt hatte.

Détroyat stellte seinen aufsteigenden Stern den Verantwortlichen des Hauses Caudron-Renault vor, sein Vorschlag aber, diese Frau anzustellen, machte seine Gesprächspartner ziemlich perplex.

Gegenüberliegende Seite:
Hélène Boucher beherrschte alle Flugarten: Höhenflug, Distanz-, Kunst- und Geschwindigkeitsfliegen. Nichts konnte sie bremsen, vor allem keine Männer.

Oben:
Raymond Delmotte, einer der damals schnellsten Flieger, stand der Weltmeisterin nach ihrer Anstellung bei Caudron-Renault zur Seite. Er riet Hélène Boucher am 30. November 1934 in Guyancourt wegen schlechten Wetters dringend von ihrem Flug ab und musste hilflos ihrem tödlichen Absturz zusehen.

Deshalb traf sich Hélène mit Marcel Riffard, dem Chefkonstrukteur von Caudron-Renault und Vater der *Rafale*, der damals schnellsten Maschine. Er hatte Hélène schon fliegen sehen und ihre Gewandtheit bewundert, insbesondere ihre schnelle Ausführung der Flugmanöver – für ihn unerlässliche Fähigkeiten eines Hochgeschwindigkeitspiloten. Nach dem Treffen wusste der Ingenieur, dass die junge Frau die Richtige sei.
Hélène musste sich noch einem weiteren Test in Le Bourget unterziehen. Diesmal waren der Chefpilot Raymond Delmotte, Marcel Riffard, François Lehideux, der Geschäftsführer der Firma, und Michel Détroyat anwesend.
Sie hob rasend schnell ab und drehte zwei Runden, bevor sie zur nicht ganz einfachen Landung ansetzte. Aber sie klappte.
Als die Männer lächelten, da wusste sie: Das war sie, die so ersehnte Festanstellung – endlich!

Die Krönung

Caudron engagierte sie unverzüglich für das Zwölf-Stunden-Rennen von Angers im Juli 1934. Welch eine Entwicklung innerhalb eines Jahres! Von der kleinen *Mauboussin* ihrer Anfänge war Hélène in die stärkste und schnellste Maschine umgestiegen. Vor dem Rennen blieb sie ganz entspannt.
Dann kam der Start. Als die zwölf Stunden um waren, lag das etwas erfahrenere Duo Lacombe und Trivier nur einige Sekunden vor Hélène. Die aber hatte mit einer Durchschnittsgeschwindigkeit von 250,086 Stundenkilometern den Weltrekord über 100 und vor allem über 1 000 Kilometer für Leichtflugzeuge erobert.
Viele Fliegerinnen und Flieger hätten sich mit dieser echten Krönung ihrer fliegerischen Leistung begnügt, nicht so Hélène. Ihr schwebte vor, die schnellste aller Fliegerinnen zu werden, und wollte dabei sogar die Männer übertreffen. Darin unterstützte sie die gesamte Caudron-Mannschaft. Am 6. August 1934 kam sie in Istres an, wo die einsitzige blaue Rekordmaschine *Caudron C450* mit ihrem 300 PS starken Sechszylindermotor auf sie wartete, auf dem Rumpf die berühmte weiße Nummer 13.

Am 8. August 1934 hob sie um 17 Uhr 20 ab. Die Pilotin musste eine Strecke von drei Kilometern, deren Endpunkte zwei Masten markierten, schnellstmöglich durchfliegen. Als sie nach knapp zweieinhalb Stunden wieder aufsetzte, hatte sie mit einer Durchschnittsgeschwindigkeit von 409,184 Stundenkilometern den Weltrekord über 1 000 Kilometer für alle Flugzeuge auf 2 Stunden, 26 Minuten und 38 Sekunden gedrückt und die frühere Bestmarke von Maurice Arnoux gebrochen. Im gleichen Versuch stellte sie den ersten Frauenweltrekord über 100 Kilometer für alle Flugzeugtypen auf; ihre durchschnittliche Geschwindigkeit betrug 412,371 Stundenkilometer. Damit entthronte sie Amelia Earhart, die vor ihr die Weltrekordhalterin war. Das waren schöne Erfolge, aber sie befriedigten Hélène noch immer nicht.
Am 10. August flog sie mit Vollgas so tief über die Zuschauer hinweg, dass diese in Angst und Schrecken gerieten. Dabei schnappte sie May Haizlip den Weltrekord als schnellste Fliegerin weg. Aber »428,223 gegen 405,320 Stundenkilometer – das reicht mir nicht«, kommentierte sie knapp. Sie verweigerte sogar die offizielle Bestätigung dieser erstaunlichen Leistung. Die »schnellste Frau« der Welt wollte der schnellste Mensch der Welt werden.

Rechts:
Hélène Boucher, porträtiert von Paul Lengellé, dem »Maler der Fliegerei«. Die Pilotin konnte selbst gut zeichnen, was ihre Freundin Dolly van Dongen, die Tochter des berühmten Porträtmalers, unbedingt fördern wollte. Aber Hélène malte lieber ihre Arabesken an den Himmel.

Gegenüberliegende Seite:
Hélène Boucher 1933 kurz vor ihrem Flug von Paris nach Saigon. Er endete aber schon in Ramadi bei Bagdad.

»Wann wollen Sie das machen?«, wurde sie gefragt. »Morgen, sicher. Warum sollte ich warten?«, stieß sie aufgeregt hervor.
Am 11. August setzte sie die *Rafale* 20 Minuten nach dem Abheben um 7 Uhr 7 sanft wieder auf und ließ sie vor einer Gruppe normalerweise besonnener Männer ausrollen; es war ihr gelungen, die *Caudron* auf eine Durchschnittsgeschwindigkeit von 445,028 Stundenkilometern zu treiben. Im Cockpit saß nicht nur eine Weltrekordlerin, sondern der »schnellste Mensch der Welt«. Sie hatte gewonnen.
Der Reigen der Einladungen erwies sich indes als anstrengender als alle Weltrekorde zusammen – nicht zu vergessen ihre Spritztouren bei Nacht.
Ihre Freunde beunruhigte ihr immer häufiger abwesende Gesichtsausdruck. Das ständige Über-sich-selbst-Hinauswachsen erhöhte zunehmend das Risiko, zu Tode zu kommen. Dolly van Dongen vertraute sie hellsichtig an: »Du wirst sehen, ich werde sterben wie die anderen.«

Nur ein Testflug

Am 30. November besucht sie den 16. Salon de l'aéronautique im Grand Palais in Paris. Dort isst sie mit einigen Freunden zu Mittag, bevor sie sich von ihnen verabschiedet. Sie will noch auf der *Rafale* trainieren, die sie seit ihrem Triumphflug nicht mehr gesteuert hat. Kurz darauf fliegt sie nach Guyancourt.
Die Sonne hat sich an diesem späten Herbsttag schon verabschiedet, und über der Gegend von Paris hängt Nebel. Für Delmotte ein unmögliches Wetter zum Fliegen. Er warnt Hélène, die trotzdem auf einem Testflug mit der *Rafale* beharrt. Das Flugzeug rast die holprige Piste entlang und hebt um 15 Uhr 20 ab. Beim kurzen Flug hat Hélène offensichtlich keine Probleme, aber bei der Landung behindert sie die sehr schlechte Sicht.
Dann geht im violetten Nebel alles sehr schnell. Das Flugzeug kippt nach vorn. Es fliegt schon zu tief, als dass es selbst die geübtesten Reflexe noch hätten abfangen können. Die Maschine zerschmettert bei Croix-du-Bois am Boden. Delmotte, Chefmonteur Goury und der Mechaniker Fouquet stürzen hinaus, aber sie wissen, dass sie der Tod schon überholt hat.
Hélène liegt zwischen den Überresten des Flugzeugs. Ihr Gesicht ist – abgesehen von einem Bluterguss auf der einen Seite – unverletzt. Sie blickt in Richtung Sonne. Es scheint, als habe sie nicht gelitten.

Beryl Markham
Die Königin des Atlantiks

Beryl Markham flog seit 1930 und war eine der faszinierendsten, aber doch auch kaum greifbaren Persönlichkeiten aus den verrückten Anfangsjahren der Fliegerei. Zugleich kannte man sie als verführerische Frau, deren in jeder Hinsicht abenteuerliches Leben den Vergleich mit dem Glamour einer Hollywood-Diva nicht zu scheuen brauchte. Obwohl sie ganz unbestritten eine Femme fatale war, war sie auch eine mutige Tochter der Lüfte, die nicht nur als erste Pilotin Passagierflugzeuge über Ostafrika steuerte, sondern 1936 auch als erste Frau den Nordatlantik von Ost nach West überquerte.

Die Engländerin Beryl Markham und der französische Piloten-Schriftsteller Antoine de Saint-Exupéry besitzen viele Gemeinsamkeiten, außerdem war er einer ihrer zahllosen Liebhaber. Beide liebten das Fliegen, und beide eroberten ein ums andere Mal das andere Geschlecht. Saint-Exupéry war nur einmal offiziell verheiratet, Beryl hingegen dreimal, ohne ihre jeweiligen Partner aber wirklich zu lieben. Die Liebe ihres Lebens war, wie sie später gestand, ihr Fluglehrer Tom Campbell Black, der ihr das Firmament und wahrscheinlich noch einige andere Sterne nahebrachte. Ihn erwähnte sie aber übrigens so gut wie nie.
Niemand weiß so recht, was er von dieser unabhängigen und quirligen jungen Frau halten soll, die ihren resolut-widerspenstigen Charakter wahrscheinlich von ihrem Vater, einem der besten Reiter Englands, einem kultivierten Abenteurer und geachteten Rennpferdzüchter, geerbt hatte.

Eine kleine Wilde

Beryl Markham kam 1902 als Beryl Clutterbuck in Leicester in Großbritannien zur Welt. Als sie vier Jahre alt war, ließen sich ihre Eltern scheiden, und der Vater übersiedelte mit ihr nach Ostafrika, wo sie auf einer riesigen Farm in Njoro lebten, etwa 100 Kilometer von Nairobi entfernt. Für die kleine Beryl gab es keinen besseren Spielplatz als das Buschgelände, das sie mit den jungen Burschen vom Stamm der Murani durchstreifte. Schon bald beherrschte sie Kisuaheli als zweite Muttersprache, sprach Nandi und das Massai-Idiom Maa.
Sie hatte sich an das Leben in der frischen Luft und an die Jagd gewöhnt und verspürte keine Lust auf die Schule, von der sie schließlich wegen zu häufigen Schwänzens ausgeschlossen wurde. Die wilde Natur und ihre endlosen Weiten zogen sie zu sehr an, an das Eingesperrt-Sein in der Schule konnte sie sich nicht gewöhnen. Langeweile hatte sie auf jeden Fall keine, denn ihr Vater brachte ihr die Dressur von Rassefohlen als Vorstufe zur Ausbildung von Vollblütern bei. Mit 18 Jahren erhielt sie als erste Frau in Afrika die Lizenz, Rennpferde zu trainieren.

Links:
Beryl Markham, die Vollblutgeliebte und Herzensbrecherin, tauscht die Herren Liebhaber gegen einen Einsitzer der Marke *Percival Gull Messenger*, mit dem sie andere starke Gefühle erleben wird.

Gegenüberliegende Seite:
Beryl Markham kurvt zunächst am afrikanischen Himmel herum und fliegt dann nach England. Nun will sie an Bord einer *Percival Gull Messenger* die Vereinigten Staaten erobern. Sie wird als erste Frau den Atlantik von Ost nach West überfliegen.

Die Aufzählung der Ehemänner der jungen Engländerin könnte man mit den Strichen auf dem Höhenruder eines erfolgreichen Jagdfliegers vergleichen. Auf der Liste Beryls stehen also drei Hochzeiten, was im Grunde allein schon ein Leben ausmacht. Die Liste der unbestätigten Siege enthüllt die Schimären, die es in ihrem Leben auch gab. An erster Stelle wäre die Figur des schon genannten Tom Campbell Black zu nennen. Aber diese tollkühne junge Frau, die sich immer zu helfen wusste, bot auch dem bekannten Großwildjäger Dennis Finch Hatton, dem Geliebten der Romanschriftstellerin Karen Blixen, ihre fliegerischen Dienste an. Hatton hatte sie an das Fliegen herangeführt, als er sie zum ersten Mal in seinem Flugzeug mitnahm. Mit ihm hatte sie wie mit dem Ehemann von Karen, Bror von Blixen, eine Affäre. Dem 17 Jahre Älteren schenkte sie ihre Gefühle, als sie gerade die Freundin und Vertraute der Autorin des Bestsellers *Jenseits von Afrika* geworden war.

Eine Verführerin wächst heran

Außer für Vollblüter interessierte sich Beryl auch für Männer – ein Leichtes für diese blonde Schönheit mit den tiefblauen Augen und den regelmäßigen, feinen Gesichtszügen, die es mit der Moral nicht so genau nahm. 1919 heiratete die 16-Jährige den Farmer Jock Purves, dem als Ehemann 1927 der begüterte englische Aristokrat Manfield Markham nachfolgte. Als das Paar 1929 in England lebte, brachte sie ihren Sohn Gervase auf die Welt. Mansfield verließ sie jedoch kurz nach der Geburt, weil er kompromittierende Briefe entdeckt hatte. Beryl kehrte allein nach Kenia zurück. 1924 heiratete sie ein drittes Mal, allerdings eher aus praktischen Erwägungen als aus Gefühl. Der Neue hieß Raoul Schumacher und war amerikanischer Journalist.

Endlich Fliegerin!

Die große Verführerin vergaß das Flirten nur, wenn sie in ein Flugzeug stieg und dieses sie in eine Gefühlswelt entführte, die sie in vollen Zügen genoss. Beryl flog gern unter dem afrikanischen Himmel; zwischen 1930 und 1936 legte sie mehr als 350 000 Kilometer zurück.
Nach dem Flugunterricht bei dem geliebten Tom Campbell Black 1930 hatte sie es rasch auf 1 000 Flugstunden gebracht. Innerhalb von 18 Monaten erlangte sie ihren Pilotenschein für Passagierflugzeuge. Sie flog dann kreuz und quer über Ostafrika, transportierte Fluggäste zu entlegenen Farmen oder Jäger in wildreiche Gegenden, die sie zuvor ausgekundschaftet hatte. Sie flog auch Medikamente und Postsendungen, besonders zu den Goldsuchern in Tanganjika. Manchmal transportierte sie auch Kranke.
Mehrmals kam sie notgelandeten Piloten zu Hilfe, an Bord alter Klapperkisten, auch bei Nacht, ohne Funk, mit wenigen Instrumenten.
Kaum ein Jahr nachdem sie ihre Fluglizenz erworben hatte, flog sie in 23 Tagen nach England. Die Reise war mit technischen Pannen gespickt und durch höchst unzuverlässige Wettermeldungen behindert.

Die berühmte Heldin

Schon bald wollte sie einen Rekord für Leichtflugzeuge aufstellen. Die Vorstellung eines Flugs über den Nordatlantik gefiel ihr sehr gut. Zwar hatte die Amerikanerin Amelia Earhart den Nordatlantik 1932 bereits in westöstlicher Richtung von den Vereinigten Staaten nach Europa überflogen und dabei die günstigen Luftströmungen genutzt. Beryl hingegen plante wie die Flieger Costes und Bellonte 1930 die Überquerung in umgekehrter Richtung, die wegen widriger Winde deutlich schwieriger ist. Bei ihrem dritten oder vierten Flug nach England nahm der Plan endgültig Gestalt an.

Am 4. September 1936 startete sie am Steuer der einmotorigen *Percival Gull Messenger* bei Einbruch der Nacht vom Flugplatz von Abington südlich von Oxford in England mit dem Reiseziel New York. Ohne Funk, in totaler Dunkelheit und bei fürchterlichen Witterungsverhältnissen schaffte sie den Flug von Kontinent zu Kontinent in 21 Stunden und 25 Minuten. Da sie dabei allerdings mehr Sprit als vorgesehen verbraucht hatte, wurde Beryl klar, dass sie New York wohl nicht erreichen würde, und sah sich zu einer Notlandung im Sumpf von Baleine Cove auf der Insel Kap Breton in Sichtweite von Neuschottland gezwungen. Die Spitze des Flugzeugs bohrte sich tief in den Schlamm, und sie wurde vom harten Aufprall kräftig durchgeschüttelt. Die junge Frau betrachtete den Versuch zwar als Fehlschlag, doch ihr Name ging in die Geschichtsbücher des Fliegens ein. Sie war fortan die erste Frau, die den Nordatlantik in einem Nonstop-Flug von Ost nach West überflogen hatte.

Ihre Heldentat eroberte die Schlagzeilen der Zeitungen. In England, wo sie künftig leben wollte, ohne sich erneut in die Lüfte zu erheben, wurde sie eine Berühmtheit. Ihr Interesse am Fliegen erlosch gänzlich, als Campbell Black auf einem Flug nach Südafrika ums Leben kam.

Da sich viele für ihre abenteuerliche Reise über den Atlantik begeisterten, plante sie eine ausführliche Darstellung, die sie mit der Erzählung ihres Lebens im afrikanischen Busch verbinden wollte, eine Erzählung von den Tieren dort, ihren Freunden unter den Eingeborenen und den Flügen über kaum erforschte Gegenden. Sie erinnerte sich, dass sie ein gewisser Antoine de Saint-Exupéry, den sie 1932 traf, lebhaft dazu ermutigt hatte, vor allem über ihre Flüge im Busch zu schreiben. 1940 begegnete sie ihm in Hollywood erneut. Nachdem er ihr Geliebter geworden war, bedrängte er sie immer wieder, ihre Eindrücke als Fliegerin aufzuzeichnen, und Beryl skizzierte schließlich den Plan ihrer Autobiografie. Das Buchprojekt gedieh bestens, als sie 1941 den Journalisten und Schriftsteller Raoul Schumacher, ihren dritten Ehemann, kennen lernte. Dieser überarbeitete ihr Manuskript so stark, dass er nach dem Erscheinen des Buchs im Mai 1942 unter dem Titel *Westwärts mit der Nacht* die Urheberschaft daran beanspruchte. Ob zu Recht, bleibt unklar, denn das Manuskript, das Beryl aufgehoben hatte, war von Raoul komplett redigiert worden. Auch enthielt es eine Fülle falscher Flugbeschreibungen, die Beryl nicht unterlaufen wären, hätte sie tatsächlich die Feder geführt.

Ein ausgekochtes Luder

Die Kritik ließ sich indes nicht täuschen und gratulierte Beryl. Ernest Hemingway hielt mit seiner Bewunderung für die Autorin nicht zurück, obwohl sie ihn bei seinen einstigen Annäherungsversuchen in Afrika freundlich, aber deutlich abgewiesen hatte. Der Amerikaner verband in seinen Äußerungen geschickt Lob und pure Gehässigkeit. In einem Brief an seinen Verleger bemerkte er: »Haben Sie das Buch *Westwärts mit der Nacht* von Beryl Markham gelesen? Ich habe sie in Afrika gut gekannt und mir niemals vorstellen können, dass sie ein Wort mehr schreiben kann als die Eintragungen in die Flugkladde. Aber nun zeigt sich, dass sie so gut, so wunderbar gut schreiben kann, dass ich mich als Schriftsteller schlicht vor ihr schäme. [...] Aber diese, nach allem, was ich von ihr weiß, garstige junge Frau, um nicht zu sagen, dieses ausgekochte Luder, hat das Potenzial, uns etablierte Schriftsteller zu übertreffen.«

»Ich habe leidenschaftlich gern Männer getroffen, aber der Himmel hat mich ein unerklärliches und mächtiges Gefühl gelehrt: die Liebe?« *Beryl Markham*

Das Buch konnte aber nicht lange die Aufmerksamkeit auf sich ziehen, denn die Amerikaner hatten durch den Krieg andere Sorgen. Beryl und Raoul übersiedelten nach New Mexico und schrieben Beiträge für verschiedene Zeitschriften. Nach Kriegsende trennten sie sich, und Beryl kehrte 1952 nach Kenia zurück. Dort widmete sie sich erneut der Pferdezucht und beherrschte auch bald wieder die Szene des Pferderennsports.
In Nairobi unterstellten Beryl böse Zungen, dass sie Alkoholikerin sei und ihr Buch natürlich nie allein habe verfassen können, da sie vollkommene Analphabetin sei. Beryl schwieg zu den Gerüchten und zuckte nur mit den Schultern.

Gegenüberliegende Seite:
Überall, wo Beryl Markham landet, entweder im Busch, in London oder in Hollywood, erregt sie Aufsehen und entfesselt Leidenschaften. Die junge Frau lässt Hemingway abblitzen und an Saint-Exupéry nascht sie nur, bevor sie zum Nächsten flattert.

Oben:
Beryl Markham sammelt Meilen in der Luft und reiht ein Liebesabenteuer an das andere. Ob nun aber angesichts der Naturelemente oder der Männer – stets bleibt sie absolut Herrin ihrer selbst.

Die wahre Beryl

Wer war sie wirklich? Wahr ist wohl, dass sie von der Liebe ihrer Mutter enttäuscht war und ihr die übermäßige Zuneigung ihres Vaters auf die Nerven ging. Vor allem fühlte sie sich schon sehr früh auf sich selbst gestellt. Warum also nicht ihre Schönheit einsetzen, um sich vom Leben das Beste zu nehmen? Oft saß sie ohne Geld da und bewegte sich doch in feinen Kreisen, wo sie ihre Liebhaber finanziell ungeniert abzockte. Ihre publikumswirksamen Affären machten aus ihr eine Institution, an der in den 1940er-Jahren in Hollywood niemand vorbeikam. Und genau in dieser Zeit erschien ihr Buch. Auch wenn es ihr damit gelang, ihr reichlich unstetes Leben zu überdecken, so schildert es doch eine sensible, mutige und eigenständige Frau, aber auch einen verletzbaren und sogar zurückhaltend-dezenten Menschen.
Als ihr Werk 1983 neu aufgelegt wurde, hielt es sich 42 Wochen auf der Bestsellerliste der *New York Times*. Beryl Markham erlebte diesen Erfolg als Anerkennung und als die Bereinigung von Missverständnissen über ihre wahre Natur. Nachdem sie in ihrem Leben wie ein Tropensturm gewütet hatte, erschien ihr dieses Leben nun wie ein ruhig dahinströmender Fluss. Sie starb im August 1986 in Nairobi nach der Operation ihres gebrochenen Beins.

Jackie Cochran

Wo ein Wille ist, ist auch ein Weg

Das kleine, namenlose und – zumindest nach der eigenen Legende – bei seiner Geburt verlassene Mädchen kam aus dem Nichts. Es schuf sich aber nicht nur eine eigene Identität und wurde Jacqueline Cochran, sondern es vermarktete sich vor allem als Erfolgsstory, die die Amerikaner so sehr lieben. In einem prosperierenden, für alle Verrücktheiten und Extravaganzen aufgeschlossenen Amerika war alles möglich, vorausgesetzt man entwickelte Willen, Vorstellungskraft, Glück und vor allem die Bereitschaft zu harter Arbeit. Jackie jedenfalls reihte von 1938 bis 1964 fliegerische Heldentaten und Rekorde aneinander und setzte sich als erste international berühmte Fliegerin aus den USA durch.

Es wäre schon eine Meisterleistung gewesen, mit Amelia Earhart an Popularität gleichzuziehen. Sie aber ganz vergessen zu machen, das war fast unmöglich. »Lady Lindy« hatte in der Tat die Herzen der Amerikaner schon in Beschlag genommen, aber Jacqueline Cochran, die sie verehrte, schloss 1938 zu ihr auf. Damals bereits hatte sie als fliegerische Autodidaktin mit Intelligenz und Beharrlichkeit einen wichtigen Wettbewerb absolviert.

Jackie Cochran wurde nichts geschenkt. Wie aus den unvollständigen Unterlagen eines Einwohnermeldeamts hervorgeht, kam sie 1907 in Pensacola in Florida auf die Welt. Ihre ersten Lebensjahre spiegeln einen Überlebenskampf, wie er im Armenmilieu, in das sie hineingeboren wurde, üblich ist.

Woher stammte sie? Wann und wo wurde sie genau geboren? Wer waren ihre Eltern? Glaubt man ihr, so will sie mit acht Jahren zufällig erfahren haben, dass die Alkoholikerin, die sie ständig verprügelte, nicht ihre Mutter war. Und die Gosse, in der sie neben einem von Krokodilen verseuchten Flussarm ihr Leben fristete, war nicht ihre Heimat. Erst nach ihrem Tod am 8. August 1980 kam durch die späten Enthüllungen einer gewissen Mamie Pittman Hydle, die sich als ihre Schwester zu erkennen gab, und deren Sohn Jerry Hydle heraus, dass die junge Jackie, die sich zur meist dekorierten amerikanischen Pilotin emporgearbeitet hatte, ihr Geburtsjahr leicht zu ihren Gunsten verändert und sich so ein wenig jünger gemacht hatte. Demzufolge kam Jackie Cochran als Bessie Lee Pittman am 11. Mai 1906 in Muscogee in Florida als Tochter von Molly (oder Mary) Grant und Ira Pittman auf die Welt und hatte tatsächlich eine harte und armselige Kindheit. Aber sie lebte gewiss nie als Waise, die adoptiert oder von ihrer Familie getrennt worden war. Im Gegenteil, auch als Berühmtheit hatte sie stets in herzlicher Verbindung mit der Familie gestanden.

Ihre Namensänderung verdankte sie ihrer Heirat mit Robert »Jack« Cochran, der kurz danach starb. Ihr Sohn Robert verbrannte mit fünf Jahren bei lebendigem Leib in einem Feuer, das er selbst gelegt hatte.

COCHRAN

Ein findiges Mädchen

Das Leben von Jacqueline Cochran begann wie ein schlechtes Märchen. Ein Mädchen ohne das geringste geistige Rüstzeug, das schon sehr früh in die Lehre der Schlauheit ging. Dort lernte es die allein gültige Regel: Erwarte nichts von anderen, sondern verlange es zuerst von dir selbst! Während ihrer Jugendjahre, die sie in einer Pfahlhütte in Louisiana verbrachte, blieb ihr nichts erspart. Diese Zeit bezeichnete sie später als ihr »Biberleben«.
Sie floh aus diesem Sumpf und trampte auf den Fernstraßen nach Süden in der Hoffnung, irgendwo eine Anstellung zu finden. Dabei kam sie mit den unterschiedlichsten Dingen in Berührung, die am Rande ihres Weges passierten. Ihre Lesekenntnisse verbesserte sie, indem sie »die Verkehrsschilder buchstabierte«. Abends lernte sie weiter und las Zeitungen mit Hilfe eines Wörterbuchs – ihres größten Schatzes, den sie sich irgendwo besorgt hatte.
Sie fand eine schlecht bezahlte Anstellung in einer Spinnerei und besserte ihre mageren Einkünfte durch Haushaltsarbeiten auf. Als die Spinnerei schloss, wurde sie Angestellte in einem Friseursalon in Columbus, wo sich ihre Familie kurz zuvor niedergelassen hatte. Danach zog sie nach Montgomery in Alabama und arbeitete dort in einem Kosmetiksalon. Eine ihrer Kundinnen überredete sie zur Teilnahme an einer dreijährigen Krankenschwesterausbildung, danach arbeitete sie in einer Arztpraxis in Florida, wo sie erkannte: »Um für viele, aber auch für mich selbst mehr zu bewerkstelligen, muss ich mehr Geld verdienen.«
Also reiste sie nach New York, wo sie sich einen Job bei Antoine, dem damals bevorzugten Friseur der Fifth Avenue, angelte. Wegen ihrer Fähigkeiten fiel sie dort bald auf und pendelte zwischen dem piekfeinen New Yorker Salon und seiner Zweigstelle in Miami, wo sie ihre Karriere als Friseurin der gehobenen Gesellschaft fortsetzte.

Oben:
In England versammeln sich die Fliegerinnen um Pauline Gower und in den Vereinigten Staaten um Nancy Love und bald auch um Jackie Cochran, um Kriegsflugzeuge von den Fabriken zu den Geschwadern zu bringen.

Gegenüberliegende Seite:
Schon bald schafft Jackie Cochran ihre Rekorde an Bord von Jagdflugzeugen oder von Maschinen, die daraus entwickelt wurden. Außer der *AP-7*, der zivilen Version des Jägers *P-35*, fliegt sie die berühmte *Mustang P-51*, die *F-86 Sabre* und die *F-104 G*.

Eine Gewinnerin

Dieses leichte Leben – das genaue Gegenteil ihrer frühen Jahre – befriedigte sie jedoch nicht. Bei einem Dinner Anfang 1932 sprach sie darüber mit ihrem Tischnachbarn Floyd Bostwick Odlum, der an der Wall Street als Rechtsanwalt arbeitete, einem brillanten und wohlhabenden Mann. Bekannt für sein Gespür für ungewöhnliche Geschäfte, hörte er der hübschen jungen Frau aufmerksam zu, die so wenig wie er einen Hang zur mondänen Welt verspürte. Er riet ihr, Antoine und seine Haarsträhnen zu verlassen, um als Vertreterin für Kosmetikprodukte einzusteigen. Odlum machte ihr auch klar, dass sie eigentlich fliegen müsse, um ihre weit verstreute Kundschaft zu besuchen und vor allem um schneller zu sein als die Konkurrenz.
Jacqueline dachte über den Rat ihres Freundes nach. Sie würde Zeit gewinnen, und ein Flugzeug als Fortbewegungsmittel würde sie im neuen Job sicher so gut unterstützen wie Floyd, der ihr das notwendige Grundkapital besorgen wollte.
Im Sommer 1932 lernte sie im Urlaub auf dem Roosevelt Field auf Long Island fliegen. Fliegen bereitete ihr weit mehr Vergnügen, als für den eigentlichen Grund nötig war, nämlich als Vertreterin beruflich beweglich zu sein. Sie zeigte sich so beharrlich, dass sie ihren Flugschein noch vor Urlaubsende erhielt. Im folgenden Winter dann vervollständigte sie ihre Ausbildung an der Ryan School in San Diego.
Auf den Rat eines ehemaligen Marinefliegers hin erwarb sie eine gebrauchte *Travel Air*, trainierte fleißig weiter und machte 1933 den gewerblichen Flugschein. Parallel dazu und von Floyd Odlum finanziell unterstützt, kümmerte sie sich wieder mehr um ihre berufliche Existenz, kündigte bei Antoine und gründete die Cosmetic Jacqueline Cochran Inc., bestehend aus einer Schönheitsfarm in Chicago und einem Labor in New Jersey, das ihre Produkte herstellte.

Jacquelines Geschäfte entwickelten sich unter der Beratung von Floyd gut, und auch privat lief es bei ihr rund. Ihr Freund und Helfer verliebte sich in sie, verließ Frau und Kinder und heiratete sie am 11. Mai 1936.

Letzten Endes siegte die Fliegerei über die Kosmetikprodukte. »Es geht nichts über den Wettkampf in der Luft«, sagte sich Jackie. 1934 meldete sie sich für das MacRobertson-Rennen von London nach Melbourne in Australien, aber technische Probleme zwangen sie in Rumänien zur Aufgabe. Danach nahm sie an der Bendix Trophy teil, einem anspruchsvollen Nonstop-Flug zwischen Los Angeles und Cleveland. Ein Mal mehr bockte ihre *Gamma* schon beim Abflug, und Jackie kehrte lieber wieder um.

Trotzdem gab sie nicht auf. 1937 brach sie einige Rekorde und gewann bei der Bendix Trophy quer durch Amerika sogar den dritten Platz – als einzige Frau in einer Meute erfahrener Flieger. Der dritte Rekordflug von 4 Stunden 12 Minuten im Dezember 1937 von New York nach Miami bestätigte ihre Fortschritte. Alexander von Seversky rieb sich die Hände. Der Konstrukteur der Maschine, mit der Jackie ihren jüngsten Rekord hingelegt hatte, vertraute ihr den Typ *AP-7*, die zivile Version des Jagdflugzeugs *P-35*, an, für das sich die amerikanische Luftwaffe nicht so recht erwärmen wollte. Eine brillante Demonstration der Flugeigenschaften, zum Beispiel bei der Bendix Trophy 1938, könnte aber vielleicht alle Bedenken in den Wind schlagen.

Und Seversky täuschte sich nicht. Als einzige Frau unter zehn männlichen Konkurrenten war Jackie am 3. September früh vom Flugfeld von Burbank gestartet und landete nach 8 Stunden, 10 Minuten und 31 Sekunden als Erste in Cleveland. Mit derselben Maschine flog sie in Rekordzeit von Cleveland nach New York zurück.

Von nun an kam die erste Frau, die mit Hilfe von Instrumenten landete, in den meisten Disziplinen – Höhen-, Schnelligkeits- und Distanzfliegen – zu Ruhm, den sie durch den Gewinn der berühmten Harmon Trophy 1938 und 1939 noch vermehrte. Am 6. April 1940 entriss Jackie schließlich in einer *Republic P-35* Hélène Boucher den Hochgeschwindigkeitsrekord für alle Klassen.

Diese Erfolgsstory zeigt Jackie als Kämpferin, die sich auch Sorgen wegen des Kriegs in Europa machte. Obwohl sich die USA noch neutral verhielten, wollte sie als Pilotin bei den sich abzeich-

nenden Kriegshandlungen dabei sein. Aber das Publikum, das ihre Leistungen und Rekorde beklatschte, reagierte feindselig auf ihre Absicht, die Uniform anzuziehen. Jacqueline Cochran beeindruckte das nicht. Sie bat Eleanor Roosevelt, sich bei ihrem Mann, dem Präsidenten der Vereinigten Staaten, für die Verwendung von Fliegerinnen für Transport- oder Evakuierungsflüge einzusetzen. Dadurch würden Männerposten für den aktiven Luftkampf frei. Sie bot auch an, sich um die Organisation und Instruktion einer derartigen Hilfstruppe zu kümmern.

Im Juni 1940, während ihr Vorschlag in Washington überlegt wurde, bat Jackie die Briten um Erlaubnis, als Kopilotin einen Bomber vom Typ *Lockheed Hudson* bei seinem Flug zwischen Montreal in Kanada und Großbritannien zu begleiten. Diese stimmten nur widerwillig und unter der Bedingung zu, dass die Amerikanerin Start und Landung dem männlichen Mitflieger überlasse.

In England traf sich Jackie mit Pauline Gower, der Tochter des konservativen Abgeordneten Sir Robert Gower, die seit 1. September 1939 innerhalb der Air Transport Auxiliary (ATA) eine Gruppe von Pilotinnen organisiert hatte. Die »Mädchen« von Pauline Gower hatten mit dem Begleitschutz von hochstehenden Persönlichkeiten in Flugzeugen begonnen, die zwischen Großbritannien und Frankreich verkehrten, bevor sie sich auf den Begleitschutz verschiedener Maschinen quer durch das Vereinigte Königreich spezialisiert hatten. Jackie, die in den USA eine ähnliche Gruppe plante, wollte so viel wie möglich über die Funktionsweise der ATA wissen.

Oben:
Das Alter löschte bei Jacqueline Cochran weder den Durst nach Rekorden, noch zügelte es ihren Ehrgeiz, zumal sie in Jacqueline Auriol auf eine gefährliche Gegnerin traf.

Gegenüberliegende Seite:
Das Flugzeug wird zur zweiten Wohnung dieser Frau, die aus den Sümpfen kam. Jackie Cochrans Wille, aber auch das Vermögen und die Verbindungen ihres Ehemanns Floyd Odlum helfen mit, zu den bekanntesten Frauen ihrer Zeit zu gehören und auf den Präsidentenstuhl der Fédération aéronautique internationale (FAI) zu klettern.

Nach ihrer Rückkehr war sie fest entschlossen, ihre weibliche Lufteskorte zu schaffen, und schickte mehr als 3 000 Briefe an Fliegerinnen, die begeistert antworteten. Sie konnte neben den jungen Frauen der Vorbereitungsgruppe auf 650 weitere diplomierte Fliegerinnen zählen. Umso mehr freute sie sich, als sich im Juli 1941 General Arnold entschloss, die 50 erfahrensten Pilotinnen zu einem dreimonatigen Feldversuch in das Air Corps Ferrying Command einzuladen, weil seiner Division kurz zuvor der Auftrag erteilt worden war, Flugzeuge nach England zu überführen. Beim Aufbau dieser gewaltigen Luftbrücke konnten sich die Frauen als sehr nützlich erweisen.
Im August 1941 – Amerika befand sich offiziell noch immer nicht im Kriegszustand – schlug Arnold Jackie vor, die fliegerisch erfahrensten Frauen der ATA zur Verfügung zu stellen. Diese Lösung kam Jackie sehr entgegen. Sie rief daraufhin eilends 40 Kandidatinnen zusammen und legte damit den Grundstein für das Women's Flying Training Detachment (WFTD). Die Fliegerinnen trafen sich in New York und reisten zusammen nach Montreal, wo sie sich Tests unter der Aufsicht eines ATA-Piloten unterzogen. Dieser suchte die 25 zum Dienst geeigneten Aspirantinnen aus, die mit ihrer »Chefin« nach England reisten, um sich drei Monate lang einem Übungslehrgang der ATA in Luton nördlich von London zu unterziehen.
Bald erhielten sie die gleichen schweren Fliegerjacken wie die Männer und blieben die vertraglich vereinbarten 18 Monate in England; manche von ihnen verlängerten bis Kriegsende.
Im Herbst 1942 kehrte Jackie zufrieden in die USA zurück; sie hatte ihren Auftrag erfüllt. Aber dort erwartete sie eine herbe Enttäuschung. Ihre Landsmännin und Rivalin Nancy Harkness Love war mit der Gründung der Women's Auxiliary Ferrying Squadron (WAFS) beauftragt worden, eines kleinen Kreises von Pilotinnen innerhalb des Air Transport Command (ATC).
Um Spannungen zwischen den beiden Frauen zu vermeiden, wurde folgende Arbeitsteilung getroffen: Die Pilotinnen von Nancy Love sollten die Flugzeuge des ATC vom Hersteller an die Ostküste bringen, und die Fliegerinnen von Jackie waren für das Training der Anwärterinnen vor ihrer Zulassung bei der WAFS zuständig. Die WFTD-Damen Jackies waren zu Beginn in Houston in Texas stationiert und wurden im Mai 1943 auf das Avenger Field in Sweetwater, ebenfalls in Texas, verlegt. Dort konnte Jackie ihre Rekrutinnen unter Aufsicht der Luftwaffe auf den Typen *North American AT-6* und *Beech AT-17* ausbilden.

Jackie wusste jedoch, wie man nützliche Kontakte knüpft, und sie konnte Regierungskreise von der Notwendigkeit einer Zusammenführung ihrer Einheit mit der WAFS-Gruppe überzeugen.
So kam es am 5. August 1943 zur Verschmelzung beider Einheiten in der Women's Airforce Service Pilots (WASP) unter Leitung von Jacqueline Cochran; Nancy Love wurde ihre Vertreterin bei der ATC.
Dennoch blieb die Arbeit der WASP anfänglich von Schwierigkeiten und Spannungen nicht frei – Grund dafür waren männliche Neidgefühle. In ihrem Buch *Mein Weg zu den Sternen* wies Jacqueline sogar Sabotagefälle nach. Trotz dieser Bösartigkeiten erfüllten die Pilotinnen der WASP unter Jackies Leitung ihre Aufträge, die von der Schulung über die Überführung unterschiedlicher Flugzeuge, ihrer Teilnahme an Erprobungsflügen mit Maschinen mit geheimer Ausrüstung und der Endabnahme verschiedener Prototypen wie des Bombers *Martin B-26 Marauder*

»Wahrscheinlich kam ich in einer elenden Hütte zur Welt, aber ich war dazu bestimmt, mit dem Wind und den Sternen zu reisen.«

Jacqueline Cochran

Gegenüberliegende Seite:
Im Wahlkampf in Kalifornien erinnert sich Jackie Cochran an das Rezept, das sie als Kosmetikberaterin der Fliegerei nahegebracht hatte: Das Flugzeug dient ihr als ideales Transportmittel und – bei Gelegenheit – auch als Tribüne.

Oben:
Man erkennt auf dem Flugzeugrumpf ein großes Foto der Kandidatin, die hier bei ihrer Wahlreise empfangen wird. Obwohl sie als Fliegerin in die hintersten Winkel Kaliforniens kam, blieb davon bei der Wahl nichts hängen.

reichten – nur Transatlantikflüge standen nicht auf dem Programm. Ann Baumgartner, eine junge Frau von 21 Jahren, durfte im Versuchszentrum von Dayton in Ohio sogar die *Bell YP-59 A*, die erste zweistrahlige US-Maschine, fliegen.
Die jungen Frauen um Jackie hatten sich hochverdient gemacht, allein schon ihr beeindruckend vielfältiger Einsatz spricht dafür. Der Bericht anlässlich der Schließung der WASP vom 20. Dezember 1944 unterstreicht, dass die Frauen in den 27 Monaten des Bestehens der Gruppe an Bord von 77 Flugzeugtypen fast 15 Millionen Flugkilometer zurückgelegt und 12 650 Einsätze absolviert hatten. Achtunddreißig der insgesamt 916 WASP-Pilotinnen in der US-Luftwaffe verunglückten im Dienst tödlich. Als angesichts des nahenden Kriegsendes die zurückkehrenden Piloten zunehmend ihre weiblichen Kollegen ersetzten, blieben den meisten Frauen nur die Arbeitslosigkeit oder das Abfassen bitter-sarkastischer Bewerbungsschreiben wie das von Katherine Landry, die verzweifelt an ihre Familie schrieb: »Brauchen Sie ein Zimmermädchen, das 800 Flugstunden absolviert hat?«
Die Wut und Enttäuschung dieser Frauen war umso berechtigter, als ihnen die Mediziner der Air Force einst die uneingeschränkte »physische, mentale und psychische Befähigung« zum Führen militärischer Hochgeschwindigkeitsmaschinen attestiert hatten. Eine unter ihnen bestätigte diese Einschätzung natürlich – Jacqueline Cochran, die ihr Können am Steuer unterschiedlichster Flugzeuge bewiesen hatte, insbesondere der *Mustang P-51*, eines der spritzigsten einmotorigen Jagdflugzeuge seiner Zeit. Mit dieser Maschine schaffte sie zwischen 1947 und 1951 Durch-

schnittsgeschwindigkeiten von 693 bis 755 Stundenkilometern, womit sie sich elf neue Rekorde für Frauen und fünf auch für Männer auf die Fahnen schreiben konnte. Diese Extremfliegerei kostete zwar sehr viel Geld, aber Jackie konnte sich ja auf ihren Schutzengel und Ehemann, Floyd Odlum, verlassen.

Die Draufgängerin

Obwohl Jacqueline in ihrer Karriere etliches durch ihren Willen erreichte, trug auch das fein gesponnene Netz nützlicher Kontakte viel zu ihrem Erfolg bei. Das zeigen schon die unterschiedlichen Geschäfte, die sie nebeneinander führte. Ihr Unternehmen bestand neben der Cosmetic Jacqueline Cochran Inc. aus Firmen, die Gepäckstücke und Parfümflaschen herstellten, und der Luftlinie Northeast Airlines.
Durch seine berufliche Stellung konnte sie ihr Mann gelegentlich mit Dingen beschenken, die ihrem Attribut als »schnellster Frau« nützten. So verschaffte er ihr als einer der Hauptaktionäre des kanadischen Flugzeugbauers Canadair, der die *North American F-86 Sabre* in Lizenz baute, das seltene Privileg, diese Düsenmaschine zu fliegen.
Zur Vorbereitung des Flugs wendete sie sich auch an Major Charles »Chuck« Yeager, der als Erster die Schallmauer durchbrochen hatte. Mit seinen Vorschlägen im Gepäck erzielte die Amerikanerin am 18. Mai 1953 1 049 Stundenkilometer, womit sie als erste Frau die Schallmauer durchbrochen hatte. Allerdings konnte sie ihren Triumph kaum auskosten, da der Französin Jacqueline Auriol am 15. August 1953 dasselbe gelang und diese sich als ernsthafte Konkurrentin Jackies entpuppte.
Die Amerikanerin stellte mit ihrer *Sabre* trotzdem sechs weitere Rekorde auf und erweiterte ihre Erfolgsliste ab 1961 am Steuer einer *Northrop T 38 Talon* um zusätzliche acht Erfolge. Am 22. April 1962 flog sie mit einer *Lockheed Jet Star Scarlett O'Hara* von New Orleans nach Bonn mit Stopps in Gander und Shannon und offiziellen Zeitkontrollen an neun Flughäfen, darunter London und Paris. Ihre größte Leistung gelang ihr jedoch am 28. Mai 1964 mit 57 Jahren. Mit einer *Lockheed F-104 G* flog sie mehr als doppelte Schallgeschwindigkeit. Damit war ihr der absolute Geschwindigkeitsrekord sicher; kurzzeitig trieb sie die Maschine sogar auf 2 300 Stundenkilometer. Diese Leistung bildete das schöne Ende einer außerordentlichen, von Rekorden und Trophäen gespickten Karriere.
Kurzzeitig versuchte es diese Kämpfernatur auch in der Politik, scheiterte aber als Kandidatin der Republikaner bei den Senatswahlen in Kalifornien. Danach führte Jacqueline Cochran ihre Unternehmen, absolvierte einige Schauflüge, besonders beim Salon de l'aéronautique in Le Bourget, und zog sich mit Floyd schließlich endgültig auf ihre Ranch in Indio in Kalifornien zurück, wo sie am 8. August 1980 verstarb.
Bei einer Unterhaltung mit der großen französischen Fliegerin Élisabeth Boselli wünschte sich Jackie in ein Paradies »voll spannender Abenteuer für abenteuerlustige Seelen«. Möge sich ihr Wunsch erfüllt haben.

Jackie Cochran präsentiert sich vor einem Rekordflug – hier vor ihrer *Lockheed Jet Star*. Sie war eine gepflegte Person, die im Wahlkampf die richtigen Posen beherrschte und auch reden konnte. Trotzdem scheiterte sie als Kandidatin der Republikaner bei den Senatswahlen in Kalifornien.

Katya Budanova
Lydia Litvyak
Valentina Grizodoubova
Marina Raskova
Paulina Ossipenko
Marina Tchetchnova
Evodokiia Berchanskaïa

Liesel Bach

Marga von Etzdorf

Vera von Bissing

Hanna Reitsch

Elly Beinhorn

Thea Rasche

Melita von Stauffenberg

Beate Uhse

Der Zweite Weltkrieg

Lydia Litvyak

Die Leidenschaft der weißen Lilie

Im Zweiten Weltkrieg kämpften etwa 600 russische Jagd- und Bomberpilotinnen. Diese Frauen waren in Fliegerregimentern zusammengefasst, die die große russische Fliegerin Marina Raskowa organisiert hatte, und führten das harte Leben von Flugzeugbesatzungen, die sich trotz ihrer Unerfahrenheit im Luftkampf der deutschen Luftwaffe stellten. Diese empfand vor den russischen Kampffliegerinnen großen Respekt und bezeichnete sie als »Hexen der Nacht« oder »Furien«. Leutnant Lydia Litvyak, genannt »Lilya« oder auch »die weiße Lilie«, war das As aller russischen Jagdfliegerinnen, denn sie verzeichnete zwölf offiziell anerkannte Luftsiege und vermutlich zehn weitere Abschüsse. Nach dem Vorbild von Marina Raskowa verkörperte die junge und tapfere Schönheit im Cockpit auf ihre Weise den Willen eines ganzen Volks im Widerstand gegen die deutschen Eindringlinge.

Lydia Wladimirowna Litvyak hätte am 18. August 1943 ihren 22. Geburtstag gefeiert, aber die blonde junge Frau fiel am 1. August 1943 am Steuerknüppel ihres Jägers in einem verbissenen Luftgefecht gegen acht Gegner. Die Sowjetunion mobilisierte damals alle Kräfte gegen die vorrückenden deutschen Bodenstreitkräfte und ihre kampferprobten Flieger. Angesichts der Intensivierung des Kriegs ordnete Stalin am 13. Februar 1943 die Mobilisierung aller kampffähigen Männer von 16 bis 55 Jahren und aller Frauen, die sich zum Kriegsdienst eigneten, zwischen 16 und 45 Jahren an.

Und Frauen in Kampfflugzeugen – warum nicht? Die Rote Armee setzte auf die Stärke ihrer Pilotinnen. Schließlich hatten am 24. und 25. September 1938 Flugkapitänin Polina Ossipenko, Leutnant Walentina Grisodubowa und Marina Raskowa als Erster Navigationsoffizier (und selbst Pilotin) an Bord einer *ANT-37 Rodina* (*Heimat*) einen Weltrekord im Streckenflug von 6 450 Kilometern auf der Strecke von Moskau nach Chabarowsk am Ochotskischen Meer aufgestellt.
Polina Ossipenko stellte im Distanzfliegen mit einem Flugboot einen Weltrekord im Kreisflug von 1 749 Kilometern auf, zu dem sich noch der Fernflug-Weltrekord für Frauen von Wera Lomako und Marina Raskowa von Sewastopol nach Archangelsk über 2 416 Kilometer im Juli 1938 gesellte. Letztere sollte in der dunkelsten Stunde ihres Vaterlands eine entscheidende Rolle spielen.

Die Stunde der Marina

Am 22. Juni 1941 griff Hitler den einstigen Verbündeten mit 125 Divisionen unter dem Vorwand von Grenzverletzungen an. Das »Unternehmen Barbarossa« zielte auf die Vernichtung der Sowjetunion und des Bolschewismus. Stalin verurteilte den Überraschungscoup Hitlers mit harschen Worten, obwohl ihn seine Geheimdienste vor der unmittelbaren Gefahr einer Invasion gewarnt hatten. Tatsächlich überrollte die deutsche Militärwalze den schwachen russischen Widerstand und rückte rasch vor – ein Grund für die spätere Niederlage in dem furchtbaren russischen Winter 1941/42, denn die deutschen Armeen hatten sich zu weit von ihren Rückzugs- und Versorgungsbasen entfernt.
Im Sommer 1941 suchte Marina Raskowa als Mitglied des Volkskomitees für Verteidigung Stalin auf und bat ihn um die Genehmigung zur Aufstellung von nur aus Frauen bestehenden Fliegerregimentern unter ihrem Oberbefehl. Der Kremlchef segnete den Plan ab. Im Oktober desselben Jahres organisierte sie die Fliegergruppe 122, bestehend aus dem 586. Jagdfliegerregiment, das mit der *Jakovlev Jak-1* ausgerüstet war und die Stadt Saratow verteidigen sollte, dem 587. Bomberregiment mit der *Sukhoi Su-2* und dem mit dem Doppeldecker *Polikarpov U-2* ausgerüsteten Nachtbomberregiment 588. Während das 586. und das 587. Regiment später mit gemischten Besatzungen flogen, verblieb das 588. Regiment vom Piloten, über den Techniker bis hin zur Führungsspitze in rein weiblicher Hand.
Wegen der drängenden und mehr als dramatischen Situation strich Marina Raskowa Teile der Kampfausbildung in Engels an der Wolga und in Saratow; die Vorbereitungen endeten schon nach sechs anstelle der üblichen 18 Monate.

Lilie oder Rose

Die jungen Kampffliegerinnen wurden umgehend in und um Stalingrad eingesetzt, das zum Dreh- und Angelpunkt des gesamten Ostkriegs geworden war. Von November 1942 an nahm das Jagdfliegerregiment 586 unter dem Befehl von Majorin Tamara Kasarinowa an den Operationen »Saturn« und »Uranus« teil, das die 6. deutsche Armee aufreiben und mehrere strategisch wichtige logistische Einrichtungen verteidigen sollte.

Fast konnte man glauben, Lydia besitze auch ein vierblättriges Kleeblatt, so oft hatte sie Glück. Doch ihr Ruf als Kämpferin beruhte auf ihrem fliegerischen Können. Das zeigte sich an jenem 22. März 1943, als sie über Charkow unversehens von vier *Me Bf 109* angegriffen wurde. Zwei von ihnen schoss sie ab, die beiden anderen flüchteten. Trotz ihrer drei Verletzungen zwischen Frühling und Sommer 1943 flog sie weiter. Zum ersten Mal seit ihrem Zusammentreffen mit den vier Messerschmitts traf sie wieder auf eine *Me Bf 109*, nachdem sie einen *Ju 88*-Bomber zur Erde geschickt hatte. Ungeachtet ihrer Schmerzen schoss sie noch eine weitere *Ju 88* ab, bevor sie kurz nach der Landung auf dem Flugplatz ohnmächtig wurde. Gegen den Rat der Ärzte verkürzte sie die vorgesehene einmonatige Rekonvaleszenz in Moskau auf einige Tage und stieß Anfang Mai wieder zur Jagdstaffel ihres Regiments. Im Cockpit ihrer *Jak-1* wird sie erneut getroffen, doch zwei Tage später, am 5. Mai, schießt sie wieder eine *Me Bf 109* ab, landet aber am 16. und am 18. Juli 1943 nach zwei weiteren Luftduellen verletzt am Boden. Gerade an diesem 18. Juli 1943 stirbt ihre Freundin Katja Budanowa nach dem Abschuss zweier feindlicher Maschinen den Fliegertod; in ihrem kurzen Leben hatte sie elf Luftsiege errungen. Die kleine Lilie erwischte es hingegen noch zweimal, zum ersten Mal am 21. Juli über den deutschen Linien, wobei sie sich zu Fuß zu ihrer Staffel zurückschlagen kann. Das zweite Mal verlief akrobatischer: Ein anderer russischer Jäger kam ihr zu Hilfe und ermöglichte ihr die Flucht im letzten Augenblick.

Bei diesen Einsätzen zwischen Januar und August 1942 zeichneten sich Lydia Litvyak und Jekatharina Budanowa rasch aus. Aufgrund ihrer Leistungen wurden sie bald von der 1. Staffel des Jagdfliegerregiments 586 in das Eliteregiment der Jagdfliegergruppe 296 versetzt, das wegen seiner brillanten Einsätze bald unter der neuen Bezeichnung 73. Jägergarderegiment wieder auftauchte. Obwohl die männlichen Piloten dieses Garderegiments die Versetzung der beiden weiblichen Kollegen anfänglich noch bespöttelt hatten, änderten sie bald ihre Meinung, denn die beiden Frauen verzeichneten je drei Abschüsse deutscher Kampfflieger. Diese Quote machte beide zu einem As unter den sowjetischen Kampfpiloten. Mit ihrer *Lavochkin La-5* schoss Lydia am 13. September 1942 eine *Me Bf 109* und eine *Ju 88* ab und holte am 27. September eine weitere *Ju 88* vom Himmel.

Inzwischen hatte Lydia auf beide Seiten des Flugzeugrumpfs eine Lilie aufmalen lassen, die allerdings oft mit einer Rose verwechselt wurde, was ihr bald mehr oder weniger bukolische Beinamen eintrug. Die Deutschen indes sahen keinerlei Unterschiede zwischen einer Lilie und einer weißen Rose auf dem Flugzeugrumpf. Sie wussten nur, dass sie in große Schwierigkeiten gerieten, wenn eine Blume in ihrem Gefechtsbereich auftauchte.

Gegenüberliegende Seite:
Am Tag wie in der Nacht steigerten die Sowjetfliegerinnen ihre Einsätze, manchmal zehn hintereinander.
Sie erschreckten den deutschen Gegner derart, dass der die Bomberbesatzungen als »Hexen der Nacht« bezeichnete und sich vor den jagdlustigen »Furien« fürchtete.

Oben:
1941 überredet Marina Raskowa Stalin, eine weibliche Kampffliegereinheit aufzustellen, die sich für die Deutschen später zum Alptraum entwickeln sollte.

Der große Verlust

Man musste Lydia für unbesiegbar halten. Niemand außer den wenigen Vertrauten wusste allerdings, dass seit dem Tod des Jagdpiloten Aleksej Solomatin am 21. Mai 1943 ein heimlicher Schmerz ihr Herz durchschnitt, denn Aleksej spielte in ihrem Leben eine wichtige Rolle. Lilya war zu oft mit dem Tod in Berührung gekommen, um sich selbst zu bemitleiden, aber dieser Schlag war selbst für sie zu viel.

Lydia Litvyak stammte aus Moskau. Kaum hatte sie mit 15 Jahren ihren ersten Alleinflug hinter sich, brachte sie nach ihrer Aufnahme in den Aeroclub Kersonskaya alle weiteren Stufen bis zum Fluglehrerexamen rasch hinter sich. Als Deutschland 1941 den Hitler-Stalin-Pakt brach, wollte sie ihre patriotische Pflicht in vorderster Linie erfüllen, aber die Behörden wiesen sie immer wieder ab, bis schließlich Marina Raskowa in ihr Leben eingriff. Was dann folgte, gleicht einem verrückten Kaleidoskop: Ausbildung zur Kampffliegerin, ihr Leben in der Staffel, der brutale Krieg und die unbeschreiblichen Szenen, die sich in ihr Gehirn einbrannten und daraus alle Illusionen und Lebenslust vertrieb. Und mit noch nicht einmal 22 Jahren die Brust mit Orden behängt.

Lilya überlebte ihre Freundin Budanowa nicht lange. Die Deutschen, die sie endlich beseitigen wollten, setzten alle Mittel ein, um sie abzuschießen. Als sie die junge Russin deshalb am 1. August 1943 über Orel überraschten, stürzten sie sich auf sie. Ein ungleicher Kampf entbrannte. Zum einen war Lilya vermutlich er-

»Selbst wenn wir alle Blumen dieser Erde
wäre das immer noch zu wenig,

schöpft, weil sie an diesem Tag ihren dritten Einsatz flog. Vor allem aber focht sie allein gegen acht *Me Bf 109*, die ihre Angriffe auf die *Jak-1* von Lydia konzentrierten, die sie unzweideutig an der Nummer 23 erkannten. Lydia Litvyak wehrte sich heftig, schoss dabei wahrscheinlich zwei *Me Bf 109* ab, wurde dann aber ihrerseits abgeschossen. Sie flog insgesamt 168 Einsätze und erzielte dabei zwölf anerkannte, zehn wahrscheinliche sowie drei zusammen mit anderen Jagdmaschinen erfolgte Luftsiege und erhielt deshalb ein Staatsbegräbnis.
Vor Lilya war schon Marina Raskowa dem fürchterlichen Krieg zum Opfer gefallen.

Das Beispiel Marina

Ab 1941 bestand die Aufgabe von Marina Raskowa nicht nur darin, die Besatzungen auszuwählen, sondern auch sie auf den Kampf vorzubereiten. Im Mai meldete sie das 588. Nachtbomberregiment gefechtsklar und begann am 23. dieses Monats in der Ukraine mit ihren »Nachthexen«, wie sie die Deutschen zu Recht tauften, den Kampf gegen die deutschen Truppen.
Diese tapferen jungen Frauen flogen anfangs jedoch in den offenen, relativ langsamen Doppeldeckern *Po-2*, die für die deutsche Nachtjagdgruppe 10 eine leichte Beute darstellten. Diese war eigens zum Ziel der Abwehr dieser Angriffe russischer Pilotinnen gegründet worden und mit *Me Bf 109* ausgerüstet.
Angesichts des Massakers, das diese *Me Bf 109* anrichteten, zögerte die russische Militärführung, die »Nachthexen« auf ihren unzuverlässigen »Besenstielen« *Po-2* weiter fliegen zu lassen. Die Pilotinnen ersannen jedoch eine neue, riskante Flugtechnik, um die Wachsamkeit des Feindes zu täuschen. Sie flogen ihre Ziele sehr niedrig an, rissen die Maschinen erst im letzten Moment hoch, stellten den Motor ab und stießen dann auf ihre Ziele hinab. Wenn die Deutschen das Pfeifen der Luft durch die Verstrebungen der *Po-2* hörten, war es für eine Gegenwehr zu spät.
Insgesamt flogen die »Nachthexen« 23 672 Einsätze, von Stalingrad über die Krim und Weißrussland bis zur Belagerung von Berlin. Von ihren Pilotinnen erhielten 23 den goldenen Stern eines Helden der Sowjetunion, und 30 verloren ihr Leben. Am 6. Juli 1943 änderte sich ihre militärische Bezeichnung: Aus dem 588. Nachtbomberregiment wurde das 46. Jägergarderegiment Tamanskij, weil es die Befreiung der Halbinsel Taman erfolgreich unterstützt hatte.

Vorhergehende Doppelseite:
Das Foto wurde im Herbst 1942 aufgenommen und zeigt von links nach rechts Galina Burdina, Tamara Pamiatnik, Waleria Komiakowa und Walentina Lisitsina. Waleria Kominakowa erzählt vom Verlauf eines heftigen Luftgefechts, an dem sie als einem von vielen teilgenommen hatte. Im Hintergrund eine *Jak-1*.

Gegenüberliegende Seite:
Das Foto aus dem Jahr 1945 zeigt von links nach rechts Rufa Gaschewa, Natalja Meklin, Marina Tschechnowa, Nadeschda Popowa, Sima Amosowa, Dina Nikulina, Jewdokija Berschanskaja, Marija Smirnowa und Jewgenija Zhigulenka. Die hochdekorierten jungen Frauen gehörten zum 46. Jägergarderegiment, das sich bei der Bombardierung der Halbinsel Taman ausgezeichnet hatte.

Unten:
Jeder dieser Orden, die die beiden Heldinnen stolz tragen, steht für den Mut, sich in die Hölle zu stürzen. Aber die jungen Pilotinnen lächeln trotz der schlimmen Bilder, die sie wahrscheinlich mit sich herumtragen. Manche der Mädchen würden bescheiden sagen: »Wir erfüllen nur unsere Aufgabe.«

Das Ende des Kriegs

1944 wurden die Staffeln des 586. Jagdregiments auf die wesentlich leistungsfähigeren Maschinen vom Typ *Jak-9* umgerüstet und drangen gegen Ende des Zweiten Weltkriegs bis zu einem österreichischen Flughafen vor. Die berühmten »Furien« waren 4419 Mal im Einsatz und feierten dabei 38 Luftsiege.
Wie dieses Regiment so rollten auch das 587. Bomberregiment und das 588. Nachtbomberregiment wegen der intensiven Kämpfe in der Kaukasusregion im Süden Russlands sehr oft an den Start. Die Frauen flogen manchmal 15 Einsätze pro Tag ohne Pause und verschwanden im Zweiminutentakt in der Luft. Sie kannten die Gefahr, der sie jederzeit begegnen konnten, nämlich die

pflücken und ihnen zu Füßen legen könnten, um sie zu würdigen.«

Die französischen Piloten des Geschwaders Normandie-Njemen, das im Zweiten Weltkrieg auf Seiten der Roten Armee kämpfte.

Flieger der besten deutschen Jagdstaffel JG-54 und insbesondere das Fliegeras Erich Hartmann mit seinen 352 Luftsiegen.
Die Fliegerinnen wie Walentina Grisodubowa, die einst mit Marina Raskowa den Rekordflug von 1938 absolviert hatte und nun als Bomberpilotin diente, Mascha Kusnietzowa, Raya Bieliajewna und andere taten so ihre Pflicht. Sie entwickelten manchmal mehr Kampfgeist als ihre männlichen Kollegen und versetzten ihre zahlenmäßig oft überlegenen Gegner in Angst und Schrecken.

Anonyme Heldinnen

Wie die Autorin Marina Tschechnowa, eine Überlebende der »Nachthexen«, schrieb, »wollten die Frauen in dieser sehr schwierigen historischen Stunde ihres Vaterlands beweisen, dass sie so gut kämpfen konnten wie die Männer«.
Wer wollte das bezweifeln? Den »Nachthexen« hatte Marina Raskowa ihren Geist eingehaucht. Diese Frau, Held der Sowjetunion sogar schon vor dem Krieg, schien aus Feuer und Stahl gemacht. Leider erlebte sie den Sieg über Hitler nicht mehr, sondern bezahlte einen hohen Preis für ihren Einsatz. Am 4. Januar 1943 gerieten ihre und drei andere Maschinen, die nach Stalingrad überführt werden sollten, in einen Schneesturm und zerschellten an den Felsen am Westufer der Wolga nördlich von Stalingrad. Überlebende gab es nicht. Russland verlor in Marina Raskowa nicht nur eine seiner besten Fliegerinnen, sondern auch eine im Ausland geschätzte Repräsentantin. Nach ihrem Tod übernahm Evdokija Berchanskaija das Kommando. Sie wurde wegen ihrer wirksamen Kampfmethoden an der Spitze der »Nachthexen« mit noch nicht einmal 28 Jahren zum Oberstleutnant befördert.

Hanna Reitsch

Mit vollem Risiko

Die kleine Hanna Reitsch – sie maß gerade einmal 1 Meter 50 – stieg zur markantesten Figur im deutschen Frauenfliegen auf, das schon so viele Flugasse besaß. Sie war eine außerordentlich fähige, aber auch aufmüpfige Versuchspilotin verschiedener, im Zweiten Weltkrieg hoch geheimer Flugzeugtypen.
Für ihren geliebten »Führer« war sie zur Aufstellung einer Kamikazestaffel entschlossen und verließ als eine der Letzten Berlin – natürlich durch die Luft.
Hanna Reitsch wurde im Dezember 1947 entnazifiziert und arbeitete ab 1954 wieder als Testpilotin in Darmstadt. Nach einem bizarren und bewegten Fliegerleben starb sie 1979 friedlich in Frankfurt.

Juni 1933. In Hamburg steht eine Ehrenwache am Sarg von Marga von Etzdorf. Das seit Hitlers Machtergreifung im Januar bestehende Nazi-Regime verabschiedet die große Fliegerin, die sich nach einem Unfall in Aleppo lieber erschoss, als ihren Ruf als berühmte Fliegerin zu beschädigen, mit einem Staatsbegräbnis.
Die Nachricht von diesem Tod bewegte eine kleine 24-Jährige mit blondem Haar und blauen Augen, die um ihr großes Vorbild am Himmel trauerte und der sie unbedingt nacheifern wollte.

Schon als Kind wollte die am 20. März 1912 in Hirschberg in Schlesien geborene Frau nichts mehr als fliegen, so »geradeaus und leicht wie die Störche oder Bussarde hoch oben am Himmel«.
Aber Hannas Familie verstand sie nicht. Viel lieber wollte sie die Tochter auf dem traditionellen Weg sehen: Hochzeit und dann Kinder.
Ihr Vater, der Leiter einer Augenklinik, schlug ihr einen Handel vor. Er bot ihr Flugstunden in einem Segelflugzeug unter der Voraussetzung an, dass sie ihr Abitur ablege und so lange das Fliegen kein Thema sei. Hanna hielt sich daran, aber nach dem Abitur trat sie in die Flugschule Grunau ein, eines der aktivsten Flugzentren in Deutschland.

Hanna schwebt

In diesem Männermilieu ertrug sie viel Spott. Aber darauf war sie vorbereitet, denn ihre geringe Körpergröße hatte ihr schon immer dumme Bemerkungen eingetragen. Die Flugschüler wussten nicht, dass ihr kleiner Körper unter einer weichen Schale eine stählerne Seele verbarg. Um die bösen Zungen zum Schweigen zu bringen, war sie für das Fliegen vom ersten Tag an Feuer und Flamme. Hanna konnte es kaum erwarten, selbst zu fliegen, und hob unter dem misstrauischen Blick ihres Fluglehrers ab. Dieser war überrascht, dass sie schon nach den ersten Übungen allein fliegen wollte. Das Segelflugzeug kippte denn auch über den Flügel ab und schlug heftig auf dem Boden auf. Hanna sah mitleiderregend aus, und ihre Flugkameraden brachen in schallendes Gelächter aus. Der Leiter der Flugschule, Wolf Hirth, schloss sie aus dem Kurs aus und bestrafte sie wegen Ungehorsams mit einer dreitägigen Flugsperre.
Danach absolvierte Hanna mühelos einen Kurs an dem anderen. Ihr Talent bestätigte sie bei der Endprüfung. Sie schloss als Beste ab und durfte als höchste Auszeichnung den fabrikneuen Segler der Schule fliegen.

»Zum ersten Mal in meinem Leben flog ich ohne Aufsicht«, freute sie sich, »und ich hob mit dem stolzen Gefühl ab, so lange fliegen zu können, bis der Wind abflaute.« Ohne es selbst zu bemerken, stellte sie mit fünfeinhalb Stunden einen neuen Dauer-Segelflugrekord für Frauen auf.
Obwohl sich ihre Begabung für das Fliegen so klar zeigte, wollte sie dem Wunsch ihres Vaters nachkommen und schrieb sich an der Berliner Universität für das Medizinstudium ein, merkte aber schnell, dass es sich nicht mit ihrer fliegerischen Leidenschaft vertrug.
Das Zwischenspiel endete im Mai 1933, als sie in den Semesterferien in Hirschberg zufällig Wolf Hirth traf, der sie mit dem Angebot köderte, seine neueste Schulmaschine zu fliegen. Sie war so begeistert, dass sie sich nicht einmal die Zeit nahm, in ihre Fliegerkombination zu schlüpfen. Nur in einem kurzen, leichten Kleid flog sie los und ließ sich von der Thermik nach oben tragen, bevor sie merkte, dass der Ausflug gefährlich zu werden drohte. Die Außentemperatur sank rasch ab, und über 3500 Meter froren die Instrumente und der Steuerknüppel ein. Das Flugzeug geriet der vor Angst und Kälte erstarrten jungen Frau außer Kontrolle. Dann aber reagierte der Knüppel wieder, und Hanna landete sicher auf einer Wiese nur wenige Kilometer vom Abflugplatz entfernt. Zu allem Überfluss hatte sie nicht einmal gemerkt, dass sie ungewollt einen Höhenweltrekord für Segelflieger aufgestellt hatte, der aber leider nicht anerkannt wurde.
Ihr Name machte im Luftfahrtmilieu die Runde und gelangte Walter Georgii zu Ohren, einem Professor an der kurz zuvor von Hermann Göring gegründeten Deutschen Forschungsanstalt für Segelflug. 1934 lud sie Georgii zu einer Forschungsexpedition zur Erkundung der thermischen Bedingungen in Südamerika ein. Hanna sagte zu und begeisterte die Menschen in den besuchten Ländern mit ihren Flugkünsten.
Ihr Stern glänzte besonders in Argentinien, wo sie für einen langen Streckenflug über die Pampa die Silbermedaille für Segelflug erhielt, die bisher nur Männern verliehen worden war. Professor Georgii wollte sich diese seltene Perle offensichtlich nicht entgehen lassen und bot ihr eine Stelle an seinem Institut an. Hanna ließ sich nicht lange bitten und trat in die Forschungsanstalt für Segelflug ein, deren Ruhm sie elf Jahre lang mehren sollte.
Danach vollendete sie ihre Ausbildung an der Schule für Zivilluftfahrt in Stettin. Wieder einmal war sie die einzige Frau ihres Jahrgangs und sammelte wertvolle Erfahrungen an Bord zweimotoriger Maschinen. Sie konnte mit einem Flugzeug umgehen, wie sie nur wollte. Das galt auch für die Segelflugzeuge, deren Proto-

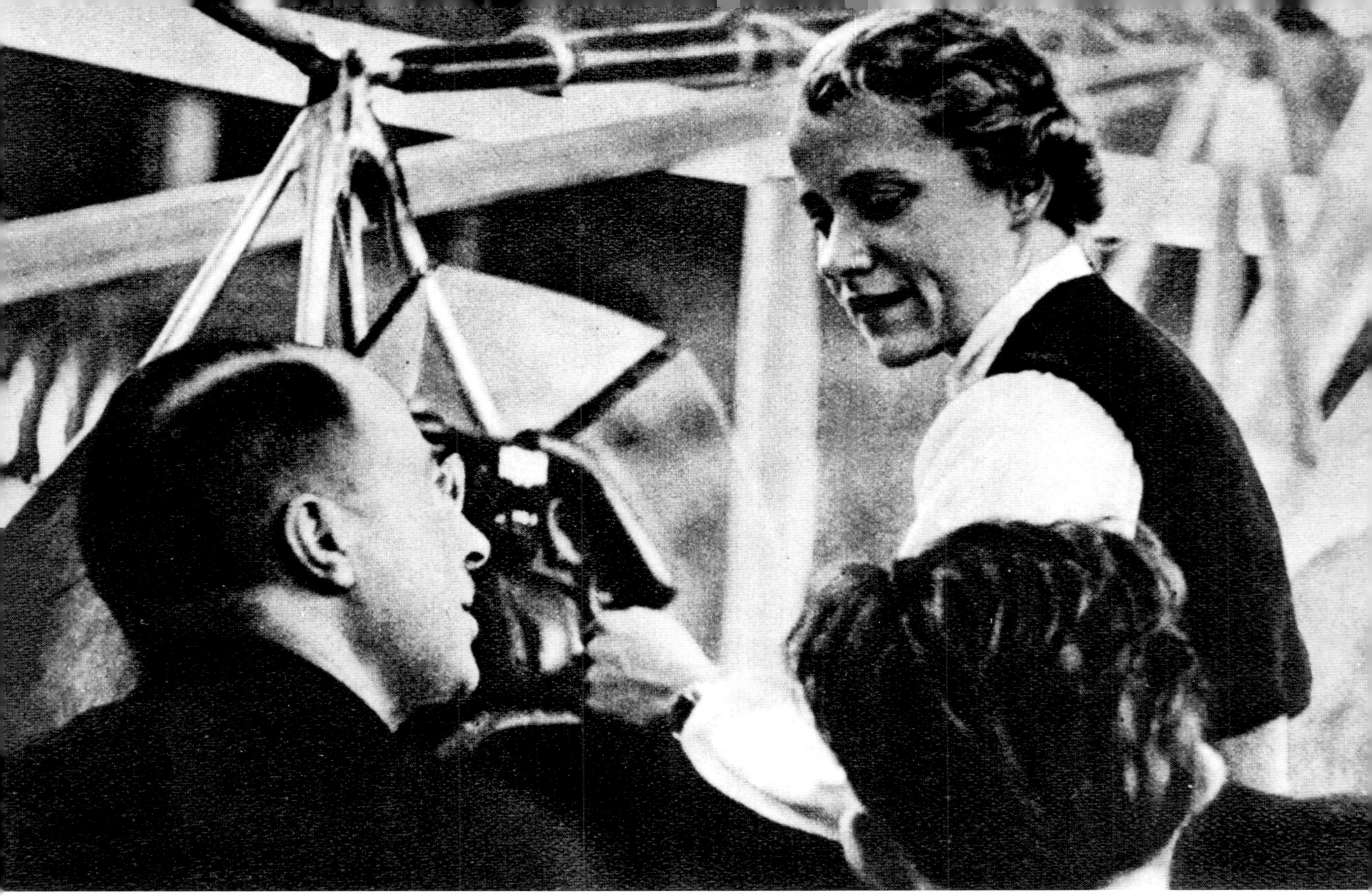

typen sie für die Forschungsanstalt testete, was in jedem Einzelfall ein hoch riskantes Unternehmen war, das methodisches Vorgehen, gute Reflexe und Kaltblütigkeit verlangte.
Ab 1936 genoss Hanna im Dritten Reich als dessen Bannerträgerin im Ausland ein privilegiertes Leben. Sie bekannte sich zwar offen zum Nationalsozialismus, trat aber nie einer seiner zahlreichen Parteiorganisationen bei. Vor allem galt für sie die Regel nicht, die sonst für alle deutschen Frauen galt und die Hitler 1934 formulierte: »Die Welt der Frau ist ihr Ehemann, ihre Familie und ihre Kinder.«
Die fliegerischen Fähigkeiten von Hanna Reitsch leisteten ihren Beitrag zum Erstarken des Dritten Reichs, aber noch mehr zur Erprobung seiner neuen Kampfflugzeuge bei Testflügen, die sie ab 1937 vermehrt absolvierte. Sie wurde Versuchspilotin an der Lufterprobungsstelle der Luftwaffe bei Rechlin in Mecklenburg-Vorpommern, wo sie die unterschiedlichsten Flugzeugtypen, Jäger, Stukas und Bomber, testete, die bald über ganz Europa fliegen sollten. Sie saß 1937 sogar im Prototyp des Hubschraubers *FW C1*.
Diese Frau erreichte offensichtlich alles, selbst die Ernennung zum Flugkapitän, was vor ihr noch keiner einzigen Frau der Welt gelungen war. Der Grund dieser Ehrung war ihr Flug über die Hochebenen des Pamirgebirges in Zentralasien in der Mannschaft von Baron von Galsberg.
Während es in Europa gärte, flog Hanna 1938 in die USA zu den berühmten National Air Races von Cleveland. In den USA beeindruckte sie »die spontane Höflichkeit und das Fehlen herrischer Aggressivität« bei den amerikanischen Männern, die sich nicht zu gut waren, »ihren Frauen die Einkaufstüte zu tragen und beim Spülen zu helfen«.

Gegenüberliegende Seite:
Hanna Reitsch und Éric Nessler, der französische Segelflugmeister. Sie war selbst Segelflugweltmeisterin vor dem Krieg und knüpfte 1947 daran an, nachdem sie als Testpilotin im Krieg viele Kampfflugzeuge bis hin zu der nach ihren Wünschen umgebauten fliegenden Bombe *V1* für »Selbstopfer-Piloten« geprüft hatte.

Oben:
Schwer vorstellbar, dass diese reizende junge Frau zu den großen Versuchspilotinnen ihrer Zeit zählt. Hanna Reitsch fliegt alles: Segelflugzeuge, Jäger, Bomber, Prototypen geheimer Flugzeuge, fliegende Bomben und Hubschrauber. Sie kennt alle, und alles scheint ihr möglich.

Hanna fliegt für das Reich

Hitler setzte die besten Piloten, darunter auch die weiblichen, bei der Erprobung hoch entwickelter neuer Prototypen ein. Viele von ihnen flogen auch Kriegsmaschinen von den Produktionsstätten zu den Flugplätzen der Luftwaffe.
Die Walküren trugen klangvolle Namen wie Liesel Bach, Vera von Bissing oder Beate Uhse. Letztere machten ihre Stuka-, Focke-Wulf- und Messerschmitt-Einsätze, besonders in der zweistrahligen *Me 262*, berühmt. Nicht zu vergessen natürlich auch Melitta von Stauffenberg, die wegen ihrer 1500 Stuka-Einsätze das Eiserne Kreuz II. Klasse und kurz darauf das Goldene Flugzeugführerabzeichen mit Brillanten erhielt. Aber die Erste unter all diesen Fliegerfrauen war ganz unbestritten Hanna Reitsch. Sie übertraf alle.
Allerdings nahm sie nie selbst an Luftkämpfen teil, obwohl sie Experimente immer wieder direkt an die feindlichen Linien führten. Diese Demonstrationen kaltblütiger Geschicklichkeit trugen ihr 1941 das EK II aus der Hand des »Führers« höchstpersönlich ein. Diese besondere Auszeichnung katapultierte sie in der Elite der Versuchsflieger noch weiter nach vorne, das heißt, man setzte sie an das Steuer außergewöhnlicher und höchst geheimer Zerstörungswaffen. Die *Me 163 Komet*, ein Jagdflieger mit Raketenantrieb und hoch entzündlichem Treibstoff, zählte zu diesen Schätzen deutscher Luftingenieurskunst, und Hanna sollte sie testen. Dieses sehr instabile Fluggerät schaffte es in 90 Sekunden auf 9000 Meter Höhe und erreichte eine Geschwindigkeit von 1000 Stundenkilometern. Deshalb verlangte es seinem Piloten höchste Fähigkeiten ab.
Als sich beim fünften Probeflug die spezielle Startrampe nicht vom Rumpf löste und eine gewaltige Windbö den Flugapparat erfasste, wurde Hanna in alle Richtungen geschleudert. Sie konnte das verrückt gewordene Flugzeug kaum steuern, aber sie brachte es dennoch zur Erde zurück, allerdings landete sie viel zu hart. Die völlig benommene junge Frau, der das Blut über das Gesicht lief, wunderte sich angesichts der Trümmer, in denen sie saß, überhaupt mit dem Leben davongekommen zu sein. Sie zog sich ein schweres Schädelhirntrauma zu, das sie jedoch dank ihrer außergewöhnlich robusten Vitalität nach fünf Monaten Krankenhausaufenthalt und nachfolgender Reha überwand.
Als sie zu ihren Testkollegen zurückkehrte, rückten die Alliierten immer näher heran. Als Frau der Tat meldete sie sich freiwillig zum Aufbau einer weiblichen Fliegerstaffel, um den Luftraum über dem Reich zu verteidigen. Sie erhielt eine Absage.
Daraufhin ersann sie einen teuflischen Plan, dem auch Hitler und Himmler grundsätzlich zustimmten. Zusammen mit dem Flugkommandanten Heinrich Lange wollte Hanna Reitsch eine Art Kamikaze-Einheit mit so genannten »Selbstopfer-Piloten« aufbauen, die entweder der Leonidas-Staffel oder dem Kampfgeschwader 200, einem speziellen Verband der Luftwaffe für besonders schwierige Kampf- und Transportaufträge, unterstellt werden sollte. Hanna schwebte eine Freiwilligentruppe für Selbstmordeinsätze vor, die sich mit Flugbomben auf große und kriegsnotwendige Industriekomplexe in Großbritannien und auf die alliierten Flotten stürzen sollten. Die Fliegerbombe *V1* schien ihr für den mörderischen Plan am besten geeignet, wenn man sie leicht umbaute und mit einem Pilotensitz versah. Aufgrund ihrer geringen Körpergröße konnte sie in die kleine Pilotenkanzel der *V1* schlüpfen, die sie zunächst als Ein-, später als Zweisitzer konzipierte. Ohne mit der Wimper zu zucken, meldete sie sich für die schon weit fortgeschrittenen Testflüge mit dieser Flugmaschine.
Die Wehrmachtsführung erhoffte sich in ihrer verzweifelten Lage viel von diesem Plan Hannas, die diese fürchterliche Waffe zur Einsatzreife bringen sollte. Es war geplant, die *V1* von dem Bombenflugzeug *Dornier 217* abzuwerfen. Der Plan nahm rasch Formen an und wäre 1944 auch verwirklicht worden, denn Hanna hatte inzwischen schon 70 Todespiloten angeworben, darunter auch mehrere Frauen. Nur die Landung der Alliierten in der Normandie stoppte dieses aus militärischer Sicht völlig sinnlose Unternehmen.
In der Zwischenzeit hatte Hanna als erste Frau am Steuer des riesigen Motorseglers *M 323 Gigant* einen Flug von 38 Minuten geschafft, wofür sie mit dem EK I ausgezeichnet wurde.

Das Geheimnis von Berlin

April 1945. Das Dritte Reich liegt in den letzten Zügen. In Berlin tobt schon der Kampf, als Hanna eine der geheimsten Kriegsmissionen erledigt.
Das Ganze begann am späten Abend des 24. April 1945 in München. In seinem Hauptquartier hält der Luftwaffenkommandeur Robert Ritter von Greim nachdenklich ein Eiltelegramm des Reichskanzleramts in der Hand. Er begreift, dass er wahrscheinlich zum Luftfeldmarschall befördert werden soll. Aber die Reise nach Berlin wird gefährlich werden, denn die alliierten Jäger beherrschen den deutschen Luftraum immer stärker. War es für die Beförderung nicht viel zu spät?

Trotzdem flog er in Begleitung von Hanna Reitsch mit einem Bomber nach Rechlin. Da ihn ihre Anwesenheit beruhigte, bat er sie, ihn auch nach Berlin zu bringen, für Hanna nicht gerade verlockend, denn sie hielt den Flug für gefährlich. Da die Zeit drängte, bot ihnen der Platzkommandant von Rechlin eine einsitzige *Focke-Wulf 190* an, die einem kleinen und gelenkigen Passagier gerade noch Raum bot. Am 26. April hob die Maschine mit der zusammengekauerten Hanna Reitsch ab; 40 Jagdmaschinen bildeten die Eskorte.
Das war kein Ausflug: In die Flügel der *Focke-Wulf* schlugen Granaten ein, ohne jedoch flugwichtige Teile zu verletzen Durchgeschüttelt von den Zickzack-Bewegungen der Maschine vertraute Hanna auf das Geschick und Glück von Greims, der schließlich in Gatow landete.
Die Situation dort war wenig ermutigend; Berlin war in Rauchwolken gehüllt. Mit der *Focke-Wulf* war kein Weiterkommen möglich; sie konnte in den Trümmern nicht landen. Hanna, die gehofft hatte, einen Hubschrauber zu finden, gab die Hoffnung auf.
»Warum nehmen Sie keinen *Fieseler Storch*?«, schlug ein Flieger vor. Zwar war dieses kleine Flugzeug für Verbindungsflüge konzipiert und unbewaffnet, aber auch schwer zu orten. Der General lehnte hartnäckig ab, als Hanna sagte, sie werde fliegen. Außerdem besaß der *Storch* nur einen Sitz, aber Hanna blieb stur, und wollte weiterhin dabei sein. Der General gab schließlich nach, und sie kauerte sich direkt hinter dem Pilotensitz zusammen.
Der *Fieseler* bewegte sich durch einen von unzähligen Geschossen durchpflügten Himmel. Eine Explosion riss das Flugzeug brutal aus seiner Bahn. Greim, der am Bein getroffen worden war, stöhnte auf und wurde ohnmächtig. Hanna reagierte sofort, zog ihn an sich und hielt den Knüppel fest, um den *Storch* zu stabilisieren und damit weiter in das Zentrum von Berlin zu fliegen.
Aus den Augenwinkeln erkannte sie das Brandenburger Tor und ließ die Maschine bis knapp über den Boden durchsacken. Sie sah ein Straßenstück ohne Trümmer und landete dort. Schnell zog sie den verletzten General aus dem Cockpit und befahl dem Fahrer eines Militärlastwagen, sie schnellstens zum Führerbunker in der Reichskanzlei zu bringen. Dort erhielt von Greim, der wieder aufgewacht war, erste ärztliche Hilfe, bevor man ihn zu Hitler führte, der ihn sofort zum Reichsmarschall und Oberkommandierenden der Luftwaffe ernannte. Er folgte auf Hermann Göring, für Hitler nur noch ein »abscheulicher Verräter«.

Gegenüberliegende Seite:
Das Dritte Reich interessiert sich immer für die Virtuosin der Lüfte, deshalb fliegt Hanna Reitsch dessen technisch raffinierteste Prototypen. Sie organisiert auch einen sehr wichtigen Flug zu Hitler in dessen Führerbunker im belagerten Berlin.

Links:
Hanna Reitsch war von Gestalt klein, aber sie setzte sich durch – zunächst bei den Nationalsozialisten und danach bei den alliierten Offizieren, die ihr misstrauten, weil sie einige Aspekte ihrer Karriere verschwieg.

Im Bunker herrschte eine surrealistische Stimmung, eine Atmosphäre von Endzeit. Hanna unterhielt sich mit Hitler, der sie in der Nacht vom 26. auf den 27. April zum Plaudern in sein Zimmer eingeladen hatte. Der »Führer« des Reichs klammerte sich noch immer an die Hoffnung, dass ihn eine Offensive der Heeresgruppe Wenck befreien würde.
Aber auch die Möglichkeit einer Niederlage schloss Hitler nicht aus. In diesem Fall würden er und Eva Braun sich töten, vertraute er Hanna an. Nach diesen Worten, die keinen Widerspruch duldeten, gab der Diktator der verstummten Fliegerin ein Giftfläschchen für sie und General von Greim. Einen solchen Tod wollte die Fliegerin nicht sterben und beschloss, dass es Zeit zum Gehen sei – und das schnell! Aber wie sollte sie dieser Fallgrube inmitten der Roten Armee entfliehen?
Die Angst im Bunker war zum Greifen, als Hitler aus einem Telegramm erfuhr, dass Himmler Graf Bernadotte die Kapitulation angeboten hatte. Der Diktator war außer sich und befahl am 30. April von Greim einen Luftangriff auf die Russen, um die 12. Armee von General Walter Wenck zu entlasten. Anschließend befahl er die Gefangennahme Himmlers. In einer Kampfpause konnten die beiden Flieger den Führerbunker verlassen und in eine *Arado 96* steigen, die nahe der Reichskanzlei abgestellt war.

»Fliegen ist mein Leben!« *Hanna Reitsch*

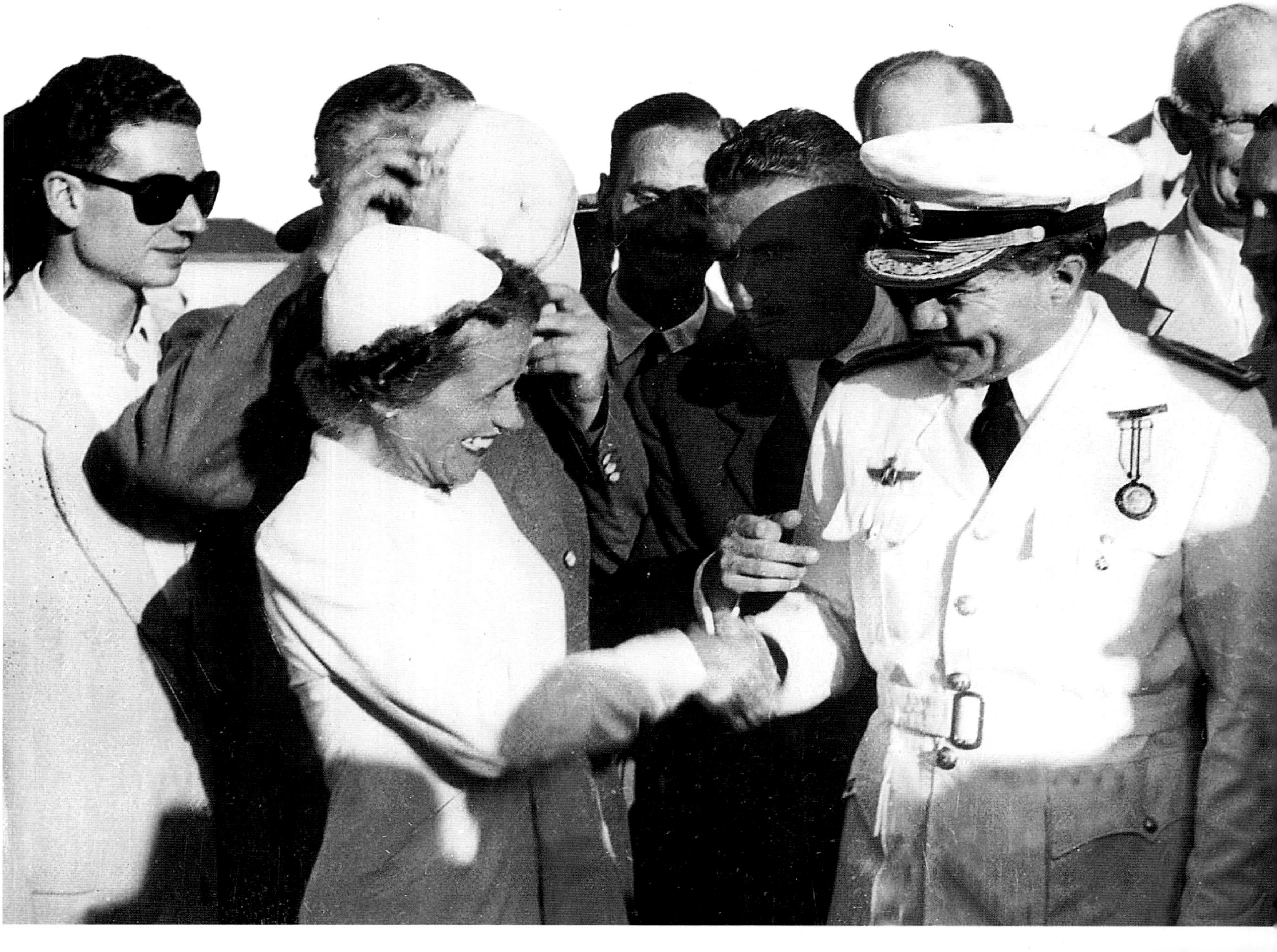

Greim konnte wegen seiner Verletzung kaum in die Kanzel klettern. Deshalb übernahm Hanna den Knüppel. Der Motor begann zu knattern, der Propeller drehte sich, und das ganze Flugzeug vibrierte. Hanna lenkte es geschickt auf die Straße, vermied ein Hindernis, beschleunigte und hob endlich ab. Trotz des allgemeinen Lärms und aller Vorsichtsmaßnahmen blieb der Abflug nicht unbemerkt. Bald schien es, als hätte sie die gesamte sowjetische Artillerie im Visier.
Dieser Flug von wenigen Minuten über eine Distanz von wenigen Kilometern dauerte eine Ewigkeit, aber Hanna erreichte Rechlin, wo von Greim sehen musste, dass von der einst unbesiegbaren Luftwaffe nur traurige Reste übrig geblieben waren, auf jeden Fall viel zu wenig Maschinen, um Wenck zu helfen. Wenigstens ein wichtiger Auftrag blieb ihm aber noch, die Verhaftung Himmlers, der sich im Hauptquartier von Dönitz in Plön nahe Lübeck aufhielt. Mit einer *Bücker 181* erreichten sie ihr Ziel und fanden dort Jodl, Dönitz und Himmler vor. Der Haftbefehl interessierte aber niemanden, nicht einmal Himmler bekam Angst. Für die Zukunft waren die Verhandlungen mit General Eisenhower wichtiger als der Gehorsam gegenüber Hitler.
Hanna Reitsch hingegen regte sich mächtig auf und warf Himmler Verrat am »Führer« vor, aber Himmler ließen ihre Vorwürfe kalt. Nach dem Tod des Diktators galten seine Befehle erst recht nicht mehr. Der völlig demoralisierte von Greim wollte sich in den Bergen verstecken und vergiftete sich nach seiner Verhaftung in einem Salzburger Krankenhaus.

Nach dem Krieg

Auch Hanna wurde gefangen genommen und in den USA interniert, wo sich die alliierten Vernehmungsoffiziere intensiv mit ihr beschäftigten. Sie unterstellten ihr die Verschleierung des wahren Motivs ihres Flugs nach Berlin. Sie hingegen erklärte den Amerikanern immer wieder, dass sie nicht nach Berlin geschickt worden sei, um Hitler aus der belagerten Stadt zu befreien.
Letzten Endes wurde die Anklage wegen Kriegsverbrechens fallen gelassen, und auch vor ihrer Rolle in der höchst dubiosen Episode der deutschen Kamikaze-Flieger schlossen die Richter die Augen. Hanna Reitsch kehrte nach Deutschland zurück und wohnte in Oberursel bei Frankfurt. Die Versuchspilotin für Zivil- und Militärflugzeuge und Weltmeisterin im Segelfliegen merkte bald, dass ihrem neuen bürgerlichen Leben der Reiz fehlte. Segelfliegen allein genügte ihr nicht. Also machte sie viele Reisen, beteiligte sich am Aufbau der ghanaischen Luftwaffe und besuchte vor allem die Vereinigten Staaten, wo man sie dieses Mal mit offenen Armen empfing.
Obwohl sie viele Ehrungen erhielt, blieb sie einsam. Seit dem Tod ihres Verlobten, der im Krieg gefallen war, fehlte in ihrem Leben die Liebe. Sie flog weiterhin und offensichtlich noch besser, denn die 67-Jährige stellte im April 1979 ihren vierten Segelflugrekord auf. Vier Monate später, am 24. August 1979, starb sie an akutem Herzversagen in Frankfurt am Main. Beigesetzt wurde sie im Grab ihrer Familienangehörigen in Salzburg.

Der Bekanntheitsgrad der perfektesten deutschen Fliegerin ist auch in der Nachkriegszeit unverändert hoch. Wohin sie in Europa auch kommt, wird sie herzlich empfangen, besonders natürlich im Spanien Francos wie 1952 bei den Weltmeisterschaften im Segelfliegen in Madrid. Hier begrüßt sie General Gonzales Callarza. In den USA erhielt sie die gleiche Aufmerksamkeit wie die Rivalinnen Jacqueline Cochran und Jacqueline Auriol in ihren Düsenflugzeugen.

AVIONS
M.DASSAULT
MIRAGE III C
N°24
2-LJ

Jacqueline Cochran

Frauen in Düsenmaschinen

Valérie André

Elisabeth Bosselli

Jacqueline Auriol

Jacqueline Auriol
Die Rivalin

1951 beherrschte die Amerikanerin Jacqueline Cochran das Frauenfliegen seit mehr als 20 Jahren souverän. Dann aber begann die Französin Jacqueline Auriol, die sympathische Fliegerin mit ihrer trotz vieler schmerzhaften chirurgischen Eingriffe immer noch »kaputten Schnauze«, die sie sich vor 22 Jahren bei einem schweren Flugunfall zugezogen hatte, mit Jacqueline Cochran um Weltrekorde zu wetteifern.
Ein verbissener Konkurrenzkampf um das erste Durchbrechen der Schallmauer begann, ein Konkurrenzkampf, der zahlreiche Fabelweltrekorde erbrachte.

Die beiden Frauen konnten gegensätzlicher nicht sein: Jackie, die Amerikanerin, geboren in den Sümpfen Floridas, stammte aus einer armen Familie, während ihre französische Namensschwester sehr behütet in einer reichen, monarchistisch gesinnten Holzhändlerfamilie in der Vendée aufwuchs. Beide Jacquelines vereinten aber auch sehr ähnliche Züge. Beide empfanden das Fliegen als die Erfüllung ihres Lebens, beide stellten unglaubliche Geschwindigkeitsrekorde auf und beide entwickelten höchste Beharrlichkeit, nicht nur ihre wenigen Konkurrentinnen abzuhängen, sondern sich auch selbst zu übertreffen.
Die privilegierte Französin hatte eine glückliche Kindheit, zum Beispiel den herrlichen Garten der Großmutter in Challens, wo Jacqueline über eine kleine Bande regierte, das heißt über ihren drei Jahre jüngeren Bruder André, ihren gleichaltrigen Vetter Pierre und ihre kleine Schwester Rito.
Mit acht Jahren gaben sie ihre Eltern zu den Nonnen in Nantes in die Schule, was für Jacqueline sehr schmerzhaft war. Sie war fest entschlossen, möglichst bald auszureißen und wieder zu ihren Eltern zurückzukehren. Aber das erste Drama ihres Lebens ereignete sich 1931, als ihr schon seit Jahren kranker Vater starb.
Nach der Schulzeit in Nantes studierte sie zwar in Paris, lebte aber weiterhin bei den Nonnen. Zwei Jahre nach dem Tod ihres Vaters heiratete ihre Mutter den Verwalter des Museums von Nantes, einen klugen, fantasievollen und für alles interessierten Mann. Obwohl Jacqueline diese Verbindung ablehnte, öffnete sie sich den Anregungen ihres den Künsten zugeneigten Stiefvaters. Unter seinem Einfluss begann sie zu malen und zu zeichnen und setzte ihr Studium an der École du Louvre und der Kunstakademie Beaux-Arts fort, bereitete sich aber gleichzeitig auch für ihr Abschlussexamen in Psychopathologie an der Sorbonne und in der Klinik Sainte-Anne vor.
Und wieder brach eine glückliche Zeit in Jacquelines Leben an, denn ihre Mutter bezog mit ihrem Stiefvater eine schöne Wohnung am Boulevard Saint-Germain in Paris. Außerdem zog die Liebe in ihr Leben ein, als sie im Winter 1936 Paul Auriol, den Sohn eines bekannten Sozialisten, kennen lernte. Paul und Jacqueline heirateten trotz des Einspruchs ihrer Familien, die fanden, sie seien noch zu jung dafür, mit 20 Jahren am 26. Februar 1938. Die Eltern gaben schließlich nach, weil sie das tiefe Gefühl der beiden füreinander erkannten. Ihr Sohn Jean-Claude kam mit Ausbruch des Zweiten Weltkriegs zur Welt.

SIEGE

Unten:
General Pierre Poujade, der berühmte Kommandeur des Fliegergeschwaders Normandie-Njemen, gab Jacqueline Auriol viele nützliche Ratschläge für ihre Fliegerkarriere.

Gegenüberliegende Seite:
Jacqueline Auriol interessiert sich für alles, was die Technik der Luftfahrt berührt, und lässt sich alles erklären. In Villacoublay erläutert ihr bei der 30-Jahrfeier der ersten Kanalüberquerung ein Vizemarschall der britischen Luftwaffe das Armaturenbrett einer *Vickers Viscount.*

Im Untergrund

Mit dem Einmarsch der deutschen Truppen begannen, vor allem nach dem Waffenstillstand am 22. Juni 1940, die Schwierigkeiten für Vincent Auriol und seine Familie. Am 10. Juli 1940 stimmte er mit 84 weiteren Abgeordneten gegen die Übertragung der Vollmachten auf Pétain und die Abschaffung der Republik. »Papa«, wie Jacqueline ihren Schwiegervater zärtlich nannte, kehrte nach Muret zurück, wo er Bürgermeister war und wo Politiker wie Édouard Herriot, Georges Mandel und Léon Blum verkehrten. Am 14. September wurde Auriol auf Befehl der Vichy-Regierung verhaftet und im Gefängnis von Pellevoisin bei Châteauroux interniert.

Eine von extremen Kontrasten gekennzeichnete Zeit begann. Im Juli 1941 brachte Jacqueline ihren zweiten Sohn, Jean-Paul, zur Welt, während ihr Schwiegervater im Gefängnis in Vals mit einer lebensgefährlichen Blutvergiftung kämpfte. Da die Vichy-Regierung auf gar keinen Fall wollte, dass dieser Tod ein Fanal setze, ließ sie den alten Mann in seinem bedrohlichen Zustand in das Krankenhaus von Mende und danach nach Muret bringen. Er wurde von vier Polizisten überwacht. Dennoch nahm Vincent Auriol seine Untergrundtätigkeit wieder auf, entging im November 1942 einer erneuten Verhaftung und tauchte dann endgültig ab.

Jacqueline nahm den Decknamen Madame Moune an, vor sich ein sehr unstetes Leben. Sie empfand keine besondere Angst, viel eher die Aufregung in einer Situation, die rasch gefährlich werden konnte. Ständig befand sie sich mit ihren beiden Jungen auf der Flucht vor der Gestapo, quer durch Frankreich, mit falschen Papieren und gefälschten Lebensmittelkarten. Am Ende fand die ganze Familie wieder in Toulouse zusammen, wo sie bis Kriegsende blieb.

Nach dem Krieg stieg Vincent Auriol politisch rasch auf, was in seiner Wahl zum französischen Staatspräsidenten am 16. Januar 1947 gipfelte.

Damals war im Hause Auriol keine Rede vom Fliegen, allenfalls in Unterhaltungen kam man kurz darauf zu sprechen. Jacqueline beschäftigte sich mit repräsentativen Aufgaben im Präsidentenpalast, die sie völlig beanspruchten.

Oberst Pierre Poujade, einer der Helden des Jagdfliegergeschwaders Normandie-Njemen und seit Oktober 1944 dessen Kommandeur, brachte sie bei einem Essen im Elysée auf eine gute Idee. Er riet Jacqueline, die ihm ihre Leidenschaft für Geschwindigkeit und schnelle Autos gestand, so nebenbei: »Warum lernen Sie nicht fliegen? Ich bin sicher, dass es Ihnen und Paul großes Vergnügen bereiten würde.«

Der Vorschlag gefiel den beiden, so dass der Fliegerheld sie kurz danach auf das Flugfeld Saint-Cyr brachte, wo ihnen ab dem 6. Juni 1947 Jacques André, ein anderer Ehemaliger aus dem Geschwader, das Fliegen beibrachte. Nach dem ersten Flug bemerkte Jacqueline nur: »Das ist ganz interessant.« Auch ihr erster Alleinflug nach 13 Stunden Flugunterricht löste bei ihr keine große Begeisterung aus. Die junge Frau war brav zu den Übungsstunden gekommen und holte sich den Pilotenschein mit der Nummer 18754 am 10. März 1948 im Aéro-Club de France bei Oberstleutnant Gabriel Cressaty, dem Gründer und Kommandanten des Regierungsflugdienstes, in Villacoublay ab.

Ihre herausgehobene gesellschaftliche Position bot Jacqueline einige Vorteile. Besonders profitierte sie dank des liebenswürdigen Cressaty von der Sondergenehmigung, die Maschinen des Flugdienstes für ihre fliegerische Fortbildung nutzen zu dürfen, so zum Beispiel die zweimotorige *Nord 1000.*

Von dem Augenblick an, als sie den ersten Pilotenschein von Cressaty erhalten hatte, war in ihr eine Art Mechanismus angesprungen. Schon am gleichen Tag begann sie mit den Vorbereitungen für die zweite Lizenz. Sie gab sich dabei so viel Mühe, dass sie das Dokument bereits nach 41 Flugstunden am 26. April 1948 bekam. Die nächste Ausbildungsetappe erwies sich als deutlich schwieriger, aber auch hier funktionierte die Unterstützung. Um im Regierungsflugdienst tätig sein zu können, musste sie den Militärflugschein machen – für eine Frau sicher kein leichtes Unterfangen.
Aber auch vom Kunstfliegen war für die weitere Ausbildung die Rede. Cressaty schlug ihr eine solche bei Raymond Guillaume vor, einem Fluglehrer bei Morane: »Ein außergewöhnlicher Bursche und wahrscheinlich der beste Lehrer für das Kunstfliegen in Frankreich.«
Für die erste, von Cressaty arrangierte Zusammenkunft hatte sich die junge Frau schön gemacht. Sie trug ein elegantes Kostüm von dem berühmten Couturier Jacques Fath, und ihr Aussehen verwirrte Guillaume sichtlich. Der Lothringer, den der Plan Cressatys, die junge Frau unter seine Fittiche zu nehmen, stutzig gemacht hatte, musterte Jacqueline kalt von Kopf bis Fuß und brummte: »Wir werden sehen.«
Danach setzte er sie in seine *Morane-Saulnier MS 341* und absolvierte das gesamte Programm, um ihren Entschluss zu erschüttern. Aber zu seinem großen Erstaunen schenkte ihm die junge Frau nach der Landung ihr schönstes Lächeln. Die Rollen, Loopings und Sturzflüge hatten ihr offenbar nichts ausgemacht.

Die »kaputte Schnauze«

Am 3. Juli 1949 führte sie ihre Kunstflugfertigkeiten mit einer *Morane-Saulnier MS 341* zum ersten Mal bei einem Flugmeeting in Auxerre vor. Eine Woche später saß sie an Bord einer *Scan 30*, eines viersitzigen Wasserflugzeugs mit zwei Motoren, neben dem Piloten Mingam, hinter sich Guillaume und Guédon, den Vertreter der Wasserflugzeugfirma SCAN. Nach einer verkürzten Startstrecke hob die Maschine zum Flug nach Toussus ab.
Der Flug verlief perfekt, aber im Ziel war die Anfluggeschwindigkeit über dem Wasser zu hoch. Und dann der Aufprall oder, wie sich Jacqueline erinnerte, der doppelte Aufprall. Der erste, als die Maschine die Wasseroberfläche berührte, der zweite, als ihr Kopf mit aller Wucht auf das Armaturenbrett schlug.
Jacqueline, die noch keine Schmerzen spürte, sagte später, dass sie ganz erstaunt dachte: »Mein Gott, welch eine seltsame Wasserung!« Sie hatte noch nicht bemerkt, dass in ihr alles und vor

Valérie André, Madame rettender Engel

Valérie André verband die Anmut und Präzision einer Libelle mit der Ausdauer einer Biene. Der Vergleich mag kühn erscheinen, aber er drängte sich allen auf, die diese stets ebenso freundliche wie hartnäckige Frau kannten. Sie erhielt ihren ersten Pilotenschein für Hubschrauber im September 1950 und wurde gleichermaßen als Ärztin wie als Pilotin bei den Kämpfen in Indochina und in Algerien eingesetzt, wo ihre seltene fliegerische Virtuosität gefragt war. Oft setzte sie sich den Kugeln feindlicher Gewehre aus, bevor sie endlich landen und den Verwundeten helfen konnte.
Das totale Engagement dieses mutigen weiblichen Glückspilzes war das Ergebnis einer – oder besser – zweier Berufungen, die sie seit ihrer Kindheit verspürte. Valérie hatte schon als Siebenjährige verkündet, dass sie fliegen wolle und Medizin studieren, aber die Familie der 1922 geborenen Straßburgerin nahm ihren doppelten Wunsch nicht ernst.
Da er auch noch zehn Jahre später bestand, nahm Valérie Flugstunden, obwohl sie ihr Medizinstudium stark beschäftigte. Im November 1948 erhielt sie das Arztdiplom, wollte aber auch das Pilotenabzeichen. Letzteres erhielt sie erst später, denn sie hatte 1939 kurz vor ihrer Flugprüfung Straßburg verlassen müssen.
Die politischen Umstände der Nachkriegszeit ermöglichten ihr es jedoch, ihre beiden Berufswünsche zu vereinen, denn Frankreich kämpfte in den Reisfeldern Indochinas und brauchte Ärzte. Valérie meldete sich auf den Aufruf des militärischen Sanitätsdienstes in Fernost, der junge Praktiker für eine freiwillige Dienstzeit von 18 Monaten suchte. 1949 begann sie in der neurochirurgischen Abteilung eines Lazaretts in Saigon, denn Neurochirurgie war ihr Spezialgebiet. Sie arbeitete aber auch im Kampfgebiet, oft unter schwierigsten Bedingungen, wozu auch Absprünge mit dem Fallschirm gehörten.
Der Name dieser starken Frau wurde in den Kreisen der Frontkämpfer voller Respekt genannt. Als Chefärztin des Lazaretts in Saigon und Chefin der chirurgischen Abteilung im Feldlazarett Corte war sie auf Effizienz bedacht und arbeitete ständig an Verbesserungen. Vor allem aber nutzte sie jede Gelegenheit, ihren »armen kleinen Kerlen« zu Hilfe zu eilen. Als 1950 zwei Hubschrauber *Hiller 360* mit je zwei Körben an den Seiten zum Verwundetentransport in Indochina in Dienst gestellt wurden, bewarb sie sich um die Ausbildung als Hubschrauberpilotin. Sie durfte nach Frankreich zurück, wo sie an der Helikopter-Ausbildungsschule in Cormeilles-en-Vexin ihre Einweisung erhielt. Nach kurzer Zeit machte sie am 1. September 1950 den Pilotenschein mit der Nummer 33. Im Oktober kehrte sie zum zweiten Indochina-Einsatz zurück und wurde zusätzlich noch Chefin der Hubschrauberabteilung in Gia Lam in Nordvietnam. Von dort aus entriss sie Dutzende von Verwundeten dem sicheren Tod. Außerdem lernte sie dabei den Flugkapitän der anderen *Hiller 360,* Alexis Santini, kennen, den sie später heiratete.
»Fräulein Ventilator«, wie ihr Codename lautete, oder »die Frau, die vom Himmel kam«, wie sie bei der vietnamesischen Bevölkerung hieß, setzte sich voll ein. Sie flog mit oder

allem ihr hübscher Kopf zerbrochen war, dass sie in der sinkenden, nahezu vollständig zerstörten Maschine fast ertrunken wäre, hätte sie nicht Guillaume trotz seiner Rippenbrüche gepackt und aus den Trümmern des Flugzeugs an Land gezogen.
Der medizinische Befund von Professor Claoué, einem Spezialisten für Schönheitschirurgie an der Maillot-Klinik in Neuilly, klang niederschmetternd und eröffnete eine zweijährige Leidenszeit, die Jacqueline, die »hübscheste Frau von Paris«, 16 langen und schmerzhaften Operationen in den USA unterwarf. Auch danach blieb ihr Gesicht für immer entstellt.
Die Liste der Verletzungen war lang: Trennung von Schädeldecke und Gesicht durch den Bruch sämtlicher Verbindungsknochen, drei Schädelbrüche, zwei Brüche der Kieferknochen, ein Nasenbeinbruch und – als Folge der gebrochenen Augenhöhlen – ins Schädelinnere zurückgesunkene Augäpfel. Ihr Gesicht war nur noch eine blutige Masse. Zusätzlich stellten die Ärzte noch den Bruch beider Schlüsselbeine, mehrerer Rippen und abgerissene Muskeln fest.
Als Staatspräsident Vincent Auriol seine Schwiegertochter in der Klinik besuchte, teilten ihm die Ärzte bedrückt mit, dass die Gesichtsknochen nicht wieder zusammenwachsen wollten. Sie erkannten den Grund nicht, bis eines Tages ein Chirurg befand: »Das Gesicht von Madame Auriol wächst nicht zusammen, weil es die Patientin nicht will.« In Jacqueline schien eine Feder gebrochen; sie dachte sogar an Selbstmord, um den Qualen zu entgehen. Zu diesem Zeitpunkt griff Guillaume, der sie regelmäßig

ohne militärischen Geleitschutz und stets in der Gefahr, sich die Engelsflügel zu verbrennen. In der Hölle der Schlachten, in den vom Feind umzingelten, isolierten und bombardierten Stellungen wurde sie inbrünstig erwartet, und Valérie enttäuschte nie.
Manchmal schrammte sie hart an der Katastrophe vorbei wie an jenem Tag, als ihr Helikopter bei Nam Dinh schwer beschädigt wurde. Danach versetzte man sie nach Na San im Norden Vietnams, wo sie sich den dortigen Haudegen, Fremdenlegionären und Fallschirmspringern vorstellte. Ihr Ruf als Helferin war ihr bei diesen Männern vorausgeeilt, die für sie gestorben wären, weil sie so viele von ihnen gerettet hatte. Sie erhielt mehrere Orden, den ersten aus der Hand von General Lattre de Tassigny sowie das Kreuz der Ehrenlegion am 14. August 1952.
Als sie im April 1953 das Kapitel Indochina abschloss, hatte sie die Bewunderung des gesamten Expeditionskorps gewonnen. 129 Einsätze, 300 Flugstunden und 22 Fallschirmabsprünge konnte sie nachweisen und vor allem, was sie als ihre schönste Belohnung betrachtete, die Rettung von 165 Verwundeten.
In Paris wurde sie in den Rang eines Flugarztes befördert und in das Zentrum für Testflüge nach Brétigny versetzt. Jean Boulet brachte ihr dort das Fliegen mit einer *Alouette* bei und bereitete sie auf die drei Prüfungen zur professionellen Hubschrauberpilotin, zur Hubschrauberpilotin zur Unterstützung von Bodentruppen und zur Flugzeugpilotin vor.
Eine große *Noratlas 2501* transportierte sie mit ihrem Helikopter und der medizinischen Ausrüstung an Orte, an denen Katastrophen stattgefunden hatten. 1954 war sie so nach einem schweren Erdbeben in Orléansville in Algerien. Später flog sie an die Elfenbeinküste, weil ein Flugzeug in einer Lagune zerschellt war.
Eine derart aktive Frau, Flugärztin und Pilotin, störte in gewissen Kreisen. Man wollte ihr die Flügel beschneiden und sie in eher weibliche Aufgabengebiete abschieben. Aber eine Valérie André ließ sich nicht einschüchtern. Sie wusste, wie man sich Gehör verschafft.
Nach fünf Dienstjahren in Brétigny wurde sie im Januar 1959 als Chefärztin und Pilotin des 23. Hubschraubergeschwaders zunächst auf die Luftwaffenbasis Bonfarik und dann nach Reghaia bei Algier versetzt. Entgegen ihrer Zeit in Indochina konnte sie dort aber nicht mehr auf eigene Faust handeln. Künftig flog sie mit *Alouette-II*-Hubschraubern oder mit den viel größeren und leichter als die *Hiller 360* zu bedienenden *Sikorsky H-19* und *H-34*. »Madame rettender Engel«, wie sie einige aus dem Kreis derer, die sie gerettet hatte, nannten, absolvierte 363 Einsätze von 1959 bis 1962.
Am 10. August 1962 kehrte sie nach Frankreich zurück, wo ihre weitere Karriere in Villacoublay wesentlich ruhiger verlief. Sie blieb, was sie war – Leiterin des ärztlichen Dienstes und Hubschrauberpilotin –, aber ihre Dienstränge änderten sich. 1965 wurde sie Kommandeurin und Oberstleutnant – manche knirschten dabei mit den Zähnen, weil man sie einem männlichen Bewerber vorgezogen hatte – sowie technische Beraterin für Lufttransporte verwundeter Armeeangehöriger. 1967 wurde sie Oberst und 1976 schließlich im Rang eines Brigadegenerals Leiterin des Medizinwesens im Wehrbereich der Luftwaffe, der das nordwestliche Frankreich umfasste.
1981 erhielt dieses energische Persönchen mit einer Körpergröße von nur 1 Meter 60 den Titel eines Generalinspekteurs für Medizin – eine logische Beförderung für eine Heldin, die in 496 Kriegseinsätzen 4200 Flugstunden nachweisen konnte. Bei ihrer Amtseinführung lobte General Bigeard ihre liebenswürdige Bescheidenheit, aber auch ihre Hartnäckigkeit. Valérie selbst erwähnte die einst ständige Angst, vom Einsatz mit der Bemerkung eines Vorgesetzten zurückgehalten zu werden: »Alles in allem – Sie sind nur eine Frau!« Und sie fügte hinzu: »Ich musste mich oft mit Frauenfeindlichkeit herumschlagen. Aber ich tat es für mich und für andere Frauen. Ich setze mich nicht für den Feminismus ein – ich mag dieses Wort nicht –, sondern dafür, dass jede Frau in allen Berufen ihre Chance hat und die besten von ihnen jegliche Form von Geschlechtertrennung überwinden.«
Ihr Ehemann, Oberst Alexis Santini, der erste Militärhubschrauberpilot in Frankreich, teilte diese Meinung aus gutem Grund. Er wusste aus eigener Erfahrung, dass sich hinter dem zarten Aussehen einer Frau manchmal »eine ungewöhnliche Energie, vielfach erprobter Mut, grenzenlose Hingabe und eiskalte Kühnheit« verbergen. Exakt diese Züge zeichnen die Generalinspekteurin für das Sanitätswesen, die Trägerin des Großkreuzes der Ehrenlegion und des Großkreuzes des französischen Pour le Mérite aus.

Gegenüberliegende Seite:
Die künftige Generalinspekteurin Valérie André vor ihrem Hubschrauber auf dem Flughafen von Hanoi. Die Fremdenlegionäre, denen sie mehrmals unter Lebensgefahr zu Hilfe eilte, bewunderten diese energisch-couragierte Frau als »echte Kämpferin«.

Oben:
Élisabeth Boselli ist eine der wenigen Militärfliegerinnen in Frankreich. Sie hätte mit Jacqueline Auriol bei der Jagd auf Überschallweltrekorde konkurrieren können. Sie verbindet aber lieber Aufklärungs- mit Rettungsflügen in Algerien. Das Foto zeigt sie im Jahr 1954 in der Jagdfliegerschule in Meknès.

SYRIAN ARAB AIRLINES

شركة الطيران العربية السورية

besuchte, gleichsam therapeutisch ein und zwang sie eines Tages, ihren »goldenen Käfig« zu verlassen. Er fuhr mit ihr zu Morane nach Villacoublay. Dort hielt er auf dem Flugfeld neben einer viersitzigen *Fairchild* an und forderte sie auf, einen kurzen Rundflug zu unternehmen. Wie er sie dazu brachte, blieb sein Geheimnis. Sie glaubte zu träumen und zu fliegen wie »ein Sandsack«. Aber Guillaume feuerte sie an: »Los, Jacqueline, los!« Dieser kurze Flug flößte ihr gewaltige Energie ein: Sie konnte fliegen, ihre Reflexe funktionierten noch. Nichts war verloren.
Ihre Leidenszeit war noch nicht zu Ende, obwohl sich der vorzügliche Flugmediziner Dr. Ginestet rührend um sie kümmerte. Dem Praktiker gelang ein echtes Wunder: Die Knochen in Jacquelines Gesicht wuchsen wieder zusammen. Nun war die plastische Chirurgie gefragt.

»Als Kind habe ich im Kloster den Glauben verloren, das Brétigny in gewisser Hinsicht war, wieder an etwas Reines und Heiliges und mit seiner die es zu überschreiten galt. Nun weiß ich,

Vorhergehende Doppelseite:
Auf diesem Foto vom 14. Mai 1966 in Toulouse sind die 55 besten Testpiloten Frankreichs vor einer *Caravelle* versammelt. Man bemerkt nur eine einzige, elegant gekleidete Frau. Sie steht in der Mitte dieser Elite – Jacqueline Auriol. Selten erwies sich nach der Meinung aller eine »kaputte Schnauze« als so charmant, aber auch als so eigensinnig.

Oben:
Bei einer Militärparade am 20. September 1952 in Brétigny heftet Staatssekretär Pierre Montel Jacqueline Auriol das Kreuz der Ehrenlegion an das Revers.

Gegenüberliegende Seite:
Trotz ihrer ersten Rekorde muss Jacqueline Auriol einige Jahre warten, bevor sie in das Testflugzentrum in Brétigny aufgenommen wird und sich den gleichen großen Namen machen kann wie einige Piloten vor ihr. Hier im Bild Oberst Constantin »Kostia« Rosanow, ein Fliegerheld im Zweiten Weltkrieg, der 1954 in einer *Mystère IV B2* starb.

»Leben und fliegen«

In den folgenden zwei Jahren reiste sie mehrfach in eine Klinik in New York, wo Dr. John Converse, ein von Ginestet empfohlener Spezialist, versuchte, ihr Gesicht wieder zu formen. Die Zeit zwischen zwei Operationen nutzte sie zu einem Treffen mit Persönlichkeiten aus der US-Luftfahrt, besonders mit dem Flugkonstrukteur Laurence D. Bell, der ihr die Teilnahme an einem Helikoptertraining in Buffalo vorschlug. Auch in Frankreich nutzte sie die Zeit zwischen ihren Krankenhausaufenthalten für die Lizenz zum Passagiertransport, die sie im November 1950 erhielt. Raymond Guillaume, der in Brétigny Fluglehrer für Testpiloten geworden war, sicherte ihr zu, dass er sich für ihre Verwendung in seiner Mannschaft einsetzen wolle, was ihr die Möglichkeit eröffnen würde, sämtliche Flugzeugtypen zu fliegen.
Mit dieser Perspektive entschloss sich Jacqueline für die Helikopterausbildung in Buffalo. Nach 25 Flugstunden auf der *Bell 47* erhielt sie die US-Lizenz für Hubschrauberflüge. Damit begann für Jacqueline ein neuer Lebensabschnitt. Endlich konnte sie wieder leben und fliegen! Sie wollte in jedem Fall Berufspilotin werden.

und ihn in diesem anderen Kloster,
gefunden, Brétigny mit seiner absoluten Hingabe
ständigen Suche nach einer Grenze,
dass diese Grenze nicht das Ende von allem ist.«

Jacqueline Auriol

Sie entschloss sich auch, den Geschwindigkeitsrekord über 100 Kilometer anzugreifen, den die Amerikanerin Jacqueline Cochran seit 1947 mit 765,688 Stundenkilometern hielt. Guillaume half ihr bei der Vorbereitung, und Mitte April 1951 nahm sie Flugkapitän Roger Carpenter in einer *Gloster-Meteor Mk.VII* zu ihrem ersten Flug mit einer Düsenmaschine mit. Am 26. April nahm sie ihre Ausbildung auf einer *Vampire* mit Rollübungen am Boden auf, bevor sie vier Tage später ihren ersten Start absolvierte. Innerhalb von zwölf Tagen startete sie 14 Mal. Am 11. Mai 1951 beherrschte sie die Maschine so gut, dass sie den Weltrekordversuch wagen konnte und mit 818,181 Stundenkilometern die Amerikanerin entthronte.
Jacky Cochran nahm ihr das nicht krumm und kümmerte sich sogar selbst darum, dass die begehrte Harmon Trophy für das Jahr 1951 an die Französin ging. Und die genoss diese Auszeich-

CO-
KQ-6
BQ-6
35

nung, die sie noch zweimal, 1952 und 1955, erhalten sollte. Vor allem nutzte sie ihren neuen Status als Militärpilotin. Aber es brauchte doch noch einiges mehr, um an das Testflugzentrum in Brétigny zu gelangen.
Also ließ sie sich in den Instrumentenflug einweisen, erlangte drei Scheine als Segelfluglehrerin, was sie aber nur an die Schwelle des Zentrums brachte. Der Direktor, Chefingenieur Louis Bonte, empfing sie misstrauisch als »von der Leichtflugabteilung« abkommandiert, aber nicht offiziell als reguläre Testpilotin. Sie bemühte sich redlich, vergessen zu machen, dass sie die Schwiegertochter des Staatspräsidenten war. Sie wollte mit allen Kräften ihren Durchbruch als Testfliegerin erzwingen. Als sie schließlich zugelassen wurde, strebte sie danach, zur Elite der Testpiloten zu gehören, und erprobte 180 unterschiedliche Flugzeugtypen. Sie war stolz darauf, dass sie mit ungewöhnlichen Männern zusammenarbeitete, die kaum einen Unterschied zwischen ihr und sich machten.

Am 15. August 1953 durchbrach sie als erste Europäerin mit einer *Dassault Mystère II* die Schallmauer, womit sie wieder zu Jacqueline Cochran aufschloss. In dem zwölfjährigen Verfolgungsrennen zwischen 1951 und 1963 erreichte Jacqueline Auriol fünfmal den Titel »schnellste Frau der Welt«.
Am 21. Dezember 1952 übertraf sie an Bord einer *Mistral*, der französischen Version der britischen *Vampire*, mit 855,92 Stundenkilometern ihren eigenen Vorjahresrekord. Fünf Monate später, am 20. Mai 1953, nahm ihn ihr Jackie Cochran mit einer Durchschnittsgeschwindigkeit von 1 050 Stundenkilometern wieder ab. Die Französin hatte keine Probleme damit, dass ihr die Rivalin wieder einmal zuvorgekommen war. Ihr war die Ausbildung als Testpilotin wichtiger. Am 20. April 1954 trat sie in die École du personnel navigant d'essais et de réception (EPNER) ein, die Ausbildungsstätte der französischen Testpiloten, und verließ das Schulungszentrum am 18. November 1955 als geprüfte Testpilotin mit dem Pilotenschein Nummer 0176. Während des Lehrgangs dachte sie kaum an die Amerikanerin.
Die Französin war ein wenig verwundert, als sie am 22. Mai 1955 einen Anruf der PanAm erhielt, der Fluggesellschaft, bei der Floyd Odlum, der Ehemann von Jackie Cochran, einer der Hauptaktionäre war. Die Direktion der US-Linie bereitete die Feier für ihren 600 000. Passagier auf einem Transatlantikflug vor und lud Jacqueline zu einem achttägigen Fest bei freier Kost und Logis nach New York ein.

Gegenüberliegende Seite:
In einer *De Havilland Vampire* macht Jacqueline Auriol ihre erste Erfahrungen mit einer Düsenmaschine. Sie entwickelt bald eine solche Virtuosität, dass sie als Schatten ihrer großen Rivalin aus den USA, Jacqueline Cochran, erscheint.

Oben:
Jacqueline Auriol, die wohl beste Botschafterin der französischen Luftfahrt in den 1960er-Jahren, verdankt ihre einzigartige Position am Testflugzentrum in Brétigny nicht dem Dunstkreis der Macht, in dem sie lebt, sondern ihrem Können und ihrem Mut.

Jacqueline Malézieux

Die

Hélène Lacour-Frankel
Patricia Brezun
Jacqueline Dubut
Brigitte Lescop
Martine Tujague

Goldene Zeit der Propellermaschinen

Maryse Bastié
Marie-Josèphe de Beauregard
Brigitte Giradin
Amelia Earhart
Adrienne Bolland
Béatrice Vialle
Gabriela Musy
Helen Richey
Hélène Dutrieu
Evi Musmann
Nicole Lunemann
Nicole Perceval
Jacqueline Golay
Danielle Décuré
Barbara Hammer
Aïcha

U.S. MAIL

Helen Richey
Endlich Linienpilotin

Linienpilot – ein Beruf, der die Lust am Fliegen mit einem regelmäßigen Gehalt verbindet. Als die Zeit der so genannten modernen Luftfahrt begann, verhinderten in den ersten Jahrzehnten frauenfeindliche Behörden zusammen mit den Airlines, dass Frauen Linienmaschinen fliegen durften. Aber die Damen ließen nicht locker, knackten die Festung der Männer und ernteten Bewunderung, als sie sich in den Cockpits von Passagiermaschinen aller Art bis hin zur B 747 und vor allem des Überschallflugzeugs Concorde niederließen. Die langen Jahre des Wartens und der Geduld hatten sich gelohnt und zahlten sich in Form der längst verdienten Anerkennung aus.

Heuchelei und Scheinheiligkeit

Weibliche Piloten in einer französischen Fluggesellschaft? Ich möchte nicht einmal, dass darüber gesprochen wird«, beschied ein Verantwortlicher der Air France im Oktober 1936 einen Journalisten, der ihn zu diesem Thema befragte. So also dachte man in den männlichen Kreisen und insbesondere bei Fluglinien in den 1930er-Jahren.

In Ministerien und auf Flugplätzen waberte der Hauch der Frauenfeindlichkeit, obwohl Piloten – und nicht die schlechtesten unter ihnen – wie Jean Mermoz ihre »kleinen Schwestern« in der Luft tatkräftig unterstützten. Eine ausgebildete Jungpilotin hoffte trotzdem, den Personalchef einer Linienfluggesellschaft dadurch zu überzeugen, dass sie ihm ihr Flugbuch zeigte. Als Antwort bekam sie zu hören: »Gehen Sie lieber wieder nach Hause und kriegen Sie Kinder. Sie werden Ihrer Familie gewiss viel nützlicher sein.«

Jedermann schien Pilotinnen zu belächeln, angefangen beim Ministerium, das ihre Forderungen bis dahin mit Schweigen quittiert hatte. Am 31. Mai 1926 erlaubte die Internationale Luftfahrtkommission (CINA) den Pilotinnen offiziell, Passagiermaschinen zu fliegen. Aber was die Behörde mit der einen Hand gab, kassierte sie gleich wieder mit der anderen, indem sie neuen Fluglinien davon abriet, die Passagiere Pilotinnen anzuvertrauen. Darüber hinaus regelte ein kurz zuvor unterzeichnetes Dekret des Luftfahrtministers: »Neues Personal ist aus Kandidaten männlichen Geschlechts zu rekrutieren.« Das schien doch sehr im Geiste des englischen Flugpioniers Claude Grahame White: »Frauen eignen sich wegen ihres Temperaments nicht zum Fliegen, weil sie zu rasch in Panik verfallen.«

Die Geschichte der Amerikanerin Helen Richey zeigt die Erniedrigungen, die Fliegerinnen einstecken mussten. Sie wurde 1909 in McKeesport in Pennsylvania geboren, erhielt ihre Flugerlaubnis mit 20 Jahren und besaß einen Doppeldecker als Geschenk ihres Vaters. Mit ihm versuchte sie, ihren Lebensunterhalt zu bestreiten, und schaffte es 1933 endlich auf die erste Seite der Zeitungen:

Zusammen mit Frances Marsalis stellte sie einen Rekord im Dauerfliegen auf, denn sie hielten sich sechs Tage in der Luft. Ein Jahr später gewann sie das erste Womens National Air Meet in Dayton, aber während des Rennens verunglückte ihre Freundin Frances tödlich.

Die deprimierte junge Frau stürzte sich mit Leib und Seele in ihren Beruf und hoffte, dadurch ihr seelisches Gleichgewicht wieder zu finden. 1934 wurde sie als erste Pilotin von den Central Airlines fest angestellt – eine Frau als Linienfliegerin, fast eine Revolution!

Helen flog also mit 25 Jahren eine dreimotorige *Fokker* auf der Strecke von Washington, D. C., nach Detroit. Ihr Können war unzweifelhaft, aber ihre männlichen Kollegen hörten auf diesem Ohr schlecht. Sie schalteten ihre Gewerkschaft ein und erreichten, dass Helen bei schlechtem Wetter nicht fliegen durfte. Der absurde Vorwand machte die in dieser Machogesellschaft isolierte Fliegerin fertig. Nach einem Jahr mühsamen Kleinkriegs kündigte sie, nicht ohne ihren Quälgeister entgegenzuschleudern: »Ich kann bei jedem Wetter fliegen!«

Da ihr nun die Ausübung ihres Berufs in einer bezahlten festen Stellung versagt blieb, stellte Helen ihre Talente im September 1936 bei der berühmten Bendix Trophy, einem Rennen zwischen New York und Los Angeles, unter Beweis. Sie nahm als Kopilotin von Amelia Earhart teil. Trotz mehrerer technischer Pannen belegten sie den fünften Platz.

Helen ergriff jede Gelegenheit zum Fliegen, zum einen weil es ihr gefiel, zum anderen aber auch, um ihren Lebensunterhalt zu verdienen. Der Zweite Weltkrieg bot ihr dazu die Möglichkeit. 1941 hatte sie mehr als 10 000 Flugstunden absolviert und erhielt die Fluglehrerlizenz von der Civil Aeronautics Authority. 1942 wurde ihr der amerikanische Ableger der British Air Transport Auxiliary unterstellt. 1943 überführte sie im Rahmen der Women's Airforce Service Pilots (WASP) verschiedene Flugzeugtypen. Ohne Unterstützung und ohne Mäzen konnte sie aber nicht an Rekordversuchen teilnehmen. In tiefer Verzweiflung beging sie im Januar 1947 einen Selbstmordversuch. Dieses schreckliche Vorkommnis wirft ein Licht auf das Leiden von Frauen ohne eine Beschäftigung, in der sie ihre Fähigkeiten beweisen können.

»Den Frauen steht das Recht zu, ihr Leben zu leben,
oder das Tiefblau des Himmels lieben,
der Männer nicht eingelassen, um sie zu imitieren,

Frauen auf dem Abstellgleis

Auch in den angeblich so fortschrittlichen Ländern Westeuropas hatten und haben intelligente und tatkräftige junge Frauen mehr oder weniger große Schwierigkeiten, ihren Traumberuf zu ergreifen und dann darin auch zu reüssieren.

Danielle Décuré gehört zu jenen knallharten Frauen, die allein am Steuerknüppel sitzen und zudem die Festung der Männer stürmen wollen, »um«, wie sie sagte, »dort ein anderes Leben zu finden anstatt nur Leben zu geben«. Diese entschlossene, in Bourg-en-Bresse geborene, brünette Frau verspürte schon früh ein Kribbeln, wenn sie nur Wolken sah. Ebenso rasch hat sie begriffen, wann es besser ist zu katzbuckeln, um den Kopf danach umso höher zu tragen, wie sie den Leser ihres 1982 erschienenen Buches *Vous avez vu le pilote? C'est une femme!* von den ersten Zeilen an wissen lässt: »Ich bin im Februar 1943 vom Himmel gefallen und versuche seither verzweifelt den Aufstieg. Aber ich falle immer wieder zurück. Und seit ich den Fluch entdeckt habe, als Frau geboren zu sein, falle ich sogar oft von oben herab.«

Gegenüberliegende Seite:
Dem britischen Flugpionier Claude Graham-White zufolge haben Frauen in der Luftfahrt nichts zu suchen.

Links:
Helen Richey sieht sich nicht als Schönwetterpilotin, auf die sie ihre männlichen Kollegen und deren Gewerkschaft beschränken wollen. Da sie sicher mehr vom Fliegen versteht als die meisten von ihnen, kündigt sie bei den Central Airlines.

ob sie nun das Tuch mögen, das sie weben,
den sie durchfliegen. Ich habe mich auf das Spiel
ich bin Fliegerin geworden, um zu fliegen.« *Danielle Décuré*

Zu Beginn der 1960er-Jahre wollte sie Linienfliegerin werden und stellte sich deshalb der École nationale de l'aviation civile (ENAC) vor, einer Einrichtung, in der Frauen entweder nur für Kochen und Putzen zuständig waren oder als Sekretärinnen arbeiteten. In der hohen Schule des Fliegens blitzte Danielle natürlich ab. Die Leitung der ENAC ahnte indes nicht, dass ihre Entscheidung diese junge Frau völlig unbeeindruckt ließ, denn wie ihre berühmten Vorgängerinnen, vor allem ihr Vorbild Adrienne Bolland, hatte sie mehr zu bieten als Temperament.

»Die Arena der Gockel«

Für Danielle galt: Wenn man ihr die Tür vor der Nase zuschlug, dann kam sie eben durch das Fenster. 1960 erhielt sie den Pilotenschein für Segelflugzeuge, 1961 den für Motorflieger und 1967 die Berufspilotenlizenz. Im gleichen Jahr brach sie in einem Privatflugzeug den Rekord im Distanzfliegen und besiegte ihre Konkurrentin Hélène Dutrieu. Sie wurde Fluglehrerin und schließlich 1969 Pilotin im Hauptberuf, bevor sie im Mai 1969 als Kopilotin bei dem Europe Falcon Service, einem Tochterunternehmen von Dassault-Breguet in Le Bourget, anheuerte. Dort flog sie eine *Mystère 20* so einwandfrei, dass sie die Spange als Bordkommandantin erhielt.
Parallel dazu kümmerte sie sich wie die amerikanischen Ninety-Nines mit großem Einsatz um die Gleichberechtigung der Töchter der Lüfte. 1971 gründete sie zusammen mit Marie-Josèphe de Beauregard die erste Gewerkschaft für weibliche Piloten, wobei Marie die erste Präsidentin wurde. Auch Hélène Lacour-Frankel, Jacqueline Golay, Chefpilotin am Zentrum für Testflüge in Melun,

Jacqueline Malézieux und Nicole Perceval zählten zu den Gründungsmitgliedern.
Rasch stießen weitere Frauen dazu, so dass sich die neue Gewerkschaft bald wie ein Who's who der Pilotinnen französischer Airlines las. Dazu zählten auch Jacqueline Dubut, die Ehefrau von Albert Camus bei Air Inter, bevor sie zur Air France wechselte, Brigitte Lescop, die spätere Brigitte Molle-Revellin, die zuerst bei TAT und dann bei Air Inter flog, Suzanne Oberlin bei AOM und Patricia Brezun bei Air France. Sie kam als erste Pilotin von der ENAC, wo der Prozentsatz weiblicher Angestellter in den zehn Jahren nach der Abweisung von Danielle Décuré deutlich gestiegen war.
Ihre Hartnäckigkeit öffnete das Loch, das die Anstellung von Jacqueline Dubut bei Air Inter 1967 in die Mauer der männlichen Festung geschlagen hatte, zur offenen Bresche. 1973 fasste Air France den löblichen Beschluss, auch Frauen als Pilotenanwärter aufzunehmen. Danielle rührte die Trommel; sieben Kandidatinnen überwanden die Barrieren, und Danielle gehörte dazu. Die junge Frau durchlief seit 1974 eine kontinuierliche Entwicklung von der zweimotorigen *Fokker 27*, auf der sie stolz als Linienpilotin begann, bis hin zum Posten des Flugkapitäns eines *Airbus 320*. Aber gerade bei Air France, in der »Arena der Gockel«, rief ihre Einstellung Neidgefühle, schäbiges Verhalten und böse Unterstellungen hervor. Nur wenige Piloten empfingen sie herzlich. Es gab sie also noch, diese »klasse Burschen«, die sich vorbehaltlos hinter sie stellten. Danielle wusste genau, dass sie für andere Pilotinnen die Vorreiterrolle spielte. Jede Kritik würde sich auf sie konzentrieren und der geringste Fehler größere Dimensionen annehmen. Ihr Verhalten stand für die Zukunft aller weiblichen Linienpiloten, und hier schlug sie sich nicht schlecht.
»Ich fliege eine große Linienmaschine«, schreibt sie in ihrem Buch, »was an sich keine Heldentat ist, aber das Kunststück liegt darin, dass niemand auf der Welt glauben mag, dass das möglich ist.«
Martine Tujague war das Lied von den Pilotinnen bestens vertraut, denen man den Zugang zum Cockpit von Linienmaschinen verweigerte und die trotz verstärkter Bemühungen kaum auf die Pilotenschwingen an ihrer Brust hoffen durften. Martine stammt aus Limoges und lernte den Himmel zwischen 1960 und 1963 als Stewardess bei den Fluglinien UTA und TWA kennen. Danach arbeitete sie von 1963 bis 1978 als Drehbuchassistentin in der Produktion der damals noch staatlichen Sender ORTF und TF 1. In dieser Zeit sparte sie das für die Pilotenausbildung nötige Geld, schaffte alle notwendigen Lizenzen, aber für den begehrten Sitz im Cockpit einer Airline kam sie zu spät. »Was soll's?«, dachte sie sich und flog damals als Einzige Privatjets von Geschäftsreisenden in Gabun, dies allerdings unter schwierigen Bedingungen. Entschädigt wurde sie dafür durch die Freundschaft einheimischer Piloten, »die viel offener sind als in Frankreich«.
Dennoch musste Martine feststellen, dass der Neid Herz und Verstand ihrer männlichen Kollegen beeinträchtigte, die trotz geringerer Flugerfahrung nicht akzeptieren wollten, dass sie mehr verdiente. Aber das erschütterte diese Tochter der Lüfte nicht

Gegenüberliegende Seite:
Die British Airways hält ihre Pilotinnen für so gut, dass sie einer unter ihnen, Barbara Hammer, sogar das Beste ihrer Flotte, die Concorde, anvertraut.

Unten:
1988 überlässt British Airways das Cockpit einer großen *B 747* einer Frau, der charmanten Lynn Barton.

wirklich, die sich 1979 und 1980 als einzige Pilotin einer *Beechcraft 90* an bekannten Wettbewerben beteiligte, insbesondere an der Transafricaine von Toussus nach Libreville und dem Flug Paris – Tripoli – Dakar. Im Übrigen brauchte sie sich vor ihren männlichen Kollegen nicht zu verstecken, da sie im Auftrag der Frachtlinie Transport aérien Rhône Alpes 1976 schon auf einer *Beechcraft 200* geflogen war, 1976 bei der Transair als Reservepilotin auf der Gehaltsliste stand und von 1974 bis 1978 eine *Falcon 10* und eine *Beechcraft 90* für Air Thomson gesteuert hatte. Bei Air Thomson blieb sie bis 1984. Ein Jahr später flog sie eine *Twin Otter* im Dienst der Amoco Gabon Exploration, 1986 startete sie auf der gleichen Maschine für Air Inter Gabon. Nachdem sie dann ein Jahr bei Aviasud verbracht hatte, stieß sie zu ALTA und zu Air Toulouse, wo sie auf ihre alten Bekannten *Beechcraft 90* und *200* traf. Danach wechselte sie zu Air Delta. Hier flog sie von 1989 bis 1993 die Geschäftsflugzeuge *Citation I* und *Citation II* des amerikanischen Herstellers Cessna.
Martine Tujague verband Idealismus mit Ehrgeiz und einer guten Dosis Leistungsbereitschaft schon seit ihren ersten Flügelschlägen im Aéroclub der IPSA auf dem Fluggelände in Guyancourt, also dort, wo aus der »Puppe« Tujague die Fliegerin Tujague geschlüpft war.
Selbstverständlich engagierte sich Martine aktiv im Gewerkschaftsleben. Die Ninety-Nines hatten den Weg 1929 geöffnet und Nachahmer gefunden. Die Associations des pilotes françaises und die Federation of European Women Pilots, deren Präsidentschaft sie übrigens später übernahm, stellten wichtige Gesprächspartnerinnen dar.
Die Geduld blieb der entscheidende Faktor. Die meisten Pilotinnen in der elitären Welt der Linienflieger wussten, dass sie dort in erster Linie als Frauen und erst dann als erfahrene Fliegerinnen gesehen wurden. Bevor sie Kopilotin einer *DC 10* der Fluglinie UTA wurde, meinte die brünette Emma Verdier: »Man hat mir gewiss nichts geschenkt!« Aber die Tatsache, dass eine Frau als fest angestellte Pilotin bei einer Fluglinie arbeitete, war nur ein Einzelsieg, den andere, denen dieses Glück nicht widerfuhr, oft als schlechten Witz betrachteten. So bemerkte Patricia Haffner beispielsweise trocken: »Den Hanswurst für eine Beförderung zu spielen, um dabei nur zu hören, dass man eine Ausnahme sei, das nervt gewaltig.« Sie ärgerte sich, weil sie zu gern in die Fußstapfen ihres Vaters, der von Beruf Flugkapitän bei einer Liniengesellschaft war, getreten wäre. Er ermutigte sie, nicht nachzulassen. Mehr noch, er ging selbst zur ENAC, der École nationale de l'aviation civile, um die Bewerbungsunterlagen für seine Tochter zu holen. Die Sache wurde peinlich, als er den Hinweis des Angestellten, »sein Sohn« möge bitte darauf achten, alle Spalten auszufüllen, korrigierte: »Das ist nicht für meinen Sohn, sondern für meine Tochter.« Daraufhin händigte ihm der Manager die Bewerbungsbögen gar nicht erst aus, denn es galt: Keine Pilotenanwärterinnen in der ENAC!

Aber die Familie gab nicht auf. Der Vater schrieb an Premierminister Pierre Messmer, während Marie-Josèphe de Beauregard, die Präsidentin der Pilotinnengewerkschaft, ihre Freundin Claude Pompidou, die Ehefrau des Staatspräsidenten, für den Fall interessierte. Aus diesen Aktivitäten resultierte 1973 ein Gesetz, dass sich Frauen unter der Voraussetzung, das 18. Lebensjahr erreicht zu haben, jeweils am 1. Januar zu den Aufnahmeprüfungen der ENAC melden dürften. Patricia war erst 17 und fiel bei ihrer ersten Prüfung zusammen mit drei anderen Anfängerinnen durch. Im Jahr darauf bestand sie die Prüfung, heiratete und wurde 1991 als zweifache Mutter Chefpilotin. Eine Frau kann ein Flugzeug so gut steuern wie jeder Mann, selbst eine große *Boeing 777*.

Die *Concorde* zu fliegen bedeutet die schönste Ehrung des fliegerischen Könnens von Frauen, denn zwei Pilotinnen, die Britin Barbara Hammer und die Französin Béatrice Vialle, die mit einer Handvoll Kollegen sorgfältig ausgesucht worden waren, besitzen das sehr seltene Privileg, dieses überschallschnelle Passagierflugzeug zu fliegen, das Symbol der Geschichte der Luftfahrt schlechthin.
Dieses Attribut wird bleiben, obwohl die *Concorde* seit der Tragödie am 25. Juli 2000 nicht mehr fliegt.

Endlich die Concorde!

Aufs Ganze gesehen stieg die Zahl der Frauen im Cockpit der Airlines, aber es gab große Unterschiede. 1988 flogen 166 weibliche Flugkapitäne an Bord der American Airlines, das waren rund zehn Prozent des fliegenden Personals. Air France zählte 2002 unter insgesamt 3 500 Piloten nur 158 Pilotinnen, davon 30 im Rang eines Flugkapitäns. 1984 beschäftigte die Swissair zwei Frauen, Gabriele Musy und Brigitte Girardin. Zwei Jahre später nahm die Lufthansa Evi Lausmann und Nicola Lunemann in die Verkehrsfliegerschule in Bremen auf. Die weiblichen Pilotenaspiranten in Großbritannien mussten bis 1987 warten, bevor sie bei British Airways zugelassen wurden. Besonders eine von ihnen, Barbara Hammer, überragte ihre Kolleginnen. Am 25. März 1993 saß sie auf der Strecke London – New York als erste Verkehrsfliegerin der Welt am Steuer des Überschallflugzeugs *Concorde.* Später stieß die Französin Béatrice Vialle in den selbst für Männer streng abgeschirmten Kreis der Concordepiloten vor.

Oben:
Die *Concorde* löst bei ihren Zwischenstopps wie hier auf dem Flughafen Kai Tak in Hongkong immer Jubel und Begeisterung aus, was einem Flugzeug wohl selten widerfahren ist. Aber der Markt begünstigt den Massenverkehr, und so flog die *Concorde* nicht rentabel.

Gegenüberliegende Seite:
Der Weg Suzy Oberlins zeigt exakt, welchen Hindernislauf Frauen hinter sich zu bringen haben, bevor sie in das Cockpit einer Linienmaschine dürfen. Suzy hätte die erste französische Astronautin werden können, aber die Politik entschied anders.

Béatrice, eine würdige Erbin

Maryse Bastié, Adrienne Bolland, Léna Bernstein und so viele andere würden sich ein befriedigtes Lächeln nicht verkneifen, wenn sie den Weg von Béatrice Vialle, der jungen Frau aus Bourges, kennen würden, die eines Tages vom Virus der Fliegerei ebenso angesteckt wurde wie sie alle. Sie könnten das harte Leben einer Mutter von zwei Kindern nachvollziehen, die, mit solidem technischen Wissen ausgestattet, in die ENAC aufgenommen wurde und ihre Ausbildung vier Jahre später mit der Pilotenlizenz für die *Nord 262* und die *Corvette* beendete. Sie schien ausgesorgt zu haben und wurde trotzdem arbeitslos. Deswegen legte sie aber nicht die Hände in den Schoß. Einige Monate unterrichtete sie in der Schule Mathematik und Physik und schloss im Dezember 1984 einen Kurs erfolgreich ab, der ihr die Türen zur Air Littoral und dem Turbopropflugzeug *Embraer EMB 110 Bandeirante* öffnete. Das Bestehen einer weiteren Prüfung brachte sie in die Pilotencrew der Air France, wo sie zunächst die zweistrahlige *Boeing 727* flog. 1989 wechselte sie auf den *Airbus A 320*, bevor sie im Jahr darauf auf eine *Boeing 747* umstieg. Zehn Jahre begleitete sie der Jumbo durch die Lüfte, bis sie an jenem Tag im Mai 2000 im Traum jedes Piloten, das heißt in der *Concorde*, Platz nahm. Beziehungen hatten nicht mitgespielt, sie erntete vielmehr die Früchte ihrer Arbeit. Am 25. Juli 2000 stürzte eine *Concorde* kurz nach dem Start ab, was ein Flugverbot für alle weiteren *Concordes* nach sich zog. Im Januar 2001 nahm Béatrice das Simulatorentraining wieder auf und hob schließlich am 11. September als Flugkapitän zu ihrem Jungfernflug mit der *Concorde* nach New York ab. 11. September 2001 … New York …

Am 19. November 2001 überquerte Béatrice als erste für die *Concorde* ausgebildete Französin den Nordatlantik in nur einem Zehntel der Zeit, die Charles Lindbergh gebraucht hatte. Insgesamt flog sie die Strecke Paris – New York 45 Mal hin und zurück und machte drei Loopings über dem Atlantik, was die absoluten Fans dieser Maschine sehr schätzten. Am 31. Mai 2003 flog Béatrice zum letzten Mal auf einer *Concorde* und kehrte zu ihrem *Jumbo 747* zurück. Damit legte sie eine Bilderbuchkarriere als Flugkapitän der Air France hin, parallel übrigens zu ihrem Mann. Adrienne Raymonde de Laroche, die fliegende Baronin, und ihre Kolleginnen Maryse, Léna und Hélène können also erleichtert aufseufzen: Frauen fliegen mit Männern, beide zusammen bilden eine erfahrene Mannschaft, weshalb die Vorurteile von früher sicher verschwinden werden. Auf jeden Fall steht fest: Wenn die Menschen sich in das Abenteuer weiterer Raumflüge, zum Beispiel zum Mars, stürzen, werden sich die Besatzungen obligatorisch aus beiden Geschlechtern zusammensetzen.

Anny-Chantal Levasseur-Regourd

Claudie Haigneré

Hélène Lacour

Anne-Catherine Souchon

Suzy Oberlin

Shannon Lucid

Sally Kristen Ride

Jerri Sloan Truhill

Walentina Ponomarova

Bernice Steadman

Eileen Collins

Gene Nora Jessen

Jan und Marion Dietrich

Sarah Ratley

Irene Leverton

Walentina Tereschkowa

Jean Hixson

Jane Hart

Mary Wallace « Wally » Funk

Jerrie Cobb

Kathryn Sullivan

Myrtle Cagle

Rhea Woltman

Frauen im Weltall

Walentina Tereschkowa

Der Bummel im All

Im Juni 1963 flog Walentina Tereschkowa, eine junge Arbeiterin aus Jaroslawl, als erste Frau in den Kosmos. Ihr Flug im Orbit dauerte etwas mehr als zwei Tage oder 48 Erdumkreisungen. Er katapultierte sie aus der Anonymität zum Ruhm und machte aus ihr eine leider übermäßig von der Sowjetpropaganda strapazierte Weltraum-Ikone. Diese Illusion ist vorbei. Der banale Alltag hat die junge Frau wieder, die trotz ihrer Energie, ihrer Intelligenz und ihres Mutes nicht bodenständig bleiben konnte und ihren Traum schnell verblassen sah.

An den Weltraum dachte Walentina Wladimirowna Tereschkowa, genannt Walia, vor allem seit dem 12. April 1961. An diesem Tag verkündete die Sowjetunion der sprachlosen Welt, dass sie einen Menschen ins Weltall geschossen habe, der die Erde 108 Minuten lang umrundet habe. Der erste offizielle Kosmonaut der Geschichte heiße Juri Gagarin.

Bald zeigten das Staatsfernsehen und die Zeitungen ein pausbäckiges, lächelndes Gesicht in einem Astronautenhelm. Der junge Mann strahlte Lebensfreude und Ruhe aus.

Mehrere Tausend Kilometer von Moskau entfernt frohlockte eine junge Arbeiterin genauso, wie sie sich vier Jahre früher über *Sputnik 1*, den ersten künstlichen Satelliten, gefreut hatte. Sie bejubelte natürlich wie ihre Kollegen die Erfolge der Sowjetwissenschaft, interessierte sich aber vor allem für das Fliegen und nun für dessen Ausweitung in den Weltraum. Sie hatte in ihrer Fabrik sogar eine Fallschirmspringergruppe gegründet. Man spürte es, dass diese junge Frau hoch hinaus wollte.

Aschenputtel der Sterne

Das Schicksal von Walentina Tereschkowa erinnert uns an die Geschichte von Aschenputtel und mutet tatsächlich wie ein Märchen an.

Es war also einmal ein schönes, kerngesundes Mädchen, das am 6. März 1937 im Dorf Maslennikowo bei Jaroslawl in einer kleinen und armen Familie auf die Welt kam. Sein Vater, der Traktorist Wladimir Aksimowitsch Tereschkow, fiel im russisch-finnischen Winterkrieg 1939/1940. Die Mutter dieser kleinen Musterfamilie, Elena Feodorowna, arbeitete in einem Textilkombinat, um jeden Monat gerade mal so über die Runden zu kommen.

Die kleine Walentina besuchte mit sieben Jahren die Schule, die sie nach zehn Jahren abschloss. Danach arbeitete sie in einem Reifen-, später in einem Spinnereikombinat, um zum Lebensunterhalt der Familie beizutragen, zu der eine ältere Schwester und der jüngere Bruder Wladimir gehörten.
Trotzdem wollte Walentina weiter lernen. In einer Abendschule erwarb sie ein Technikerdiplom in der Spinnereitechnik. In der Freizeit begeisterte sie sich für das Fallschirmspringen und sprang am 21. Mai 1959 zum ersten Mal. Dem folgten in kurzer Zeit weitere 126 Sprünge, meistens als Übungsleiterein der Sportgruppe, die sie in ihrer Fabrik gegründet hatte. Daneben wurde sie die örtliche Komsomolsekretärin.

Die ideale Kandidatin

Ihre Großeltern, die ebenfalls aus bescheidenen Verhältnissen stammten, und ihre Eltern erzogen Walentina zu einem Sowjetmädchen ganz nach dem Geschmack von Nikita Chruschtschow. Der Erste Sekretär des ZK der KPdSU hatte nach dem Flug Juri Gagarins nämlich die Öffentlichkeit mit dem Vorschlag verblüfft, eine Frau in den Weltraum zu schießen. Er dachte an ein robustes, gesundes junges Mädchen aus dem Volk, das ideale Vorbild einer mutigen und eroberungslustigen Sowjetrussin.
Walentina entsprach den Vorgaben. Sie war sportlich, kerngesund, intelligent und ging vor allem in der Partei auf. Als die Amerikaner von ihrem Flug hörten, reagierten sie mit der gleichen »verblüfften Bewunderung« wie auf die berühmten Piep-Signale von *Sputnik 1*, die fast überall auf der Welt gehört wurden. Mit ihm schafften die Russen die Wende im Kalten Krieg. Sie hatten bewiesen, dass sie nun Interkontinentalraketen besaßen, die auch amerikanisches Territorium treffen konnten.
Die Idee einer Frau im Weltraum lag ganz auf dieser Linie. Wollte man der Rede Chruschtschows glauben, wollte er die Leute

wachrütteln und der Welt die Augen für die Gleichberechtigung der Geschlechter in der Sowjetunion öffnen. Vor allem aber schien er sich darüber zu freuen, dass er die Amerikaner wie schon einmal an der Nase herumgeführt hatte. Glück für den obersten Genossen, dass es in seinem Land an geeigneten Kandidaten nicht mangelte.

General Nikolai Kamanin, seit 1959 der Chef des Astronautenkorps, eilte also kurz nach dem Erfolg Gagarins mit seinem Konzept einer Kosmonautin im All zum »Vater« der sowjetischen Raumfahrt, Sergei Pawlowitsch Korolew, der 1961 zustimmte. Das neue Programm sah fünf Frauen für eine Gruppe von 50 Astronauten vor, die ein ehrgeiziges Programm im Orbit absolvieren sollten.

Von den jungen Kandidaten wurden keine fliegerischen Kenntnisse erwartet, da der Flug automatisch gesteuert würde, aber sie brauchten unbedingt Erfahrungen als Fallschirmspringer, weil sie wie Gagarin zu einem bestimmten Augenblick nach dem Wiedereintritt in die Erdatmosphäre aus der Kapsel herausgeschleudert und mit dem Fallschirm auf die Erde zurückkehren würden. Somit konzentrierte sich die Suche der Werbeoffiziere in den sowjetischen Fliegerklubs auf Fallschirmspringer. Walentina erfüllte zudem die Voraussetzung einer guten körperlichen Verfassung und einer ständigen sportlichen Betätigung perfekt. Hatte sie nicht die Wolga durchschwommen? Aber in der Sowjetunion genügte sportliche Fitness allein nicht, wenn der Kandidat nicht über das richtige politische Profil verfügte. Glück für Walentina: Sie passte genau in das Schema der Sowjetideologie, denn sie war Sekretärin der Jungkommunisten in ihrer Fabrik und ab 1962 Parteimitglied. Sie fiel also nicht nur durch ihre Intelligenz und ihre seelische Ausgeglichenheit auf, sondern auch durch ihre Parteitreue. Deshalb wurde sie am 16. Februar 1962 aus 1 200 Mitbewerberinnen als eine der fünf Frauen für die Astronautenschule ausgesucht, in die sie im Rang eines Leutnants einzog. Dort suchte sie besonders zu ihrem Vorbild Gagarin Kontakt, der sie als »sehr fleißig, angepasst, fröhlich und stets bemüht, alles richtig zu machen« beschrieb.

Gegenüberliegende Seite:
Juri Gagarin und Walentina Tereschkowa, den ersten Mann und die erste Frau im All, verbindet eine echte Freundschaft.

Oben:
Der *Sputnik*, der erste künstliche Satellit, der um die Erde kreist, löst den Kampf um den Weltraum zwischen der Sowjetunion und den Vereinigten Staaten aus. Sein Piep-Piep nervt die Amerikaner.

Unten:
Der erste amerikanische Raumfahrer, John Glenn, der am 20. Februar 1962 an Bord der Raumkapsel *Mercury Friendship 7* die Erde drei Mal umrundet hatte und danach zum Senator gewählt worden war, besteigt mit 77 Jahren noch einmal das Raumschiff *Discovery* für eine Weltraummission vom 29. Oktober bis 7. November 1998.

Gegenüberliegende Seite:
Oberstleutnant Eileen M. Collins, »die seit ihrer Kindheit vom All träumte«, erlebt die Erfüllung ihres Traums gleich mehrmals: Vom 3. bis 11. Februar 1995 steuert sie das Raumschiff *Discovery* (Mission STS-63) und nahm vom 15. bis 24. Mai 1997 auch an der STS-84-Mission teil, bevor sie zum ersten weiblichen Raumschiffkommandanten ernannt wurde, zum Kommandanten der *Columbia*-Fähre beim Flug STS-93 vom 23. bis 28. Juli 1999.

Mercury 13

Das amerikanische Mercury-13-Programm war Gegenstand eines kaum bekannten Theatercoups. Ausgerechnet die Amerikaner sollten dem russischen Kosmonautinnentraining, von dem sie im Grunde bis zum Besuch einer sowjetischen Delegation im Mai 1962 nichts wussten, ungewollt die letzten Steine aus dem Weg räumen.
Bei dieser Visite empfing John Glenn German S. Titow und Kamanin. Er teilte ihnen mit, dass schon mehrere amerikanische Fliegerinnen die vorbereitenden Prüfungen erfolgreich bestanden und in das Mercury-13-Programm aufgenommen worden seien. Die Dreizehn entsprach der Zahl der Anwärterinnen. Er hütete sich jedoch zu sagen, dass das Programm schon seit mehr als einem Jahr auf Eis gelegt worden war. Der versteinerte Kamanin musste also glauben, dass die erste amerikanische Astronautin Ende 1962 starten könne.
1960 testete die NASA ihre ersten Kandidatinnen für das Programm, das heißt 13 ihrer 25 besten Zivilfliegerinnen, weil die Army keine weiblichen Piloten beschäftigte. Diese Pilotinnen machten die Ausbildung der sieben bereits ausgesuchten männlichen Astronauten mit und bewiesen als Fellow Lady Astronaut Trainees ebenbürtige Fähigkeiten. Ziemlich erstaunlich war, dass die NASA diese Ausbildung im Juli 1961 unter dem eher lächerlichen Vorwand abbrach, dass die als Standort vorgesehene Edwards Airbase für Frauen verboten sei.
Was auch immer hinter dieser vorgeschobenen Begründung steckte, die Vereinigten Staaten vergaben die einzigartige Gelegenheit, eine der 13 Aspirantinnen als erste Frau in den Weltraum zu schicken, obwohl sie Wind von den entsprechenden Absichten der Sowjetunion bekommen hatten. Alle waren zeitlich vor Walentina ausgesucht worden, und alle hatten Geheimhaltung geschworen, so dass die Angelegenheit erst viel später ans Tageslicht kam.
Die Russen waren also noch einmal davongekommen, wussten es aber noch nicht. Gleich nach seiner Rückkehr läutete Kamanin an höchster Stelle die Alarmglocke. Es war natürlich keine Frage, sich von den Amerikanern nicht schlagen zu lassen. Das russische Projekt nahm also an Fahrt auf. Im August gelang der Sowjetunion mit *Wostok 3* und *Wostok 4* der erste Doppelflug der bemannten Weltraumfahrt. Danach befahl Kamanin, im nächsten Frühjahr an Bord von *Wostok 5* und *Wostok 6* zwei Frauen gleichzeitig in den Weltraum zu schießen.

Walentina oder Walentina

Die erste Kandidatinnenauswahl fand am 19. November 1962 statt. Am Ende des Tests blieben zwei Frauen übrig: Walentina Tereschkowa und Walentina Ponomarowa. Letztere stolperte aber, obwohl sie in den Einzelprüfungen besser war, im Gespräch über ihre ideologische Einstellung. Auf die Frage »Was erwarten Sie vom Leben?«, antwortete sie, sie wolle so viel daraus machen, wie nur immer möglich, während Tereschkowa erwiderte, dass sie für das Wohl von Komsomol und Partei arbeiten wolle. Später wurde gesagt, dass man Ponomarowa wegen körperlicher Indisposition zurückgezogen habe …
Zunächst blieb es aber dabei, dass die beiden Frauen zusammen fliegen sollten, bis dann am 21. März 1963 das Parteipräsidium im letzten Augenblick das Projekt stoppte. Nur eine der beiden Frauen sollte in den Orbit starten und dort parallel mit dem Raumschiff von Kosmonaut Bykowski die Erde umrunden. Für Sergei Pawlowitsch Korolew eine ausgemachte Sache: Walentina Tereschkowa würde fliegen. Chruschtschow bestätigte seine Entscheidung. Angeblich soll die Anwesenheit einer charmanten Frau die Vorbereitung der männlichen Astronauten etwas gestört haben …

Der Flug

Walentina erfuhr, dass sie unter dem Codenamen Chaika (Möwe) am 16. Juni 1963 mit der *Wostok 6* fliegen werde. Und man teilte ihr mit, dass in *Wostok 5* Waleri Bykowski sitzen werde, der zwei Tage früher starten werde.
Es brauchte schon mehr Mut und Kaltblütigkeit als Patriotismus, um sich auf die Spitze einer riesigen fliegenden Bombe zu setzen, deren Betriebssicherheit weder nachgewiesen noch der Erfolg der Mission garantiert waren. Die junge Frau ließ sich nichts anmerken, jedenfalls nicht die Angst, nicht mehr auf ihren blauen Planeten zurückzukehren.
In ihrer kleinen, spartanisch eingerichteten Kabine konzentrierte sich Walia auf die Aufgaben, die auf sie warteten, oder überließ sich ihren Erinnerungen. Sie dachte an zuhause, an den kleinen Fallschirmspringerklub in Jaroslawl, wo sie mit ihrer Arbeitskollegin Inga geübt hatte. Aber das lag so weit zurück. Beide Mädchen hatten sich für den Auswahlwettbewerb gemeldet, aber Inga war an den harten Kriterien gescheitert.
Auf das Ende des Countdowns folgte eine betäubende Stille, und dann begann im Inneren der Rakete ein fürchterliches Grollen, das die Welt erzittern ließ. Alles spielte sich in einem einzigen Augenblick ab.
Die riesige Trägerrakete zitterte, nach oben vorangetrieben von einem gewaltigen Energieschub. Eine enorme Kraft presste die junge Frau in den Sitz, in dem sie buchstäblich versank.
Sie zwang sich, klaren Kopf zu behalten, und konzentrierte sich auf die Mission, die eigentlich nichts anderes als das Treffen zweier Weltraumschiffe in einem Simultanflug um die Erde bezweckte. Sozusagen als wissenschaftliches »Sahnehäubchen« sollte das Verhalten eines weiblichen Organismus im Orbit im Vergleich zu den Reaktionen des männlichen Pendants unter gleichen Flugbedingungen studiert werden.

Die ersten Amerikanerinnen im Weltraum

Auch in der NASA strebte eine Gruppe von 29 erfahrenen Astronautinnen hartnäckig nach vorne. Unter ihnen ragte vor allem die Kalifornierin Sally Kristen Ride heraus, die am 26. Mai 1951 in Los Angeles geboren wurde. Als sie im Januar 1978 in die Astronautengruppe der NASA kam, konnte sie einen Master of Science und einen Doktor in Astrophysik vorweisen. Ihren ersten Raumflug absolvierte sie vom 18. bis 24. Juni 1983 als Mitglied der Mission STS-7 an Bord der Raumfähre *Challenger* bei deren zweitem Einsatz und wurde damit die erste Amerikanerin im Weltraum. Vom 5. bis 13. Oktober 1984 flog sie im Rahmen der Mission STS-41-G ebenfalls in der *Challenger* zusammen mit Kathrin Sullivan, der ersten amerikanischen »Fußgängerin« im Weltraum. Im Juni 1985 wurde sie als Mitglied für die Mission STS-61-M ausgewählt. Sie hatte ihre Flugvorbereitung im Januar 1986 beendet, als die *Challenger*-Katastrophe das gesamte US-Raumfahrtprogramm in Frage stellte. Nach dem Unglück wurde sie Mitglied der Untersuchungskommission und beschäftigte sich nach deren Abschlussbericht mit der langfristigen Planung zukünftiger NASA-Projekte. 1989 erhielt sie eine Professur für Physik an der University of California in San Diego, wo sie zeitweise auch als Leiterin des California Space Institute arbeitete.
Auch Eileen Collins spielte im Rang eines Oberstleutnants bei der NASA eine herausragende Rolle. Geboren wurde sie am 19. November 1956 in Elmira im Bundesstaat New York. Als Versuchspilotin schaffte sie am 17. Januar 1990 den Sprung in den Astronautenkader und absolvierte 1999 mehr als 5 000 Flugstunden auf etwa 30 verschiedenen Flugzeugtypen, bevor sie als erste Frau einen Spaceshuttle-Flug im Rahmen der Mission STS-93 kommandierte. Der Flug dauerte vom 23. bis 28. Juli 1999. Zuvor hatte sie als Kopilotin schon das Raumschiff *Discovery* (Mission STS-63) vom 3. bis 11. Februar 1995 gesteuert und war bis auf etwa zehn Meter an die Raumstation *Mir* herangekommen – ein Meisterstück. Danach wurde Eileen zur Pilotin für die Mission STS-84 vom 15. bis 24. Mai 1997 ernannt, wo ihr das sechste Koppelungsunternehmen im Rahmen des *Shuttle-Mir*-Programms ebenfalls souverän glückte.

Donald Slayton leitet ein Treffen der 16 US-Astronauten, die für die Vorbereitungen für das *Gemini*- und das *Apollo*-Programm vorgesehen sind. Slayton selbst zählt zur Gruppe der ersten sieben Ausgewählten und wird von seinen Kameraden als Sprecher und Koordinator ihrer Arbeit gewählt. Hinter ihm im Uhrzeigersinn: Frank Borman, Edward White, Neil Armstrong, Walter Schirra, Scott Carpenter, John Glenn, Gordon Cooper, Charles Conrad, James Lovell, Thomas Stafford, John Young, Elliot See, Gus Grissom, Alan Shepard und James McDivitt. Alles Männer.

Insgesamt verlief der Flug wegen der Unbequemlichkeit der winzigen Kabine mühsam und gefährlich. Dann entdeckte Walia mit Schrecken, dass sich ihre vor dem Start falsch ausgerichtete Kabine eher von der Erde zu entfernen drohte, anstatt sich ihr anzunähern. Mitten im Flug im All musste die Bodenstation eingreifen.
Die junge Frau überstand die enormen Belastungen des Flugs, der anfänglich nur für einige Stunden geplant war, so gut, dass Moskau eine Verlängerung des Experiments ohne Rücksicht auf den enormen Stress der Kosmonautin und ihre Schmerzen anordnete. Das ständige Zirpen im Kopfhörer verschärfte noch die Qualen. Aber Walia spielte ihre Rolle souverän, besonders als sie mit Nikita Chruschtschow darüber sprach, dass mit ihr »eine junge Frau von uns« als Erste im Orbit fliege.
Filmbilder aus dem Inneren der Kabine wurden zuerst in die TV-Netze der Ostblockländer eingespeist, bevor sie in Helsinki empfangen und via London über den Satelliten *Telstar II* in die Vereinigten Staaten gelangten. Diese weltweite Übertragung verstärkte den spektakulären Charakter dieser Premiere im sowjetischen Raumflug. Und die Schlafzeiten Walias wurden wie der Bartwuchs Bykowskis weltberühmt.
Schließlich begann die schwierige und entscheidende Phase des Rückflugs. Der geringste Irrtum im Neigungswinkel beim Wiedereintritt in die Erdatmosphäre, und Kapsel wie Raumfahrerin würden verglühen.
Die Operation verlief glücklich oder – nach offizieller Version – »ohne jeden Zwischenfall« und perfekt in allen Phasen. Die sowjetische Propaganda arbeitete auf Hochtouren. Nach offizieller Berichterstattung landete das Raumschiff sanft wie eine Feder, und Walentina entstieg ihm wie eine schaumgeborene Venus, lächelnd und in guter Form. Der einzige Haken war, dass sich die hungrige, erschöpfte und völlig durchgefrorene »Möwe« bei ihrer harten Landung mit ihrem Fallschirm in der Wüste von Kasachstan durch ihren Kosmonautenhelm im Gesicht verletzt hatte. Schminke ließ sie aber wieder präsentabel und dem Bild der kühnen und tapferen Sowjetpionierin ähnlich erscheinen, als die sie sich aller Welt zu präsentieren hatte. Als brave Schülerin fand sie die Kraft zu einem triumphalen Siegerlächeln.
Sie konnte stolz sein. Vom 16. bis 19. Juni 1963 hatte sie in einem 70 Stunden und 40 Minuten dauernden Flug die Erde 48 Mal umrundet und dabei 1,2 Millionen Kilometer an Bord der *Wostok 6* zurückgelegt. Eine Heldin war geboren.
In Frankreich begrüßte *Le Monde* das Ereignis: »Die Russen beweisen, dass eine Frau auch in den schwierigsten Situationen, in die uns die Entwicklung der Technik führt, Gleiches leistet wie ein Mann.« Walentina wurde in der Sowjetunion zum Symbol der Gleichberechtigung der Geschlechter. Überall in der Welt wurde sie begeistert empfangen.

Gegenüberliegende Seite:
Die Astrophysikerin Sally K. Ride nimmt zwischen dem 18. und 24. Juni 1983 an ihrer ersten Mission ins All beim zweiten Flug des Raumschiffs *Challenger* teil und ist damit die erste US-Astronautin. Vom 5. bis 13.Oktober 1984 fliegt sie im Rahmen der Mission STS-41-G erneut in den Weltraum, beendete ihre Vorbereitung für einen dritten Flug jedoch nach dem *Challenger*-Unglück. Sally gehörte der Untersuchungskommission dieser Katastrophe an. Später wurde sie Professorin für Physik an der University of California in San Diego.

Nachfolgende Doppelseite:
Juri Gagarin und Walentina Tereschkowa fliegen in unserer Vorstellung weiter, denn sie öffneten den Weg ins All.

Die Wahrheit

Trotzdem sollte Walentina nie wieder fliegen, genauso wenig wie ihre nicht zum Zug gekommenen Mitbewerberinnen je in den Weltraum durften. Die Sowjetführung beschloss, dass es mit dem Paukenschlag des ersten weiblichen Raumflugs genug sei und dieser Effekt durch eine zweite Kosmonautin nur eingeschränkt würde. Außerdem kam das Gerücht auf, Walia habe den Flug nur sehr schlecht vertragen und so an der Weltraumkrankheit gelitten, dass sie ihre Mission nicht erfüllen konnte. Sie habe sich in ihrem Raumanzug übergeben, sei ohnmächtig geworden, habe panisch reagiert und nicht alle vorgesehenen Experimente erledigt.
Im Kreml verbreitete man, Korolew sei immer noch wütend und habe ihr sogar verboten, das Raumschiff per Hand zu steuern. Ein anderer Verantwortlicher, Mishin, behauptete ganz offen, Walentina befinde sich »am Rand der mentalen Instabilität«. Hohe Offiziere versuchten sie unter Hinweis auf ihre angebliche Trunkenheit vor dem Start zu denunzieren und schoben die Behauptung nach, sie sei während des Flugs außer Kontrolle geraten. All diese Vorwürfe waren blankes Mobbing.

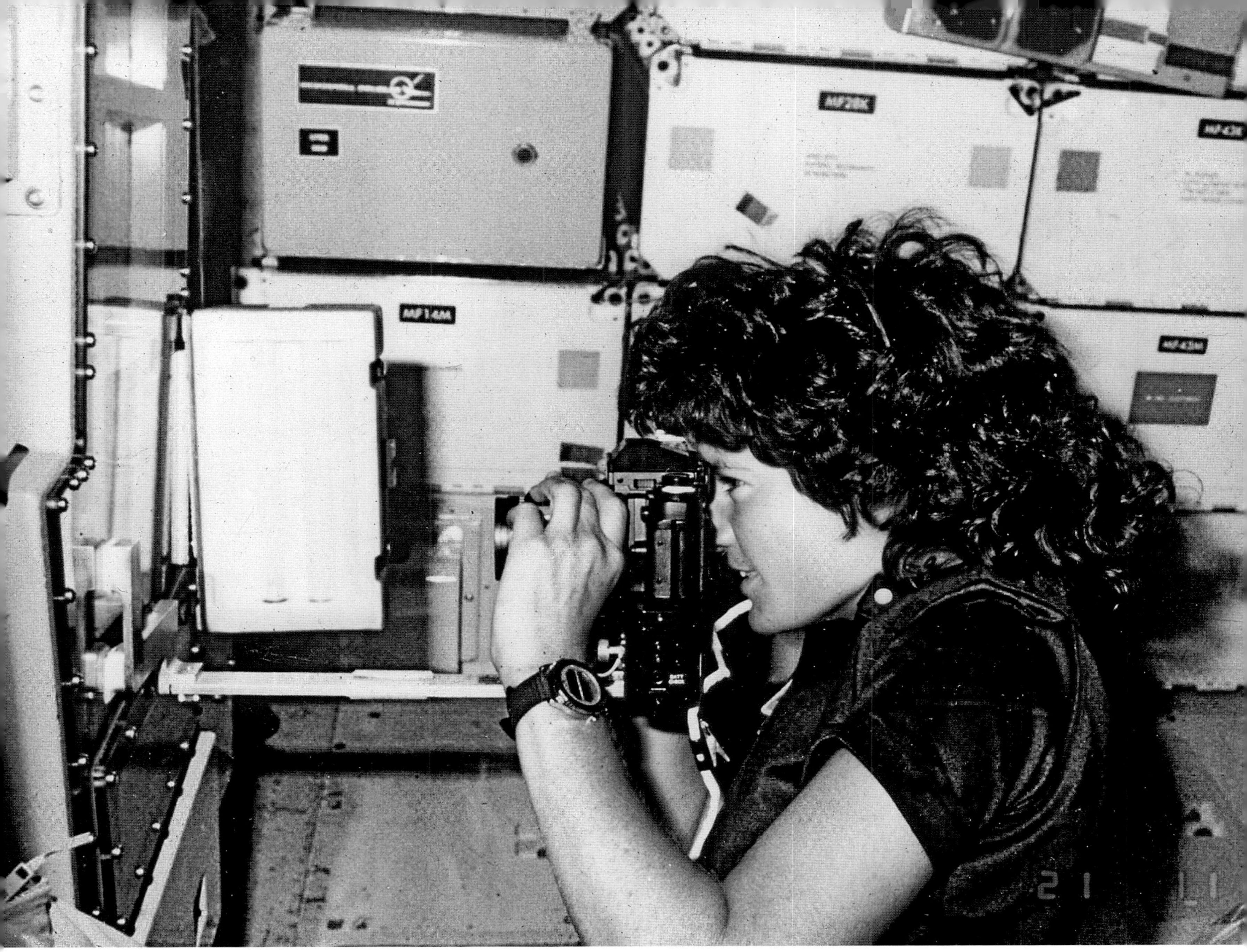

Kamanin eilte Walentina glücklicherweise zu Hilfe und erinnerte daran, dass das Arbeitsprogramm für die erste Kosmonautin der Geschichte nur Aufgaben für einen Tag vorgesehen habe. Der Flug sei aber um zwei Tage verlängert worden, so dass sie unbeschäftigt, ohne Nahrung und ohne wirkliche Unterstützung seitens der Bodenstation weitergeflogen sei. Die Betroffene schwieg zu diesen Attacken oder böswilligen Unterstellungen.

Erst 2007 schilderte sie ihre Version des Abenteuers. Gewiss habe sie wiederholt Brechreiz verspürt, aber nicht wegen der Weltraumkrankheit, an der spätere Kosmonauten und Astronauten litten, sondern wegen der widerlichen Nahrung, die sie habe hinunterwürgen müssen.

Im Übrigen habe man ihr befohlen, in ihrem Sitz zu bleiben, um angeblich die Weltraumkrankheit zu vermeiden. Wegen der erzwungenen Unbeweglichkeit habe sie am zweiten Tag einen schmerzhaften Krampf im rechten Bein bekommen, am dritten Tag sei der Schmerz unerträglich geworden.

Aber sie bemängelte noch viel Schlimmeres: Die Bremsraketen der Kapsel seien falsch eingestellt gewesen. Hätte sie sie betätigt, wäre sie, anstatt in die Erdatmosphäre einzutauchen, weiter in den Weltraum hinaus- und damit dem sicheren Tod entgegengeflogen. Kaum habe sie das bemerkt, habe sie umgehend die Bodenstation über die Situation unterrichtet. Dort habe man ihre Darstellung bezweifelt, bis die Systeme überprüft wurden und man merkte, dass die Warnung Walias begründet war. Das erklärt auch, warum der Flug länger dauerte.

Aber Walentina zählte noch weitere unangenehme Überraschungen auf. Wegen der unzulänglich funktionierenden Bremsraketen landete sie am 18. Juni Hunderte von Kilometern außerhalb der vorgesehenen Bergungszone in Kasachstan. Als sie aus der Kapsel herausgeschleudert wurde, entdeckte sie mit Schaudern, dass sie in einen großen See stürzen würde. Erschöpft, ausgedörrt und fast verhungert wie sie war, hätte sie nicht mehr die Kraft gehabt, ans Ufer zu schwimmen. Glücklicherweise blies der Wind ihren Fallschirm auf festen Boden, wo sie allerdings hart aufprallte, wie der Bluterguss in ihrem Gesicht bezeugte.

Die Stunde des Ruhms

Nach fast 71 Flugstunden erwartete Walentina der verdiente Triumph: Sie wurde fast so berühmt wie Juri Gagarin. Alle Welt lag ihr zu Füßen. Die Würdenträger des Kremls begrüßten sie auf dem Roten Platz. Eine Delegation aus ihrem Heimatdorf Maslennikowo und eine Abordnung aus ihrem Arbeitsort Jaroslawl wollten im Blitzlichtgewitter neben ihr stehen, aber auch hochrangige Wissenschaftler und eine Reihe von Kosmonautenkollegen wie Juri Gagarin, Waleri Bykowski, Andrijan Grigoriewitsch Nikolaijew, German S. Titow und Pawel Popowitsch. Alle bejubelten die Arbeiterin, die Gagarin gefühlvoll als »den guten Geist des Kosmos« bezeichnete.

Natürlich schlachtete die sowjetische Propaganda das Phänomen Tereschkowa gründlich aus. Schließlich war sie hübsch, intelligent und wusste sich zu behaupten Die Sowjetunion bot der Welt ein anziehendes Gesicht, die weibliche Version Gagarins.

Als unbestrittener Star des Weltfrauenkongresses 1963 in Moskau verkörperte sie den Erfolg der Sowjetunion: Wo sonst konnte man gesellschaftlich derart rasch aufsteigen wie hier?

Wie die Vereinnahmung Walentinas und der folgende Medienrummel suggerierten, setzte das weibliche Geschlecht zum Höhenflug an. Das zumindest vermutete die Schriftstellerin Thérèse de Saint Phalle in *Le Monde*, wo sie die Tugenden von »Walentina, der ersten Eva im Weltraum«, pries, die im Orbit »über den Millionen von Schwestern schwebt, die weiterhin Hirse stoßen, ihre Kinder windeln, Baumwolle pflücken, stricken, spülen und vom Markt ihre mit Flaschen gefüllten Einkaufstaschen nach Hause schleppen«.

Nach dem Trubel zeigte sich schnell, dass Walentina nur eine kurze Episode der sowjetischen Propaganda war. Der Tereschkowa-Effekt brach in sich zusammen. Erst fast 20 Jahre später, im August 1982, startete eine weitere Kosmonautin, Swetlana Sawitskaja, an Bord einer *Sojus T-7* ins All, wo sie 189 Stunden und 52 Minuten verbrachte.

1963 jedoch trug die erste Kosmonautin die frohe Botschaft durch die Sowjetunion und über ihre Grenzen hinaus. 1966 reiste sie durch Europa, um einen Film über die »grandiosen« Errungenschaften ihres Landes vorzustellen. 1969 wurde sie zur Diplomingenieurin befördert und erhielt den Orden Held der Sowjetunion. Am 30. April wurde sie Oberst der Roten Armee und 1971 Mitglied des Zentralkomitees der Partei. Etwa 50 Städte ernannten sie zur Ehrenbürgerin. Ihr Bild zierte sogar eine Briefmarke, die in der Sowjetunion und anderen kommunistischen Ländern in Umlauf kam. Alles glückte ihr, sogar die Liebe.

Besonders ein Mann unter den heimlichen Liebhabern im Kosmonautenteam errang ihre Aufmerksamkeit und durfte ihr seine Gefühle gestehen – Andrijan Grigoriewitsch Nikolaijew, Mitglied der *Wostok-3*-Mission im August 1962. Die kleine Fee heiratete ihren Märchenprinzen am 3. November in Moskau mit dem Segen eines strahlenden Chruschtschow, der wohl wusste, welches politische Kapital sich aus einer echten, wenn auch etwas zu sehr für Propagandazwecke zurechtgezimmerten Idylle schlagen ließ.

Alle Welt, vor allem die Wissenschaftler, applaudierten, als Walia am 8. Juni 1964 von der kleinen Jelena Andrijanowa entbunden wurde. Das glückliche Ereignis beruhigte diejenigen, die Auswirkungen kosmischer Strahlen auf die Zeugungsfähigkeit befürchtet hatten.

Ehrungen über Ehrungen folgten, und die stets folgsame Walentina verinnerlichte die offizielle Version über den unfallfreien Verlauf ihres Flugs. Ihr Bericht klang jedoch zu perfekt und zu geglättet, gab aber dem Märchen neue Nahrung. Damals hätte es niemand, ganz gleich in welcher Position in der Nomenklatura, gegeben, der Walentina widersprochen oder gar die hie und da bestehenden Gerüchte weitergegeben hätte. Der Grund? Leonid Breschnew, der neue Herr im Kreml, schätzte die Kosmonautin sehr.

Walentina Tereschkowa zur Zeit der Ehrungen und Höhenflüge. Umso härter dann der Absturz.

Das Ende des Traums

Während der 1970er-Jahre begann sich der Wind allmählich zu drehen. Sie hatte sich mit Leonid Breschnew politisch zu eng eingelassen, und das ging den Leuten schließlich auf die Nerven. In Moskau mehrten sich die Stimmen, die böswillig auf die Privilegien verwiesen, derer sich die erste Frau im Weltraum »für gerade mal drei Tage Arbeit« erfreute.
Anfänglich beherrschte Walentina, wie vom Fallschirmspringen her gewohnt, den Abstieg durch Turbulenzen, den die Rückkehr des Alltagslebens für sie bedeutete, ziemlich gut. Vorerst lebte sie ja noch in einer relativ komfortablen Situation. 1977 war sie als Mitglied des ZK der KPdSU zur 2. Vorsitzenden der Internationalen Vereinigung demokratischer Frauen gewählt worden und amtierte gleichzeitig als 1. Vorsitzende der Gesellschaft für die Beziehungen der UdSSR mit befreundeten Völkern.
Die sowjetischen Weltraumflüge aber verloren an Bedeutung und mit ihnen auch der Status Walentinas. Ihre scheinbar ungerechtfertigten Vergünstigungen wurden gestrichen, bis sie Michail Gorbatschow, der neue starke Mann im Kreml und Prophet der Perestroika, 1987 auch ihres Amtes als 1. Vorsitzende des Frauenkomitees der UdSSR enthob. Walentina beugte sich der Entscheidung und trat widerwillig zurück, gelangte aber 1992 an die Spitze des Russischen Zentrums für internationale kulturelle und wissenschaftliche Zusammenarbeit.
Danach präsentierte Walia nur noch sich selbst und eine gewisse verrückte Idee, dass alle Frauen von ihrer Heldentat profitieren könnten. Hellsichtig und durchaus selbstkritisch bekannte sie später: »Ich glaubte an den ewigen Ruhm, der schließlich doch aus den Händen gleitet. Man sieht sich durch die Brille der anderen selbst falsch und beginnt, unsensibel geworden, sich selbst für eine Art lebenden Gott zu halten. Das ist der Anfang vom Ende.« Sie litt unter der wachsenden Gleichgültigkeit ihrer Umgebung. Auf der Straße grüßte man sich nicht einmal mehr.
Sicher träumte sie von einer Rückkehr »nach oben«. 1978 unterzog sie sich einer weltraummedizinischen Untersuchung. Nach mehreren Tests stand fest, dass sie nicht mehr fliegen würde. Während dieser Untersuchungen verliebte sie sich in Juri Schaposchnikow, einen der Mediziner, und ließ sich 1979 von Andrijan Nikolaijew scheiden. Am 30. April 1997 trat die große Dame des Weltraums diskret von ihrem Amt zurück, aber das interessierte fast niemand mehr.
Trotz wehmütiger Erinnerungen an ihre einzigartige Vergangenheit verbrachte sie mit ihrem neuen Lebensgefährten glückliche Tage. Als er 1999 starb, zog sie in eine bescheidene Datscha im »Sternenstädtchen« Swjoschny Grodok. Auf dem Dach ließ sie als Erinnerung an ihren Codenamen bei ihrem historischen Flug eine Möwe als Wetterfahne anbringen.
Die Pionierin im Orbit und das Opfer einer Manipulation im sozialistischen System, dem sie immer und im besten Glauben gedient hatte, musste einsehen, »dass sie für die neue Generation zum respektierten Fossil geworden war«. Sie konnte sich dennoch damit trösten, dass ihre Nachfolgerinnen im Kosmos wie die Französin Claudie Haigneré sie noch immer bewunderten.
Man kann der »kleinen Arbeiterin« wirklich nur höchsten Respekt zollen. Der Ruhm ist grausam, wenn die Nachwelt ihn nicht am Leben erhält. Binnen kurzem wendeten sich die Projektverantwortlichen von ihr ab. Walentina entdeckte die harte Alltagswirklichkeit wieder und bedauerte ein wenig, wie sie in einem Anflug von Nostalgie gestand, dass sie nicht mehr die unbekannte und unbekümmerte Arbeiterin war.
Wie sollte man die Füße auf dem Boden behalten, wenn der Kopf in den Wolken schwebte?
Sic transit gloria mundi.

»Erinnern Sie sich an das, was ich war, und nicht an das, was ich geworden bin.« *Walentina Tereschkowa*

C. ANDRE-DESHAYS
К. АНДРЕ-ДЕЭ
FRANCE
МИР

Claudie Haigneré

Die Ärztin im Weltall

Claudie im Sportdress. Claudie als Ärztin und Forscherin. Claudie als Astronautin. Claudie heiratet. Claudie als Mutter. Claudie als Ministerin, Claudie als Mitglied der Académie française. Man könnte glauben, es handle sich um eine Sammlung von Überschriften, die die Abenteuer im Leben einer Heldin für Heranwachsende aufzählt. Aber Claudie André-Deshays – Claudie Haigneré nach ihrer Liebesheirat mit dem Raumfahrer Jean-Pierre Haigneré – lebt tatsächlich, obwohl manchmal auch der Eindruck entstehen kann, sie komme von einem anderen Planeten. Sie hatte die Erde schon zweimal und für längere Zeit von außen gesehen, bevor sie ihren Raumanzug ablegte und als Ministerin durch die Flure der Macht eilte.

Die Journalistin Anne-Catherine Souchon, die so oft über das Fliegen berichtet hat, besonders über die Raumfahrt, ihre Geschichte und aktuelle Entwicklung, spitzt ihre Ohren besonders, wenn es um die französische Raumfahrt geht. Ihr gilt ihr tiefes Interesse, und sie achtet auf terminologische Genauigkeit. »Sagen Sie nicht ›Astronaut‹, wenn Sie von einem russischen Weltraumfahrer sprechen, oder ›Kosmonaut‹ im Zusammenhang mit seinem amerikanischen Kollegen«, pflegt sie zu warnen.

»Der Begriff ›Astronaut‹ bezeichnet die amerikanischen Vorläufer im Weltall, bevor sich das Bemühen um die Erkundung des Universums auch unter den Europäern ausbreitete. Wir Franzosen nennen Weltraumfahrer(innen) seit der gelungenen Mission von Jean-Loup Chrétien mit russischen Kosmonauten ›Spationauten‹. Und noch etwas: Der Begriff ›Kosmonaut‹ wurde, chronologisch gesehen, als Erster verwendet, weil der erste Mensch, der wirklich ins All vorstieß, der Russe Juri Gagarin war. Die Chinesen wiederum sprechen von ›Taikonauten‹. Kurz: Die Grenzen der Erde, die man im Weltraum nicht sieht, reichen leider bis in die Wörterbücher. Der verflixte Nationalstolz ist, was die Raumfahrt anbetrifft, wirklich fehl am Platz! Vielmehr wäre es notwendig, das Vokabular über die Begrifflichkeiten der Raumfahrt zu vereinheitlichen, damit bei Weltraumdingen keine solche Sprachverwirrung entsteht wie beim Turmbau zu Babel.«

Die Geschichte von Claudie André, zunächst verheiratete Deshays und nach ihrer Heirat mit dem Weltraumkollegen Jean-Pierre seit 19. Mai 2001 glückliche Madame Haigneré, reiht sich in die Logik dieser Begriffsharmonisierung ein, um die es in der französischen Weltraumfahrt geht. Sie selbst stieß über das Studium der Medizin und weitere Studien in verschiedenen Fächern dazu.

Die berufsbedingte Verbindung zwischen Claudie und Anne-Catherine begann mit einem maliziösen Lächeln auf die Frage, wie sie sich denn bezeichnen würde, als Spationautin, Kosmonautin oder Astronautin? Claudie war alle drei zusammen!
Die erste Französin im All kam am 13. Mai 1954 in Creusot im Departement Saône-et-Loire auf die Welt. In ihrer Schulzeit schon zeigte sich ihr angeborener Wissensdrang. Im Juli 1969 hatte die damals Zwölfjährige ihr Schlüsselerlebnis, als Neil Armstrong seinen Fuß auf den Mondboden setzte. Schon mit 15 Jahren machte sie Abitur, was sehr selten vorkam, und erreichte 19 von 20 Punkten. Daran schloss sich eine beeindruckende Liste von Studienabschlüssen an. 1981 wurde sie Ärztin und beendete im gleichen Jahr ihr Studium der Biologie und der Sportmedizin. 1982 schloss sich das Examen in Raumfahrtmedizin an, und 1984 war sie staatlich examinierte Rheumatologin. Ihre Spezialstudien in Biomechanik und Bewegungsphysiologie schloss sie 1986 ab, bevor sie 1992 über ein neurowissenschaftliches Thema promovierte. Aber sie blieb der Wissenschaft nicht erhalten, die praktische Umsetzung des Gelernten interessierte sie mehr. Dazu bot ihr die französische Raumfahrtbehörde Centre national d'études spatiales (CNES) eine einmalige Gelegenheit.

Kosmonauten gesucht

Alles begann mit einer kleinen Zeitungsannonce der CNES am Schwarzen Brett des Krankenhauses Cochin in Paris, in der Claudie mit wachsender Erregung las: »Die französische Weltraumforschung sucht Kosmonauten. Unbedingt erforderlich: wissenschaftlich-technische Kenntnisse. Alter: mindestens 24 Jahre, höchstens 45 Jahre. Die Beherrschung der englischen oder russischen Sprache ist zwingend erforderlich.« Die Annonce warb für der Aufbau einer französischen Spationautengruppe. Das CNES hatte sich das nach dem erfolgreichen Mitflug von Oberst Jean-Loup Chrétien 1982 in einem sowjetischen *Sojus*-Raumschiff gründlich überlegt. Der bei dieser Mission geleistete wissenschaftliche Beitrag Frankreichs zur französisch-russischen Zusammenarbeit hatte für Frankreich das Tor zum Weltall aufgestoßen. Allerdings verfügte weder das Land noch Europa, wo man über ähnliche Pläne der bemannten Raumfahrt nachdachte, über eine Trägerrakete, um einen Menschen in eine Umlaufbahn um die Erde schießen zu können. Es gab nur zwei Transportmöglichkeiten – entweder mit amerikanischen oder russischen Raketen. Deshalb verlangte die Annonce unbedingt englische oder russische Sprachkenntnisse.
Übrigens flog der exzellente Pilot der französischen Luftwaffe Patrick Baudry, typisch französisch mit Baskenmütze und Baguette, am 17. Juni 1985 knapp ein Jahr nach Erscheinen der Zeitungsannonce an Bord einer amerikanischen *Discovery* (Mission 51-G) und kehrte am 21. Juni wieder aus dem Weltraum zurück.
Die CNES wollte weitere Anwärter rekrutieren. Claudie bewarb sich, denn sie fühlte sich für die neuen Aufgaben geistig wie körperlich topfit. Sie absolvierte deshalb alle Prüfungsbarrieren mit der Leichtigkeit eines 110-Meter-Hürdenlaufers und überwand auch alle anderen Hindernisse auf dem Weg zum ersehnten Ziel an der Spitze einer gewaltigen Rakete. 1985 wurde sie schließlich unter 700 Mitbewerbern ausgewählt – allein das schon eine schöne Belohnung. Der Rest würde sich zeigen.

Oben:
Die *Sojus TM-24* der Mission Mir-Cassiopaia auf der Abschussrampe. Sie trägt am 17. August 1996 Claudie Haigneré als erste Französin in den Weltraum.

Gegenüberliegende Seite:
Claudie Haigneré scheint schon halb entrückt vor dem Abflug zur Mission Mir-Cassiopaia. Die Sowjets schätzten diese entschlossene Frau, die natürlich in dem »Sternenstädtchen« Swjoschny Grodok wohnte und an mehreren Orbitflügen entweder als Ersatzfrau oder als Crewmitglied beteiligt war.

Wissensdurst

Zunächst arbeitete Claudie André-Deshays acht Jahre lang von 1984 bis 1992 im Reha-Bereich der Rheumaklinik Cochin in Paris als Ärztin, daneben auch sechs Monate lang im Labor für neurosensuelle Physiologie des CNRS in Paris. Die Wissenschaft brachte sie zusätzlich in Kontakt mit der Weltraumfahrt, da sie sich mit der Vorbereitung und Betreuung wissenschaftlicher Experimente im Bereich der Schwerelosigkeit beschäftigte. Zwei dieser Experimente kamen bei der französisch-sowjetischen Mission Mir-Aragatz 1988 zum Einsatz, bei der Jean-Loup Chrétien an Bord der *Mir*-Raumstation war. Dabei ging es um das senso-motorische Verhalten des Körpers bei Schwerelosigkeit.
Die Einbeziehung Claudies in die wissenschaftliche Raumforschung wurde offenkundig, als sie von 1990 bis 1992 die wissenschaftliche Leitung physiologisch-weltraummedizinischer Experimente in der Abteilung Sciences de la Vie der CNES in Paris übernahm. Parallel dazu verantwortete sie von 1989 bis 1992 die wissenschaftliche Koordination des französisch-russischen Gemeinschaftsprojekts Mir-Antares. In dieser Funktion war sie auf französischer Seite für alle weltraumtechnischen Fragen zuständig, sei es für die Flugvorbereitung von Michel Tognini oder während des Flugs selbst. Ihre Position wurde noch gestärkt, als sie im Oktober 1992 dem französischen Piloten Jean-Pierre Haigneré als Ersatzfrau für die Mir-Altair-Mission vom 1. bis 22. Juli 1993 zugeteilt wurde. Sie sollte im Kontrollzentrum Kaliningrad bei Moskau die biologisch-medizinischen Experimente des Raumfahrers kontrollieren.
Sie lernte Russisch und sprach es bald fließend, obwohl sie sich mit dem technischen Vokabular dieser schwierigen Sprache förmlich vollstopfen musste. Sie besuchte intensiv theoretische Kurse, lernte das Trägersystem bis in alle Details kennen und konnte mit verbundenen Augen die Weltraumfähre *Sojus* gleichsam zerlegen und wieder zusammenbauen. Sie lernte auch die *Mir*-Besatzung und deren Leben in der engen Raumstation kennen, das offensichtlich noch weniger Komfort bot als ein billiges Hotel.
Claudie wusste um die Rolle der Ersatzfrau, die von ihr die gleichen Kenntnisse und Fähigkeiten verlangte wie vom Kosmonauten in der Kapsel. Sie musste jederzeit für den Einsatz bereitstehen, wenn die Mission gefährdet war. Außerdem wusste sie, dass bei den Russen die Ersatzfrau bei der nächsten Mission mitflog.

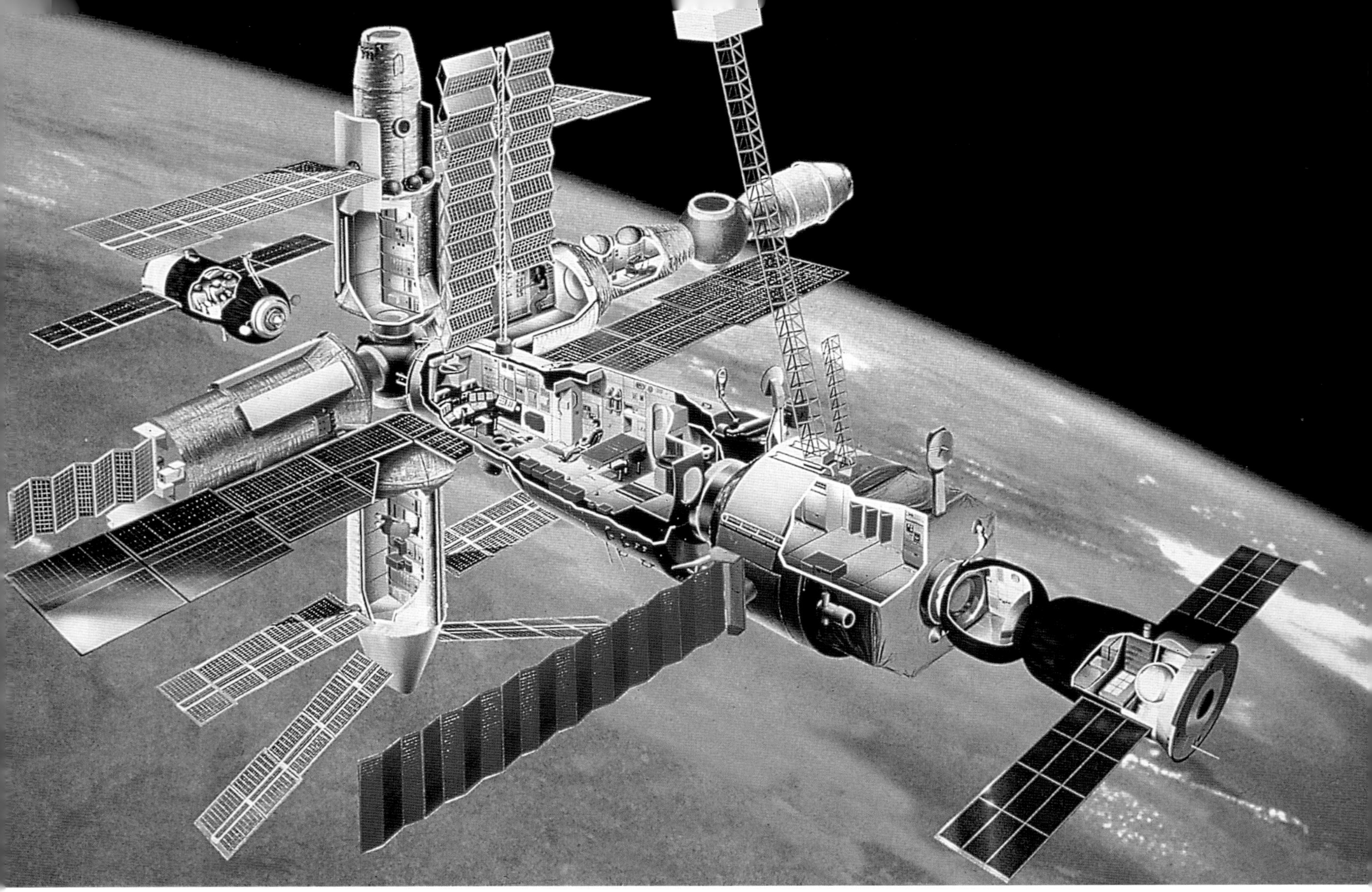

»Bei gleicher Begabung geht der Irrtum eines als der einer Frau.«

Claudie absolvierte vor allem körperliche Tests, zum Beispiel auf dem Drehstuhl, der auch physisch sehr stabile Menschen aus dem Gleichgewicht bringen kann, oder das Schleudern in einer Zentrifuge, was selbst gestandenen Piloten ein Graus ist. »Ich habe keine Zeit, mich zu amüsieren«, sagte sie lächelnd. Obwohl sie manchmal männliche Feindseligkeit spürte, brauchte sie doch nicht die Gemeinheiten zu schlucken, mit denen ihre als erfahrene Fliegerinnen anerkannten Vorgängerinnen konfrontiert waren. Der erste Auswahltest der künftigen Raumfahrer(innen) fand 1977 statt und simulierte einen Flug im damals noch unfertigen Raumlabor *Spacelab*. Unter den 401 Wissenschaftlern, die zur Auswahl standen, befanden sich drei Frauen. Die Luftwaffe bestand auf strengen Testbedingungen, die die Astrophysikerin Anny-Chantal Levasseur-Regourd als Beste bestand. Die Ausbilder schauten verdutzt und abweisend. Als sich noch andere europäische Länder am *Spacelab*-Programm beteiligten, schickten sie natürlich ihre eigenen Kandidaten. Daraus entstand eine gemeinsame Liste mit Levasseur-Regourd auf dem vierten Rang. Aber nur die drei ersten Kandidaten kamen in die nähere Auswahl.

Als 1979 ein neuer Auswahlprozess anstand, wollte Staatspräsident Giscard d'Estaing, dass eine Französin ins All startete, und verhandelte mit den Sowjets entsprechend. Einmal mehr war die Führung der Luftwaffe skeptisch, musste sich allerdings der Entscheidung des Präsidenten beugen. Unter 100 Kandidaten waren sieben Frauen, u. a. Hélène Lacour, die Vizeweltmeisterin im Kunstfliegen, und Suzy Oberlin, eine gelernte Mathematikerin und Linienpilotin. Giscard verfolgte den Auswahlprozess aufmerksam und stauchte seine zögerlichen Offiziere zusammen, die besonders schlau sein wollten.

Mehr oder weniger halbherzig unterstützten sie nämlich Hélène Lacour, weil sie genau wussten, dass die CNES sie wegen unzureichender wissenschaftlicher Qualifikation ablehnen würde. Mit dieser hinterlistigen Art warf man eine Kandidatin aus dem Rennen und schob die eigenen Bauern nach. Damit rückte Anne-Catherine Souchon vor, so dass die schöne Hélène angeblich plötzlich »keine rechte Lust mehr auf den Weltraum« verspürte und sich »für den Astronautenberuf nicht gemacht« fühlte.

Anne-Catherine Souchon betonte den politischen Aspekt dieser Auswahl und bemerkte spitz: »Diese Art von Verantwortung ist den Männern vorbehalten, die Frauen nur als Alibi benutzen.« Offensichtlich handelte es sich um ein abgekartetes Spiel.

Nun also stand Claudie André-Deshays ganz vorn. Man wusste, was sie konnte, und hatte ihre körperliche Eignung auf das Gründlichste getestet. Die Männergemeinschaft betrachtete sie als ebenbürtig. Sie wog um die 50 Kilo und war 1 Meter 64 groß. Claudie erledigte ihren Teil der Arbeit wie alle anderen männ-

lichen Mitglieder der Mannschaft. Sie sprach russisch mit nur leichtem Akzent.
Ihre Stunde schlug 1994 mit der Vorbereitung der Mission Mir-Cassiopaia, für die sie im Selbstexperiment zahlreiche Untersuchungen medizinischer, physiologischer, technischer und biologischer Art durchführen sollte. Ab 1. Januar 1995 lebte sie im russischen Kosmonautenausbildungszentrum im »Sternenstädtchen« Swjoschny Gorodok, um mit ihrem Ersatzmann Léopold Eyharts täglich im Flugsimulator zu trainieren, ihr Russisch weiter zu verbessern und daneben ein randvolles Arbeitsprogramm zu pauken. Am 17. August 1996 startete sie zusammen mit Waleri Korsun und Alexander Kateri, eingepfercht in dem nur drei Kubikmeter großen Raumschiff. Beim Abheben der *Sojus TM-24* fühlte sie sich fast zerquetscht. Die Belastung dauerte 520 Sekunden; danach folgte das herrliche Gefühl der Schwerelosigkeit. In diesem Augenblick war sie die erste Französin im Weltraum. Am 19. August dockte das Raumschiff an der *Mir*-Station an, wo sie die Amerikanerin Shannon Lucid in Empfang nahm und ihr half, sich in den verschiedenen Modulen der Station zurechtzufinden. Danach blieb für Claudie die Zeit stehen, denn die Experimente nahmen sie völlig in Beschlag, besonders das Experiment Fertile, das sie an Embryonen des Rippenmolchs aus der Familie der Salamander durchführte. Es sollte zeigen, wie sich die befruchteten Eier von Rippenmolch-Weibchen im Weltall entwickelten. Die Experimente Cognilab und Physiolab beschäftigten sich mit dem Verhalten des menschlichen Körpers in der Schwerelosigkeit Das erste sollte mögliche Veränderungen in der Wahrnehmung von Zeitdauer oder Wiedererkennung von Gesichtern messen, während sich Physiolab direkt auf die Kosmonauten als Forschungsobjekte konzentrierte, denn es untersuchte ihren Blutkreislauf vor, während und nach dem Raumflug.
Claudie arbeitete hart, aber sie fand auch Zeit dazu, das erhebende Spektakel des blauen Planeten zu bewundern, der durch die eisige Unendlichkeit schwamm. Besonders fiel ihr Europa auf, das sie aus dieser Höhe mit einem einzigen Blick umfasste. Mit Ausnahme der orange schimmernden Länder Spanien und Portugal erschien es ihr einheitlich grün. An derartige Details erinnerte sie sich 2004 als französische Europaministerin.
Am 2. September 1996 legte das Raumschiff *Sojus TM-23* um 6 Uhr 20 von der Raumstation in rund 400 Kilometer Höhe ab. An Bord waren neben der Französin die beiden Sowjetrussen Juri Onifrienka und Juri Ussatschew, die seit dem 23. Februar in der Raumstation gelebt hatten. Die Station und die *Sojus*-Rakete flogen zwei Stunden gemeinsam nur etwa 100 Meter voneinander entfernt. Um 8 Uhr 47 zündeten die Bremsraketen. Um 9 Uhr 26 entfaltete sich in zehn Kilometern Höhe der Hauptfallschirm, und um 9 Uhr 41 setzte das Raumschiff etwa 100 Kilometer südwestlich von Tselinograd in der kasachischen Steppe auf.

und Eignung
Mannes leichter durch

Claudie Haigneré beim Internationalen Frauentag am 8. März 1999

Gegenüberliegende Seite:
Die Weltraumstation *Mir* vermittelt den Sowjets viel Wissen für ihre Langzeitflüge. Besonders die Körperreaktionen des Menschen in einer menschenfeindlichen Umgebung können sie so genau studieren. Deshalb spielen Ärzte in diesen Missionen eine herausragende Rolle. Die perfekt ausgebildete Claudie Haigneré bietet sich für das französisch-russische Weltraumprogramm als ideale Besetzung an, zunächst als Ersatzfrau ihres künftigen Ehemanns und danach selbst als Spationautin.

Rechts:
Claudie Haigneré ist ausgebildete Ärztin, aber neugierig auf alles Neue, und sie besitzt eine fabelhafte Auffassungsgabe. Sie lernt genauso rasch Russisch, wie sie sich Kenntnisse in der Spitzentechnologie erwirbt, und kann deshalb mit einer *Sojus* fliegen.

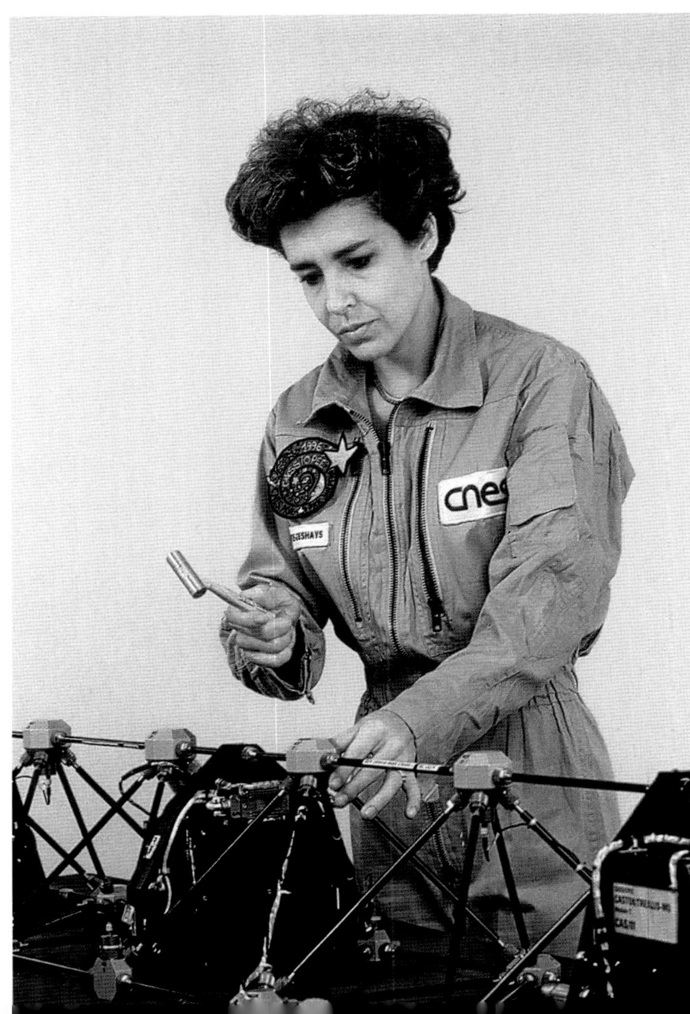

»Teilt sie euch!«

Für Claudie war alles viel zu schnell gegangen, sie wäre gern länger im All geblieben. Beim Aussteigen rief sie müde, aber strahlend: »Alles war wunderschön und herrlich, und alles hat bestens geklappt. Ich glaube, wir haben gut gearbeitet.« Tatsächlich brachte sie massenhaft wissenschaftliche Informationen zurück. Ihre Eindrücke teilte sie mit Jean-Pierre Haigneré. Beide wussten aus eigener Erfahrung, dass die Erde von der *Mir* aus gesehen »wie ein Meisterwerk« aussieht. Angesichts dieses Schöpfungswunders glaubte beide – wie die meisten Männer und Frauen, die in den Weltraum geschickt worden waren – zwischen dem Erdboden und den Wolken darüber eine Botschaft entdeckt zu haben, die Jean-Pierre als »das Gefühl totaler Vollendung« beschrieb. Beide wollten das »denen da unten« übermitteln und ihnen im Namen eines Prinzips dazu gratulieren, das da lautet: »Teilt sie euch!«
Für kurze Zeit teilten sie selbst einige Momente ruhigen Glücks mit Töchterchen Carla. Ab 1997 arbeitete Claudie als Repräsentantin der Firma Starsem in Moskau. Bald aber holte man sie als Ersatzfrau für ihren Ehemann in die Raumfahrt zurück.
Jean-Pierre Haigneré bereitete sich für die im Februar 1999 vorgesehene Mission Mir-Perseus vor. Die junge Mutter bestand im Juli 1999 das Kommandantenexamen für ein *Sojus*-Raumschiff, das von der *Mir* zur Erde zurückkehrt. Die Jury gratulierte ihr zu den »hervorragenden Resultaten«. Damit besaß sie einen zusätzlichen Trumpf, um zu einer Mannschaft zu gehören, die zur internationalen Raumstation *ISS* fliegen sollte. An diese würde nun ständig eine *Sojus* angekoppelt sein, um im Notfall über ein Rettungsgefährt für die *Mir*-Besatzung zu verfügen.
Jean-Pierre verbrachte die Zeit vom 20. Februar bis 28. August 1999 in der *Mir*, und Claudie arbeitete wieder in ihrer Funktion als Schnittstelle für das wissenschaftlich-technische Programm der Bordmannschaft. Haigneré umrundete die Erde 2 973 Mal im Bewusstsein, dass irgendwo da unten zwei kleine Frauen mit ihren Gedanken bei ihm waren.
Die Russen mochten die kleine Familie sehr, weil sie die Franzosen und ihre Arbeitsweise schätzten, die ihrer eigenen so nahe kam. Sie hatten die Haignerés übrigens auch deshalb in ihr Herz geschlossen, weil sie in Jean-Pierre einen fähigen Kosmonauten bewunderten, der sich nach einer ebenso riskanten wie einmaligen Expedition bescheiden und weitsichtig verhielt. Nach seiner Rückkehr von der Mir-Perseus-Mission erklärte er: »Was ich getan habe, sollte zeigen, dass relativ normale Menschen zu außergewöhnlichen Erfolgen fähig sind.« Er wandte sich kritisch gegen »das vorfabrizierte Leben, das man uns oktroyieren will«. Er wies den Anspruch der Bürokraten scharf zurück, »uns ihr Gesetz zu diktieren« und schloss seine Rede mit dem Argument, das die Erforschung des Weltraums rechtfertigt: »Während der ganzen Geschichte war die Menschheit auf der Suche nach dem Grund ihrer Existenz.«
Claudie stimmte ihrem Mann natürlich zu und bot auch gleich ein Beispiel. 1999 wurde sie in das Astronautenkorps der europäischen Weltraumorganisation ESA in Köln eingegliedert. Im Januar 2001 reiste sie zur Vorbereitung der ISS-Andromeda-Mission erneut nach Russland. Die Ausbildung dauerte neun Monate, danach verbrachte sie etwa acht Tage in der internationalen Raumstation *ISS*, deren Luke sie als erste Französin im Weltraum nach außen durchsteigen sollte.
Die Reise startete am 21. Oktober 2001 vom Kosmodrom Baikonur in Kasachstan mit ihr, Victor Afanassjew und Konstantin Kosejew an Bord. Als erster Bordingenieur hatte sie natürlich viel zu tun, wie ein Blick auf die geplanten Experimente zur Beobachtung der Erde, zur Erforschung der Ionosphäre, der Lebensbedingungen an Bord und zur Materialprüfung zeigt. Dabei stand sie in ständiger Verbindung mit der Bodenstation, den Offiziellen, ihrer Familie und vor allem mit Carla, die noch nicht wusste, wo sich ihre Mutter befand. Die Kleine wollte aber Neues von Michka, dem kleinen Plüschbären wissen, der Jean-Pierre und Claudie auf ihren Weltraumexpeditionen begleitete. Zufrieden mit dem Wohlergehen ihres kleinen »Nunurs«, den sie auf einem großen Bildschirm sah, quittierte sie die Tätigkeit ihrer Mutter im All mehr als 400 Kilometer über ihrem eigenen Kopf mit den Worten: »Gut. Du machst Deine Flüge und dann kommst Du zurück!«

Frau Minister

Diese Reise beendete die Weltraumkarriere Claudies, von der man nun eigentlich erwartete, dass sie ihr Wissen in den Dienst der Ausbildung einer neuen Generation von Forschern über das Sonnensystem stellen würde. Aber die Französin landete in einem Ministerium.

Am 17. Juni 2002 wurde die Raumfahrergemeinschaft von einer Neuigkeit überrascht: Claudie Haigneré hatte das Ressort Wissenschaft und neue Technologien (mit zusätzlicher Verantwortung für Weltraumaktivitäten) übernommen. Das offizielle Foto zeigt eine strahlende Frau mit offenem Blick und warmem Lächeln. Warum hatte sie sich zum Wechsel von einem *Sojus*-Raumschiff und einer Weltraumstation auf einen Ministersessel entschlossen? Möglicherweise aus ihrem Grundbedürfnis zu dienen und nützlich zu sein. Auch hatten sie Herausforderungen schon immer gereizt, auch wenn diese nun von deutlich klassischer Natur waren. Claudie erfüllte ihre Mission nun nicht mehr in der Luft, sondern in einer anderen Mannschaft auf der Erde, in der Regierung Jean-Pierre Raffarin. Von März 2004 bis Mai 2005, das heißt in ihrer zweiten Amtszeit als Ministerin, leitete sie das Ressort für Europäische Angelegenheiten im dritten Kabinett Raffarin.

Claudie wurde vielfach geehrt. Sie ist Trägerin des französischen Ordens Pour le Mérite und seit April 2007 Kommandeur der Ehrenlegion. In Russland erhielt sie die Orden der Völkerfreundschaft und des persönlichen Mutes. Diese Auszeichnungen hat sie sich redlich verdient, sowohl in der Luft wie auch auf der Erde und ganz besonders im Gesundheitssektor.

Sie stellte Eltern von Kindern, die lange im Krankenhaus liegen, Wohnraum zur Verfügung, unterstützte die Vereinigung für seltene Krankheiten durch die Stiftung Groupa und an juveniler Arthritis erkrankte Kinder durch den Verein Kourir. Schließlich übernahm die so vielfältig begabte Frau, die den Eindruck vermittelt, alles sei leicht zu erledigen, vorausgesetzt man will es, auch die Patenschaft für die »Weltraumstadt« in Toulouse und die Abteilung für Myologie am Krankenhaus Pitié-Salpêtrière.

Wahrscheinlich erübrigt sich die Frage nach ihrer Entscheidung, wenn sie tatsächlich zwischen ihrem geräumigen Ministerbüro und der Enge eines *Sojus*-Raumschiffs wählen könnte. Ihre Augen würden zu strahlen beginnen und dabei weder eine Möbelvergoldung noch einen Lüster im Kerzenschein reflektieren, sondern den Glanz der Sterne in ihrer eigenen Welt.

Gegenüberliegende Seite:
Die sowjetischen Raketen sind robust und zuverlässig. Seit dem historischen Flug Gagarins wurde nichts Grundlegendes verändert.

Oben:
Kurz nach dem Start der Mission Mir-Cassiopaia sehen wir eine fröhliche Claudie Haigneré. Sie hatte seit 1994 für das Unternehmen trainiert.

Nachwort

Die Geschichte hat gerade erst begonnen

Den Stein ins Rollen brachte die waghalsige Elisabeth Thible, als sie Ende des 18. Jahrhunderts beherzt in die Gondel des eindrucksvollen Ballons *Le Gustave* stieg. Dieser Impuls wurde von enthusiastischen Erbinnen weitergetragen, vor allem von so fantastischen Frauen wie Elisa Garnerin, Baronin de Laroche, Katherine Stinson, Harriet Quimby, Hélène Boucher und nicht zu vergessen Amelia Earhart, Jackie Cochran, Jacqueline Auriol und Caroline Aigle. Sie ermöglichten zahlreichen anderen Frauen die Erstürmung des Himmels und öffneten ihnen das Tor zum Weltraum.

Wenn man heute auf die enormen Erfolge zurückschaut, die die Frauen von Anbeginn an bei der Eroberung des Himmels erreicht haben, wagt wohl niemand mehr, auch nur die geringsten Zweifel an ihrer wohlverdienten Stellung in der zivilen und militärischen Luftfahrt zu äußern.

Ganz im Gegenteil – auch zukünftig werden sie mit Sicherheit einen wichtigen Beitrag leisten, wenn es darum geht, unser Sonnensystem weiter zu erkunden.

Dabei mussten die Pionierinnen der Luftfahrt zusätzlich zu den Gefahren, die von der unzureichenden Technik und den Kapriolen des Wetters ausgingen, noch weitere schwierige Klippen umschiffen: Frauenfeindlichkeit, Neid und Argwohn. Von der ersten Fahrt in der Gondel eines Heißluftballons bis hin zum Kommando über die mit Überschallgeschwindigkeit fliegende *Concorde*, den großen Airbus *A380*, eine amerikanische Raumfähre oder die russische Raumkapsel *Sojus* scheint ihre Geschichte einem Kreuzweg zu gleichen.

Und doch – welch großartige Erfolgsgeschichte! Talent, Intelligenz und vor allem Mut und große Willensstärke waren die Voraussetzung und die Basis dieser großen Errungenschaften.

So ist es wohl an der Zeit, ein für alle Mal mit einem hartnäckigen Vorurteil aufzuräumen: Die Empfindsamkeit, die das so genannte schwache Geschlecht auszeichnet, ist keinesfalls gleichzusetzen mit Schwäche, sondern lässt vielmehr die zähe weibliche Entschlossenheit noch deutlicher hervortreten.

Das hat uns die Vergangenheit gelehrt, und das werden wir auch in der Zukunft erleben, denn die Frauen werden nicht aufhören, die Lüfte zu erobern.

Claudie Haigneré zusammen mit der US-Astronautin Shannon W. Lucid sowie russischen und amerikanischen Kollegen.

cnes

Register

Fluggeräte

Personen

Bildnachweis

Mit Ausnahme der unten aufgeführten Abbildungen stammen alle Fotos und Dokumente in diesem Buch aus der Sammlung des Autors Bernard Marck.

Umschlag: © akg-images; © Museum of Flight/Corbis; © Smithsonian Institution/Corbis; © Keystone-France _ S. 12–13: © Hulton Archive/Getty Images _ S. 15 und 16–17: © Musée de l'Air et de l'Espace/Paris-Le Bourget _ S. 16: © Roger-Viollet _ S. 18–19: © Musée de l'Air et de l'Espace/Paris-Le Bourget _ S. 20: oben: © Albert Harlingue/Roger-Viollet; unten: © Maurice Branger/Roger-Viollet _ S. 22: © Chris Hellier/Corbis _ S. 26–27 und 29: © Musée de l'Air et de l'Espace/Paris-Le Bourget _ S. 31: © Underwood & Underwood/Corbis _ S. 32: © Hulton-Deutsch Collection/Corbis _ S. 35 und 36: © Bettmann/Corbis _ S. 38: © Topical Press Agency/Hulton Archive/Getty Images _ S. 41: © Bettmann/Corbis _ S. 42: © Roger-Viollet _ S. 45: © Bettmann/Corbis _ S. 46–47: © Underwood & Underwood/Corbis _ S. 48: © Corbis _ S. 50: © Underwood & Underwood/Corbis _ S. 52–53: © Musée de l'Air et de l'Espace/Paris-Le Bourget _ S. 60–61: © adoc-photos _ S. 66: © Smithsonian Institution/Corbis _ S. 69: © Musée de l'Air et de l'Espace/Paris-Le Bourget _ S. 70–71: © Michael Ochs Archives/Getty Images _ S. 72 und 73: © Underwood & Underwood/Corbis _ S. 75 und 76: © Musée de l'Air et de l'Espace/Paris-Le Bourget _ S. 78: © Roger-Viollet _ S. 83 und 84: © Bettmann/Corbis _ S. 85: © Underwood & Underwood/Corbis _ S. 86: © Musée de l'Air et de l'Espace/Paris-Le Bourget _ S. 87 und 89: © Bettmann/Corbis _ S. 92: © Underwood & Underwood/Corbis _ S. 95, 97, 99 und 100: © Bettmann/Corbis _ S. 103, 104, 106, 107, 110, 111, 112, 115, 117, 118, 119, 120–121, 122, 123, 126, 129, 129, 130 und 131: © Musée de l'Air et de l'Espace/Paris-Le Bourget _ S. 135: © Bettmann/Corbis _ S. 136 und 137: © Musée de l'Air et de l'Espace/Paris-Le Bourget _ S. 150, 152, 153 und 154: © TopFoto/Roger-Viollet _ S. 155: © Topical Press Agency/Hulton Archive/Getty Images _ S. 157: © AFP _ S. 158: © Peter Stackpole/Time & Life Pictures/Getty Images _ S. 159: © Rue des Archives/FIA _ S. 160, 161, 162 und 163: © Loomis Dean/Time & Life Pictures/Getty Images _ S. 168: © Musée de l'Air et de l'Espace/Paris-Le Bourget _ S. 170, 171, 172–173, 174 und 175: © RIA Novosti _ S. 176: © TopFoto/Roger-Viollet _ S. 178, 179, 180 und 181: © Musée de l'Air et de l'Espace/Paris-Le Bourget _ S. 182–183, 200 und 203: © TopFoto/Roger-Viollet _ S. 204: © The Image Works/Roger-Viollet _ S. 214: © RIA Novosti _ S. 217: © Michael R. Brown/Getty Images _ S. 221: © MPI/Hulton Archive/Getty Images _ S. 223: © RIA Novosti _ S. 226: © CNES/C. Bardou _ S. 228, 229 und 230: © Bernard Marck/CNES _ S. 231: © CNES/E. Grimault _ S. 232: © Bernard Marck/CNES _ S. 233: © Corvaja-Esa/CNES/Gamma _ S. 234–235: © Bernard Marck/CNES

Impressum

Franziska Weyer übersetzte den ersten Teil des Buches bis Amelia Earhart sowie das Nachwort, Jochen Grube die übrigen Kapitel.

Titel der französischen Originalausgabe
Elles ont conquis le ciel

Koordination: AIO Buch und Bücher,
Dr. Günther Fetzer, München
Lektorat: Wilhelm Girrbach

Grafische Gestaltung: Gwénaël Le Cossec/
Studio de création Flammarion
Satz: Carmen Marchwinski, München
Lithografie: IGS, Angoulême
Druck: Grafos

Printed in Spain

ISBN 978-2-08-020071-6
Dépôt legal 10/2009

Flammarion
87, quai Panhard et Levassor
F-75647 Paris Cedex 13

www.editions.flammarion.com